ARIS –
Vom Geschäftsprozeß zum Anwendungssystem

Dritte, völlig neubearbeitete
und erweiterte Auflage

Springer

Berlin
Heidelberg
New York
Barcelona
Budapest
Hongkong
London
Mailand
Paris
Santa Clara
Singapur
Tokio

August-Wilhelm Scheer

ARIS –

Vom Geschäftsprozeß zum Anwendungssystem

Dritte, völlig neubearbeitete
und erweiterte Auflage

Mit 94 Abbildungen

Springer

Prof. Dr. Dr. h. c. August-Wilhelm Scheer
Universität des Saarlandes
Institut für Wirtschaftsinformatik
Postfach 15 11 50
D-66041 Saarbrücken

E-Mail: scheer@iwi.uni-sb.de
URL: http://www.iwi.uni-sb.de/info/scheer/scheer.html

Die dritte Auflage, deren Vorauflagen unter dem Titel „Architektur integrierter Informationssysteme. Grundlagen der Unternehmensmodellierung" erschienen sind, erscheint in zwei Bänden:
„ARIS – Vom Geschäftsprozeß zum Anwendungssystem"
„ARIS – Modellierungsmethoden, Metamodelle, Anwendungen"

ISBN 3-540-63835-0 Springer-Verlag Berlin Heidelberg New York

ISBN 3-540-55401-7 2. Aufl. Springer-Verlag Berlin Heidelberg New York

Die Deutsche Bibliothek – CIP-Einheitsaufnahme
Scheer; August-Wilhelm: ARIS – vom Geschäftsprozeß zum Anwendungssystem / A.-W. Scheer. – 3., völlig neubearb. und erw. Aufl. – Berlin; Heidelberg; New York; Barcelona; Budapest; Hongkong; London; Mailand; Paris, Santa Clara; Singapur; Tokio: Springer, 1998
    ISBN 3-540-63835-0

Druck: betz-druck GmbH, Darmstadt
Binden: Schäffer GmbH u. Co. KG, Grünstadt
Umschlag: Erich Kirchner, Heidelberg
SPIN 10486753   42/2202-5 4 3 2 1 0 – Gedruckt auf säurefreiem Papier

Vorwort zur dritten Auflage

Die „Architektur integrierter Informationssysteme" hat sich seit ihrer ersten Veröffentlichung in 1991 breit durchgesetzt. Die Dokumentation von Standardsoftware durch betriebswirtschaftliche Modelle hat sich bewährt. Das von der IDS Prof. Scheer GmbH entwickelte, auf dem ARIS-Konzept basierende Softwaresystem ARIS-Toolset ist zum internationalen Marktführer von Business Process Engineering-Tools geworden. Es wird an vielen Universitäten in Europa, USA, Südafrika, Brasilien und Asien zur Unterstützung von Forschung und Lehre auf dem Gebiet der Unternehmensorganisation und der betriebswirtschaftlichen Informationsverarbeitung eingesetzt.

Diese seit dem Erscheinen der ersten zwei Auflagen des Buches einsetzende stürmische Entwicklung hat so viele neue Aspekte und Erfahrungen gebracht, daß eine völlige Neubearbeitung erforderlich wurde.

Dieses wird bereits äußerlich an der Verteilung des Stoffes auf nunmehr zwei Bücher sichtbar:

ARIS - Vom Geschäftsprozeß zum Anwendungssystem

ARIS - Modellierungsmethoden, Metamodelle, Anwendungen

Der Grund dafür ist, daß für beide Bücher unterschiedliche Leserkreise erwartet werden. Während sich das erste Buch mehr an den betriebswirtschaftlichen und konzeptionell an Anwendungssoftware interessierten Leser wendet, wird im zweiten Buch detaillierteres Wissen zur Modellierung und Informationstechnik vermittelt.

Zum Inhalt

In dem vorliegenden Buch „ARIS - Vom Geschäftsprozeß zum Anwendungssystem" wird das ARIS-Konzept zur Beschreibung von Geschäftsprozessen und mit dem ARIS - House of Business Engineering (HOBE) ein Modell zum Geschäftsprozeßmanagement entwickelt.

Das ARIS-Konzept ist gegenüber den ersten zwei Auflagen um die Beschreibung von Leistungsflüssen erweitert worden. Mit dem HOBE-Ansatz werden neue Software-Ansätze wie Workflow-Systeme, Componentware und Frameworks aufgenommen. Als Beschreibungssprache für Meta-Modelle wird anstelle des Entity-Relationship-Ansatzes die Unified Modeling Language (UML) verwendet.

Der früher als zukunftsreich erscheinende Ansatz AD/CYCLE ist vom Entwickler IBM eingestellt worden und wird deshalb nicht mehr behandelt.

Das Buch wendet sich an Informationsmanager, Unternehmensberater, Hochschullehrer und Studenten der Wirtschaftsinformatik, Informatik und verwandter Disziplinen. Der Verfasser würde sich besonders freuen, wenn viele Betriebswirte das Buch als eine Erweiterung der Betriebswirtschaftslehre im Sinne einer „EDV-orientierten Betriebswirtschaftslehre" empfinden würden.

Die in dem Buch enthaltenen Abbildungen stehen im Internet unter der Adresse http://www.iwi.uni-sb.de/lehre/aris-i/ als Folienversionen zur Verfügung und können unter Wahrung des Copyright und Hinweis auf die Quelle verwendet werden.

Ich danke Herrn Dipl.-Kfm. Frank Habermann für die umfangreiche Betreuung des Manuskriptes und Frau Stefanie Elzer und Frau Lucie Bender für die sorgfältige Erfassung des Textes. Die Abbildungen wurden von Herrn Malte Beinhauer und Herrn Sven Kayser erstellt. Fachliche Hinweise haben gegeben Dipl.-Wirtsch.-Ing. Markus Bold, Dr. Wolfgang Kraemer, Dipl.-Kfm. Markus Luzius, Dr. Markus Nüttgens, Dipl.-Ing. Arnold Traut.

Saarbrücken, Januar 1998

August-Wilhelm Scheer

Einordnung des Inhalts

Die von dem Verfasser veröffentlichten Bücher zur Wirtschaftsinformatik folgen einem einheitlichen Grundverständnis, wie es in Abb. I dargestellt ist.

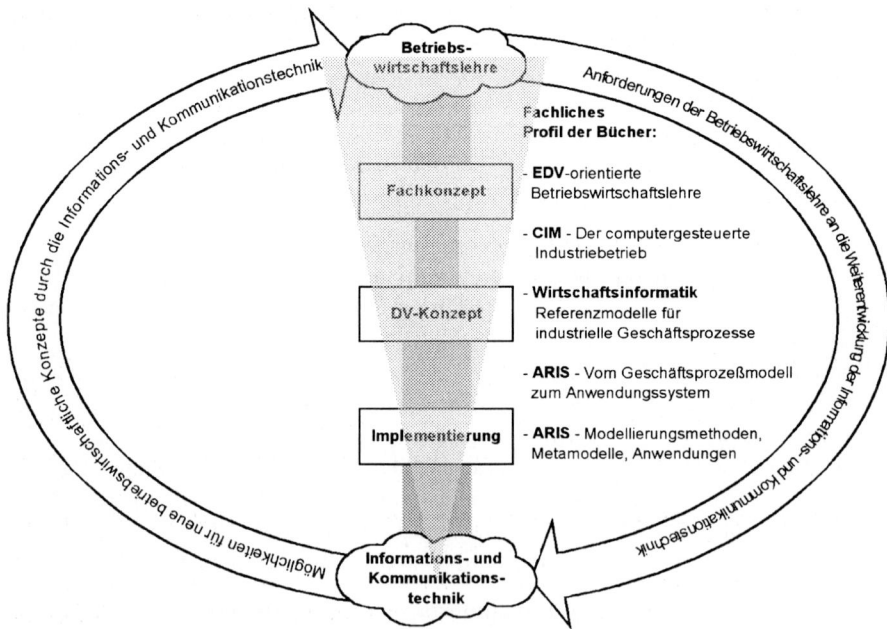

Abb. I Fachliches Profil der Bücher des Verfassers

Die Wirtschaftsinformatik vermittelt zwischen der Betriebswirtschaftslehre und der Informations- und Kommunikationstechnik.

Dabei bestehen wechselseitige Beziehungen. Einmal muß die Informations- und Kommunikationstechnik dahingehend analysiert werden, inwieweit neue technische Verfahren neue DV-orientierte betriebswirtschaftliche Anwendungs-konzepte ermöglichen. Diese Beeinflussungsrichtung ist durch den Pfeil an der linken Seite der Abb. I dargestellt. Für die Wirtschaftsinformatik ist dabei nicht die Kenntnis der gesamten Informationstechnik von Bedeutung, sondern nur der Ausschnitt, der zu Änderungen betriebswirtschaftlicher Anwendungskonzepte führt. Hierauf hat sich dann aber die Wirtschaftsinformatik im besonderen Maße zu konzentrieren.

Der Pfeil an der rechten Seite der Abb. I verdeutlicht die Beeinflussung der In-formations- und Kommunikationstechnik durch betriebswirtschaftliche Anforde-rungen an ihre Weiterentwicklung.

Beide Beziehungsrichtungen sind vom Verfasser in dem Buch „EDV-orientierte Betriebswirtschaftslehre", das 1990 in der vierten Auflage erschienen ist, untersucht worden.

Grundsätzliche Wirkungen der Informationstechnik auf betriebswirtschaftliche Abläufe in Industriebetrieben werden in dem Buch „CIM (Computer Integrated Manufacturing) - Der computergesteuerte Industriebetrieb", das 1990 ebenfalls in der vierten Auflage erschienen ist, behandelt.

Beide Werke behandeln somit DV-orientierte Rahmenkonzepte, die Ausgangs-punkt für spezielle Systemlösungen in Unternehmungen sein können.

Die Umsetzung derartiger Rahmenkonzepte in Instrumente der Informations-technik erfolgt über Informationssysteme. Informationssysteme sind somit die konkreten Vermittler zwischen betriebswirtschaftlichen Anwendungen und der Informationstechnik.

Um Informationssysteme vollständig beschreiben zu können, wurde die „Architektur integrierter Informationssysteme - ARIS" entwickelt. Sie erschien 1991 in der ersten und 1992 in der zweiten Auflage. Dieses Konzept liegt nun-mehr in der dritten Auflage als zwei Bücher mit den Titeln

ARIS - Vom Geschäftsprozeß zum Anwendungssystem
ARIS - Modellierungsmethoden, Metamodelle, Anwendungen

vor.

In dem Buch „Wirtschaftsinformatik - Referenzmodelle im Industriebetrieb", das 1997 in der siebten Auflage und 1998 als zweite Auflage der Studienausgabe erschienen ist, wird für einen Industriebetrieb ein integriertes Informationssystem durch Funktions-, Daten-, Organisations- und Prozeßmodelle aufgestellt, das dem ARIS-Konzept folgt.

Die betriebswirtschaftliche Relevanz der Beschreibung von Informationssy-stemen nimmt mit der Nähe zur technischen Implementierung ab. Gleichzeitig nimmt auch die Stabilität der Konzepte ab, da die sich stürmisch entwickelnde Informationstechnik hauptsächlich die technische Implementierung von Informa-tionssystemen beeinflußt. Diesem Gedanken trägt die Gewichtung der behandelten Probleme in allen Büchern des Verfassers Rechnung. Sie folgt somit einer Gewichtung, wie sie durch das Dreieck in Abb. I dargestellt ist.

Alle Bücher des Verfassers sind auch in englischer Sprache verfügbar. Das Buch Wirtschaftsinformatik ist zusätzlich in chinesischer Sprache erschienen - das Buch CIM in portugiesisch. Weitere Übersetzungen sind in Vorbereitung.

Inhaltsverzeichnis

Abkürzungsverzeichnis

ALE	Application Link Enabling
API	Application Programming Interface
ARIS	Architektur integrierter Informationssysteme
BAPI	Business Application Programming Interface
BD	Business Data
BE	Business Engineer
BM	Business Management
BPR	Business Process Reengineering
CAD	Computer Aided Design
CBO	Common Business Object
CIM	Computer Integrated Manufacturing
CIMOSA	Open System Architecture for Computer Integrated Manufacturing
CNC	Computerized Numerical Control
COM	Component Object Model
CORBA	Common Object Request Broker Architecture
CPI	Continuous Process Improvement
DCOM	Distributed COM
DIN	Deutsches Institut für Normung
DV	Datenverarbeitung
EDI	Electronic Data Interchange
EIS	Executive Information System
EPK	Ereignisgesteuerte Prozeßkette
EQA	European Quality Award
ERM	Entity Relationship Model
EU	Europäische Union
GOM	Grundsätze ordnungsmäßiger Modellierung
GPO	Geschäftsprozeßoptimierung
GUI	Graphical User Interface
HOBE	ARIS - House of Business Engineering
HTML	Hypertext Markup Language
IDA	Interactive High Level Petri Nets
IDL	Interface Definition Language
IEM	Information Engineering Methodology
IFIP	International Federation for Information Processing
IMG	Implementation Management Guide
ISA	Information System Architecture

ISDM	Information System Design Methodologies
ISM	Information System Methodology
ISO	International Organization for Standardization
IT	Informationstechnik
IuK	Information und Kommunikation
IWi	Institut für Wirtschaftsinformatik (Universität des Saarlandes)
JSD	Jackson System Development
JVM	Java Virtual Machine
KBSt	Koordinierungs- und Beratungsstelle für Informationstechnik in der Bundesverwaltung
MR	Microsoft Repository
NIAM	Nijssen Information Analysis Method
OAG	Open Application Group
OLAP	Online Analytical Processing
OMA	Object Management Architecture
OMG	Object Management Group
ORB	Object Request Broker
PSA	Problem Statement Analyzer
PSL	Problem Statement Language
QM	Qualitätsmanagement
QS	Qualitätssicherung
RFC	Remote Function Call
SADT	Structured Analysis and Design Technique
SOM	Semantisches Objektmodell
TQM	Total Quality Management
UML	Unified Modeling Language
USGQ	Umwelt, Sicherheit, Gesundheit und Qualität
VDA	Verband deutscher Automobilindustrie
WAPI	Workflow Application Programming Interface
WfMC	Workflow Management Coalition
WMS	Workflow-Management-System
WWS	Warenwirtschaftssystem

Abbildungsverzeichnis

A Anwendungsnutzen von ARIS

Die Abkürzung ARIS steht für „Architektur integrierter Informationssysteme". Unter Architektur wird allgemein die Baukunst verstanden. Auf Informationssysteme übertragen bedeutet dieses, daß die einzelnen Bausteine, aus denen ein Informationssystem besteht, hinsichtlich ihrer

- Art,
- funktionalen Eigenschaften und
- ihres Zusammenwirkens

beschrieben werden müssen.

Die Übertragung des Begriffs „Architektur" auf Konzepte der Informationsverarbeitung ist gebräuchlich. Versuche, die Übertragung des Begriffes aus der Baukunst auf Informationssysteme etymologisch zu begründen, geben Krcmar (*vgl. Krcmar, Informationssystem-Architekturen 1990, S. 396*) und Strunz (*vgl. Strunz, Informations- und Kommunikationssysteme 1990, S. 441*). Der Verfasser glaubt aber, daß die Übertragung des Begriffes weniger etymologisch zu erklären ist, als einem umgangssprachlichen Verständnis folgt. Hier werden mit dem Begriff Architektur Begriffe wie Planung, Verfolgung von Regeln, Strukturierung oder Koordination mehrerer Partner assoziiert, die Problemen von Informationssystemen entsprechen. Auch ist der Begriff weitgehend aus der amerikanischen Literatur übernommen worden. So wird der Begriff ebenfalls für die Beschreibung von Hardware- und Datenbanksystemen eingesetzt (*vgl. Lockemann/Dittrich, Architektur von Datenbanksystemen 1987, S. 87*).

In der ersten Auflage dieses Buches wurde deshalb mit ARIS ein Rahmenkonzept zur ganzheitlichen Beschreibung (Modellierung) computergestützter Informationssysteme vom Fachkonzept bis zur Implementierung entwickelt. Dabei stand die Unterstützung von betriebswirtschaftlichen Geschäftsprozessen durch integrierte Informationssysteme im Vordergrund.

In der Zwischenzeit ist die Bedeutung der Modellierung von betriebswirtschaftlichen Geschäftsprozessen über eine Verbindung zwischen Betriebswirtschaftslehre und Informationstechnik hinausgewachsen. Auch rein betriebswirtschaftliche Themen wie Prozeßkostenrechnung, Ablauf(re)organisation oder Qualitätsmanagement arbeiten mit Geschäftsprozeßmodellen nach dem ARIS-Konzept. Deshalb wird die Geschäftsprozeßmodellierung mehr und mehr als eine Spracherweiterung der Betriebswirtschaftslehre verstanden.

Die in der Betriebswirtschaftslehre überwiegend verwendete natürliche Sprache besitzt Nachteile in ihrer fehlenden Eindeutigkeit, schwer nachzuvollziehenden Vollständigkeit des dargestellten Sachverhalts und etwaiger Widersprüche. Verbale Beschreibungen sind deshalb für die Spezifikation von Informationssystemen nur bedingt geeignet. Die für Entscheidungs- und Planungsprobleme in der Betriebswirtschaftslehre verwendete mathematische Sprache ist zwar exakter und verifizierbar, ist aber nicht für alle Problembeschreibungen der Betriebswirtschaftslehre anwendbar.

Die in ARIS verwendeten Modellierungsmethoden fügen deshalb halbformale Beschreibungsmöglichkeiten für ablauforganisatorische Problemstellungen hinzu, die einerseits eng an das betriebswirtschaftliche Fachverständnis angelehnt sind und zum anderen auch exakt genug sind, um eine Ausgangsbasis für die weitere formale Umsetzung in computergestützte Informationssysteme zu bieten.

Durch neue Generierungs-, Customizing- und Konfigurationstechniken rücken dabei fachliche Geschäftsprozeßmodelle immer mehr in den Mittelpunkt der Gestaltung von Informationssystemen. Sie bilden quasi die Montagezeichnung, nach der ein Informationssystem zusammengesetzt wird. Deshalb steht die fachliche Beschreibungsebene des ARIS-Konzepts gegenüber Implementierungsfragen im Vordergrund.

Halbformale grafische Methoden wie Organigramme oder Netzpläne sind in der Betriebswirtschaftslehre durchaus bekannt. Mit dem ARIS-Konzept wird aber ein Bezugsrahmen für eine systematische und gesamthafte Geschäftsprozeßmodellierung geboten.

Inzwischen zeigt sich, daß die Beschreibung von Geschäftsprozessen immer mehr in eine Dokumentation des (Organisations-)Wissens einer Unternehmung aufgeht. „Wissensmanagement" oder „Organizational Memory" sind kennzeichnende Begriffe. Damit wird ARIS immer mehr auch zu einem Rahmenkonzept für das Wissensmanagement

Das ARIS-Konzept hilft grundsätzlich, die vielfältigen Beschreibungsaspekte von Geschäftsprozessen zu erfassen, ihnen Methoden zuzuordnen, die Methoden auf Überschneidungen zu analysieren und offene Beschreibungsfelder zu identifizieren. Das ARIS-Konzept bietet diesen Nutzen sowohl für betriebswirtschaftlich-organisatorische Fragen als auch für die Gestaltung computergestützter Informationssysteme.

A.I   Betriebswirtschaftlich-organisatorischer Anwendungsnutzen

Aufgabe von Unternehmungen ist die Erzeugung und Verwertung von Sach- und Dienstleistungen durch die Kombination von Produktionsfaktoren (*vgl. Gutenberg, Die Produktion 1983, S. 1-10*). Zur Erfüllung dieser Aufgabe werden in der Regel mehrere menschliche und maschinelle Aufgabenträger eingesetzt, deren Zusammenwirken unter Beachtung der Unternehmungsziele koordiniert werden muß. Die dazu notwendigen Regelungen werden als Organisation bezeichnet (*vgl. Frese, Grundlagen der Organisation 1995, S. 1*).

Werden lediglich zeitlich unabhängige (statische) Regelungen wie Hierarchien oder Unternehmenstopologien betrachtet, so wird dies als Struktur- oder Aufbauorganisation bezeichnet. In ihr werden z. B. Leitungs-, Leistungs-, Informations-

und Kommunikationsbeziehungen zwischen Unternehmensteilen erfaßt. Einfache Darstellungsformen sind z. B. Organigramme.

Die Ablauforganisation behandelt das zeitlich-logische (dynamische) Verhalten von Vorgängen, die der Aufgabenerfüllung der Unternehmung dienen.

Aufbau- und Ablauforganisation sind eng miteinander verbunden.

Nachdem in der Organisationslehre lange die Betrachtung der Aufbauorganisation dominiert hat, ist in den letzten Jahren, insbesondere durch Begriffe wie „Business Process Engineering" oder „Geschäftsprozeßorganisation" (vgl. Gaitanides, Prozeßorganisation 1983; Eversheim, Prozeßorientierte Unternehmensorganisation 1994; Nippa/Picot, Prozeßmanagement und Reengineering 1996), die Ablauforganisation in den Mittelpunkt gerückt.

Allgemein ist ein Geschäftsprozeß eine zusammengehörende Abfolge von Unternehmungsverrichtungen zum Zweck einer Leistungserstellung. Ausgang und Ergebnis des Geschäftsprozesses ist eine Leistung, die von einem internen oder externen „Kunden" angefordert und abgenommen wird.

Häufig wird von einem Geschäftsprozeß auch ein wesentlicher Beitrag zur Wertschöpfung der Unternehmung verlangt oder ein Kundenbezug bei der Leistungserstellung, um ihn mit einer gewissen Bedeutung, also auch einer größeren Anzahl von Verrichtungen, zu versehen (vgl. Hammer/Champy, Business Reengineering 1995).

Geschäftsprozesse sind direkter Gegenstand betriebswirtschaftlicher Betrachtungen. Für sie können Ziele definiert werden (z. B. Verkürzung der Durchlaufzeit des Geschäftsprozesses „Produktentwicklung" um 30 %) und sie sind Gegenstand der Kostenrechnung (Prozeßkostenrechnung).

Viele der mit dem Schlagwort Business Process Engineering oder Business Process Reengineering (BPR) angesprochenen Geschäftsprozeßorganisationen waren auch schon in vorhergehenden Organisationskonzepten enthalten. So ist auch das Y-CIM-Modell (vgl. Scheer, CIM 1990) (CIM = Computer Integrated Manufacturing) ein Konzept zur Beschreibung des Zusammenhangs zwischen dem Produktentwicklungs- und dem Logistikprozeß in einem Industriebetrieb und damit ausgesprochen auf die Organisation von Geschäftsprozessen ausgerichtet. Ebenso wurden Vorgangskettendiagramme zur Beschreibung von Geschäftsprozessen bereits 1984 vom Verfasser beschrieben und praktisch eingesetzt (vgl. Scheer, EDV-orientierte Betriebswirtschaftslehre 1984).

Zwecke zur Aufstellung von betriebswirtschaftlichen Geschäftsprozeßmodellen sind:

- Optimierung organisatorischer Veränderungen im Rahmen des BPR,
- Speicherung von Organisationswissen, z. B. in Form von Referenzmodellen,
- Nutzung der Prozeßdokumentationen zur ISO-9000 ff.-Zertifizierung,
- Berechnung der Kosten von Geschäftsprozessen,
- Nutzung der Prozeßinformationen zur Einführung und Anpassung (Customizing) von Standardsoftware oder Workflow-Systemen.

Innerhalb dieser Kategorien können weitere Ziele verfolgt werden, denen die einzusetzenden Modellierungsmethoden gerecht werden müssen. Bei der Geschäftsprozeßmodellierung im Rahmen des BPR müssen also solche Komponenten dargestellt werden, die bei einer Geschäftsprozeß(re)organisation beeinflußt werden sollen.

Ansatzpunkte für die Geschäftsprozeßoptimierung sind:

- Veränderung der Ablaufstruktur durch stärkere Parallelisierung von Verrichtungen, Vermeidung von Zyklen, Vereinfachung der Struktur,
- Änderung organisatorischer Zuständigkeiten und Mitarbeiterqualifikationen zur Verbesserung der ganzheitlichen Vorgangsbearbeitung,
- Verringerung der Anzahl von Dokumenten zur Vereinfachung und Beschleunigung des Dokumenten- und Datenflusses,
- Diskussion von Outsourcing-Maßnahmen (Verlagerung selbsterstellter Leistungen zu fremdbezogenen),
- Einführung neuer Produktions- und DV-Ressourcen zur Verbesserung der Bearbeitungsfunktionen.

In diesen Beispielen werden eine Reihe von Modellierungsaspekten wie Ablaufstruktur, Aufbauorganisation, Mitarbeiterqualifikation, Dokumente (Daten), fremdbezogene und eigenerstellte Leistungen sowie Produktions- und DV-Ressourcen angesprochen. Damit wird bereits deutlich, daß ein Geschäftsprozeß-modell zur Unterstützung dieser Optimierungen nicht sehr einfach sein kann, sondern aus vielen Aspekten besteht, für die vielfältige Beschreibungsmethoden eingesetzt werden müssen. Die unterschiedlichen Zwecke bestimmen die Art der einbezogenen Modellierungskonstrukte sowie ihre benötigte Granularität.

Neben dem Modellierungszweck bestimmen auch die eingesetzten Modellierungsmethoden die Modellausrichtung. Dies gilt insbesondere, wenn die Modellierung von vornherein auf eine bestimmte Methode ausgerichtet ist. Modelle sind Abbildungen eines Realitätsausschnittes, hier also eines Geschäftsprozesses. Sie entstehen durch Abstraktion von Eigenschaften des realen Objektes, wobei aber die wesentlichen Strukturen und Verhaltensweisen des realen Objektes erhalten bleiben sollen (Homomorphie). Dabei wird die Abstraktion von unwesentlichen Merkmalen nicht nur durch den inhaltlichen Zweck des Modells bestimmt, sondern auch von den zugelassenen methodischen Darstellungsmitteln. Wird also z. B. von vornherein ein objektorientierter Modellierungsansatz, die Petrinetz-Methode oder ein systemtheoretischer Ansatz verfolgt, entstehen bei der Modellierung eben nur solche Konstrukte, die von Syntax und Semantik dieser Methoden zugelassen werden.

Um diesen methodischen Abhängigkeiten zu entgehen, wird das ARIS-Konzept methodenneutral entwickelt, d. h. anhand einer allgemeinen Geschäftsprozeßdefinition erarbeitet. Insbesondere werden betriebswirtschaftliche Unternehmensmodelle und Modelle der Produktionstheorie zur Bildung des ARIS-Konzepts herangezogen.

A.II   Anwendungsnutzen für die Entwicklung von Informationssystemen

Informationssysteme können selbst entwickelt werden oder als Standardsysteme gekauft und eingeführt werden. Nach einer ersten Phase der Eigenentwicklung von Software hat sich der Einsatz integrierter Standardsoftware durchgesetzt. Durch die Entwicklung neuer Software-Arten wie Componentware, bei der Software-Komponenten für bestimmte Anwendungsausschnitte zu gesamten Anwendungen montiert werden, bahnt sich eine Verbindung beider Ansätze an. Alle drei Formen: Eigenentwicklung, Standardsoftware-Einsatz und Componentware-Montage werden vom ARIS-Konzept unterstützt.

Die Eigenentwicklung von Anwendungssoftware gilt als teuer und ist mit Unsicherheiten über die Entwicklungsdauer sowie die geplanten Kosten behaftet. Es besteht deshalb die Tendenz, die Software-Entwicklung aus dem Bereich der handwerklichen Einzelfertigung in die Organisationsform der industriellen Fertigung zu überführen, es wird dann folgerichtig von Software-Fabriken gesprochen (vgl. Balzert, Entwicklung von Software-Systemen 1992, S. 5 f.).

In diesem Zusammenhang ist eine Vielzahl von Methoden zur Unterstützung des Software-Entwicklungsprozesses entworfen worden. Die Methoden unterscheiden sich nach dem Schwerpunkt ihrer Unterstützung innerhalb des Software-Entwicklungsprozesses sowie nach der bevorzugten Sichtweise auf das Problem, z. B. daten-, ereignis- oder funktionsorientiert. Einen Eindruck von der Vielzahl der zur Verfügung stehenden Methoden geben Standardbücher zum Software Engineering, z. B. von Balzert (Balzert, Lehrbuch der Software-Technik 1996), Sommerville (Sommerville, Software Engineering 1987) oder die von der IFIP herausgegebenen Konferenzberichte der Working Group 8.1 (vgl. z. B. Olle/Sol/Tully, Information Systems Design Methodologies 1983; Olle/Verrijn-Stuart/Bhabuta, Information Systems Life Cycle 1988) (vgl. ferner Preßmar/Eggers/Reinken, Interaktive Entwurfsmethode 1989; Barker, CASE* Method 1990; Hildebrand, Software Tools 1990).

Die Vielzahl der Methoden, die sich teilweise nur graduell voneinander unterscheiden, hat zu einer hohen Unübersichtlichkeit geführt und die Entwicklung von computergestützten Werkzeugen, die auf den Methoden basieren, eher behindert. Deshalb besteht das Bestreben, eine Methodologie (Lehre von den Methoden) für die Entwicklungsmethoden zu entwickeln.

Typische Fragen, die eine Methodologie als Rahmenkonzept (Framework) beantworten helfen soll, sind (vgl. Sol, Information Systems Design Methodologies 1983, S. 4; Olle u. a., Information Systems Methodologies 1991, S. 2, Brodie/Ridjanovic/Silva, Framework for Information Systems 1983, S. 232):

1. Gibt es wirklich so viele grundsätzlich unterschiedliche Wege, um ein computergestütztes Informationssystem zu entwerfen?
2. Wenn nicht, wie ähnlich sind diese Wege, wenn ja, warum sind die Wege so unterschiedlich?
3. Gibt es einen besten Weg, um ein Informationssystem zu entwickeln?
4. Wo beginnt der Entwicklungsprozeß und wo endet er?

5. Wie sieht das Endprodukt eines Design-Prozesses aus?
6. Wieviel Stufen sind erforderlich, um ein Entwicklungsergebnis zu erreichen?
7. Soll lediglich eine Methode für eine bestimmte Art von Informationssystemen eingesetzt werden oder sind mehrere Methoden für unterschiedliche Systeme notwendig? Nach welchen Kriterien sollen die einzusetzenden Methoden ausgewählt werden?

Neben der Beantwortung dieser Fragen, deren Zielsetzung die Einordnung und Bewertung von Methoden ist, gibt es eine weitere Gruppe von Gründen, sich mit ISDM (Information System Design Methodologies) zu beschäftigen. Diese Gründe resultieren aus dem Tatbestand, daß an komplexen Entwicklungsprojekten in der Regel mehrere Partner beteiligt sind, die unterschiedliche Entwicklungsmethoden einsetzen können und deren Arbeitsergebnisse sich überlappen. Hier kann nur ein Rahmenkonzept, in das sich die unterschiedlichen Methoden einordnen lassen und das somit ihre Übereinstimmungen und Unterschiedlichkeiten zeigt, zu einem gegenseitigen Verstehen führen. Daß darüber hinaus ein solches Rahmenkonzept auch zu einer Vereinheitlichung des Methodeneinsatzes führen kann und soll, liegt selbstverständlich nahe. Viele der gegenwärtig gebräuchlichen Methoden zur Entwicklung von Informationssystemen folgen eher Modewellen als empirisch und theoretisch abgesicherten Konzepten.

Das ARIS-Konzept bildet deshalb einen Rahmen, in dem integrierte Anwendungssysteme entwickelt, optimiert und in die DV-technische Realisierung umgesetzt werden können. Es zeigt damit gleichzeitig der Betriebswirtschaftslehre, wie sie Informationssysteme betrachten und analysieren kann, um eine DV-gerechte Umsetzung ihrer Inhalte zu erreichen.

Betriebswirtschaftliche Anwendungssoftware umfaßt Software für Rechnungswesen, Beschaffung, Vertrieb, Produktionsplanung usw. Gerade betriebswirtschaftliche computergestützte Informationssysteme zeichnen sich durch einen hohen Komplexitätsgrad aus. Durch die integrierte Datenverarbeitung, bei der die gemeinsame Nutzung von Daten durch verschiedene Anwendungen unterstützt wird, sowie die Realisierung umfassender DV-orientierter Gesamtkonzepte für Unternehmungen wie CIM für Industriebetriebe, DV-gestützte Warenwirtschaftssysteme für Handelsbetriebe und Electronic Banking für Bankbetriebe, sind viele interne und externe Partner an der Einführung eines Informationssystems beteiligt.

Bei der Einführung integrierter betriebswirtschaftlicher Standardsoftware betrug bis Mitte der 90er Jahre das Verhältnis zwischen dem Aufwand der organisatorischen Einführung zu dem Anschaffungspreis der Software häufig 5:1 und mehr. Der Grund für das Verhältnis zwischen Einführungs- und Anschaffungsaufwand liegt darin, daß ein kaufbares System zwar eine implementierte Lösung darstellt, der Benutzer aber vorher ermitteln muß, welche Ziele (Strategien) er mit dem System verfolgen will, wie seine detaillierten Anforderungen an das System sind, diese mit den Möglichkeiten des Systems abgleichen, anpassen und konfigurieren sowie das System technisch einführen muß.

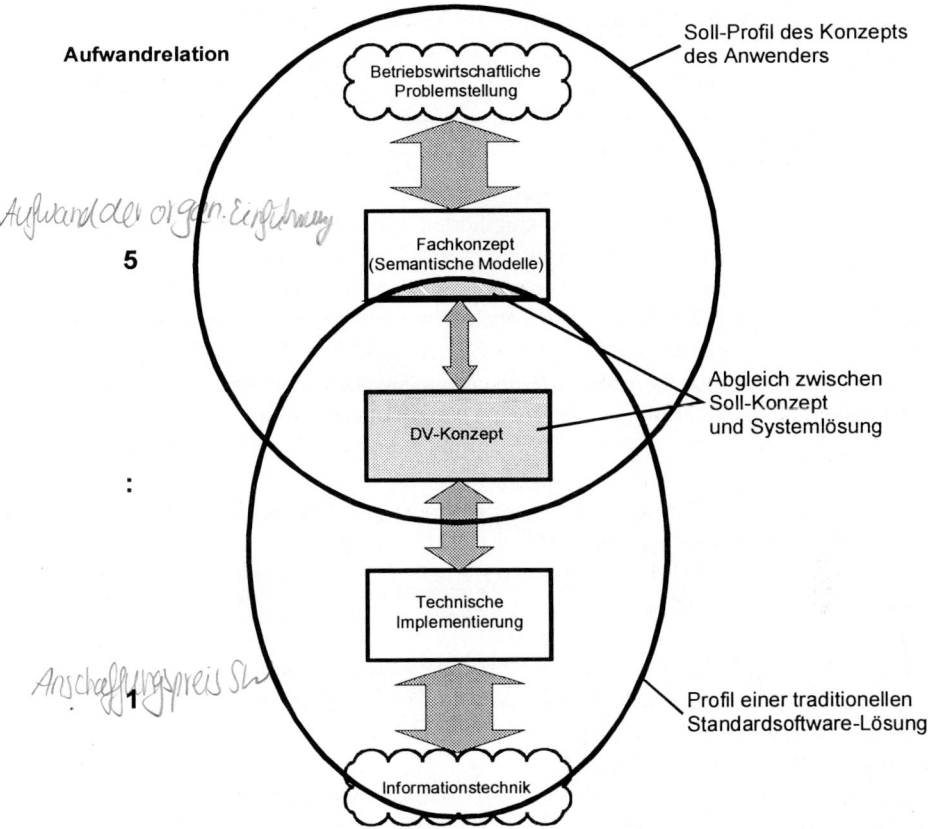

Aufwand der org[en]. Einführung

Anschaffungspreis SW

Abb. 1a Verhältnis zwischen Organisationsaufwand und Software-Aufwand im Life Cycle

Innerhalb des Life-Cycle-Modells der Abb. 1a bildete ein Software-System also nur die unteren Ebenen ab. Die betriebswirtschaftlichen Funktionen des Systems waren im wesentlichen durch DV-bezogene Begriffe wie „Bildschirmmasken, Datentabellen, Parametereinstellungen, Transaktionsnamen" dargestellt oder mußten aus ihnen abgeleitet werden. Der Anwender mußte deshalb sein eigenes fachliches Anforderungskonzept entwickeln und dieses dann vornehmlich auf der Ebene des DV-Konzepts mit der Standardsoftware abgleichen. Dazu war entsprechendes DV-nahes Wissen über das System und Wissen für die Umsetzung der fachlichen Anforderungen erforderlich. Hier war der Anwender deshalb auch häufig auf externes Berater-Know-How angewiesen.

Mit sinkenden Hard- und Software-Kosten wurde das Kostenverhältnis für den Organisationsaufwand immer ungünstiger. Insbesondere mittlere Unternehmen sind nicht in der Lage, Millionenbeträge an Beratungsunternehmungen zu zahlen. Deshalb erhöhen ein Rahmenkonzept, Methoden und Tools zur Senkung der Kosten einer Software-Einführung die Akzeptanz von Standardsoftware erheblich.

Dazu bestehen mehrere Ansatzpunkte (vgl. Abb. 1b):

- Senkung des Aufwands für die Erstellung des Soll-Konzepts durch Nutzung von Erfahrungswissen „Best Practice Cases" in Form von Referenzmodellen.
- Erarbeitung eines Fachkonzepts durch Nutzung von Modellierungstechniken zur Präzisierung der Beschreibung.
- Dokumentation der Standardsoftware auf der Ebene des Fachkonzepts durch Einsatz semantischer Modellierungsmethoden zur Erhöhung der Verständlichkeit des betriebswirtschaftlichen Inhalts.
- Nutzung der semantischen Modelle zum nahezu automatischen Abgleich zwischen Soll-Konzept und Standardsoftware auf der Fachkonzeptebene, ohne daß DV-Wissen benötigt wird.
- Nutzung der semantischen Modelle als Ausgangspunkt für eine nahezu automatische Systemanpassung (Customizing) und Konfiguration.

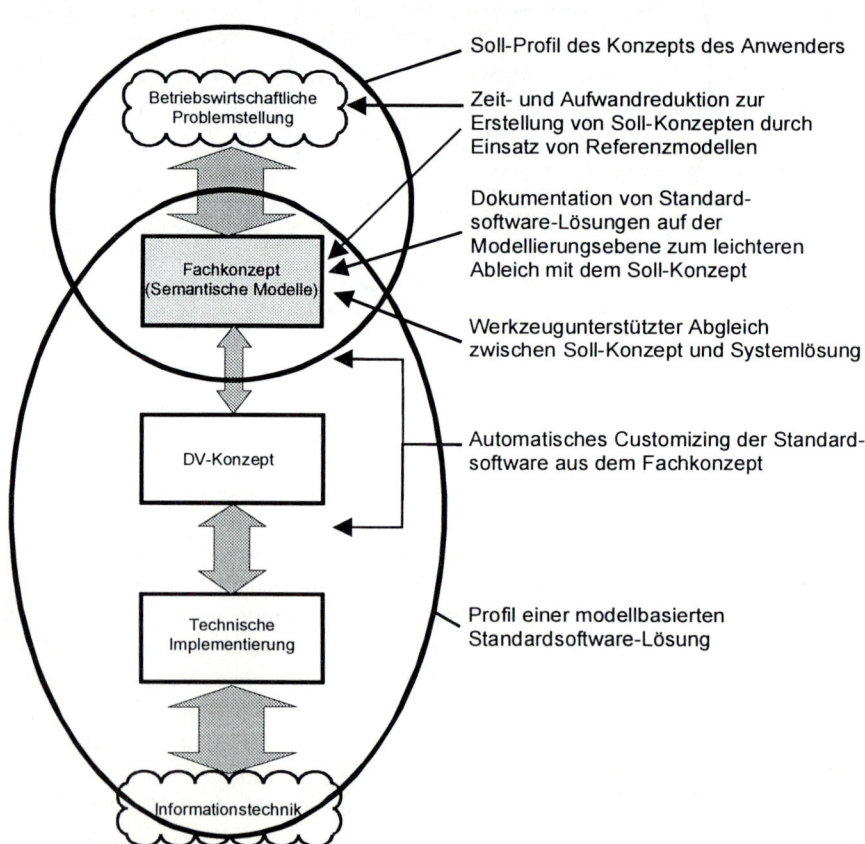

Abb. 1b Ansatzpunkte zur Verringerung des Organisationsaufwandes

Um diese Ansatzpunkte zur Beschleunigung und Aufwandsreduktion von Standardsoftware zu nutzen, wurde das ARIS-Konzept mit darauf aufbauenden Methoden und Werkzeugen (ARIS-Toolset) entwickelt.

Im einzelnen werden mit ARIS

– ein Rahmenkonzept (Architektur) zur vollständigen Beschreibung von Anwendungssoftware-Systemen angeboten,

– in die Architektur die am geeignetsten erscheinenden Methoden zur Modellierung von Informationssystemen eingeordnet bzw. neue Methoden zur Geschäftsprozeßbeschreibung entwickelt,

– Tools zur Verwaltung von Anwendungswissen in Form von Referenzmodellen, zur Modellierung und Analyse von Anforderungen an Systeme sowie zur benutzerfreundlichen Navigation durch Modelle angeboten.

– Mit dem ARIS - House of Business Engineering (HOBE) wird eine Architektur zum Management von Geschäftsprozessen mit Hilfe von Standardsoftware-Systemen angeboten. Diese baut auf der lockeren Kopplung von Software-Bausteinen (Business Objects) durch Workflow-Systeme auf. Bei dieser Montage von Software-Komponenten zu betriebswirtschaftlichen Informationssystemen bildet ARIS das Rahmenkonzept zur Montagebeschreibung. Aus ihr können Workflow-Systeme konfiguriert, Bildschirmmasken generiert und Anwendungen parametrisiert werden.

B Das Basis-Geschäftsprozeßmodell für ARIS

Um das ARIS-Konzept zu entwickeln, muß der Betrachtungsgegenstand näher beschrieben werden. Dazu wird zunächst ein einfaches Geschäftsprozeßmodell aus primär betriebswirtschaftlichen Erkenntnissen gebildet. Dieses wird anschließend um weitere Details zum ARIS-Basis-Geschäftsprozeßmodell ergänzt.

B.I Das einführende Geschäftsprozeßmodell

Die unterschiedlichen Schwerpunkte einer Geschäftsprozeßbeschreibung werden an dem einfachen Beispielprozeß einer Kundenauftragsbearbeitung entwickelt. Der Tatbestand wird zunächst verbal beschrieben:

Ein Kunde bestellt bei der betrachteten Untersuchung einige Artikel, die gefertigt werden müssen. Die Bestellung wird anhand von Informationen über Kunden und Artikel auf ihre Machbarkeit geprüft. Bei Auftragsannahme werden benötigte Materialien bei einem Lieferanten beschafft. Nach Eintreffen des Materials und Einplanung des Auftrags werden die Artikel anhand eines Arbeitsplans gefertigt und an den Kunden versandt. Zu dem Artikel werden auch Artikeldokumente erstellt und versandt.

Dieser Sachverhalt wird nun aus unterschiedlichen Sichten dargestellt.

In der Systemtheorie wird zwischen der Systemstruktur und dem Systemverhalten unterschieden. Zunächst wird mit der Darstellung der am Geschäftsprozeß beteiligten Aufgabenträger und ihrer Beziehungen begonnen, dann das dynamische Verhalten anhand des Funktionsflusses beschrieben. Der Leistungsfluß beschreibt die während des Prozesses anfallenden Arbeitsergebnisse und der Informationsfluß den Austausch der zur Bearbeitung einbezogenen Dokumente.

Die einzelnen Konstrukte Funktionen, Leistungsträger (Organisationseinheiten), Leistungen und Informationsobjekte werden durch individuelle Symbole gekennzeichnet. Die Flüsse werden durch Pfeile dargestellt.

B.I.1 Aufgabenträger mit ihren Beziehungen

Abb. 2a zeigt die am Geschäftsprozeß beteiligten Aufgabenträger (Organisationseinheiten) mit ihren Leistungs- und Kommunikationsbeziehungen als Kontext- bzw. Interaktionsdiagramm. Die Reihenfolge, in der die Vorgänge ausgeführt werden, ist nicht sichtbar. Trotzdem werden erste Einsichten in die Struktur des Geschäftsprozesses vermittelt. Bei komplexen Prozessen werden aber die vielfältigen Austauschbeziehungen zwischen den Partnern leicht unübersichtlich. Neben den Interaktionen können auch die Verrichtungen der Aufgabenträger eingetragen werden. Dieses ist nur an einigen Stellen angedeutet.

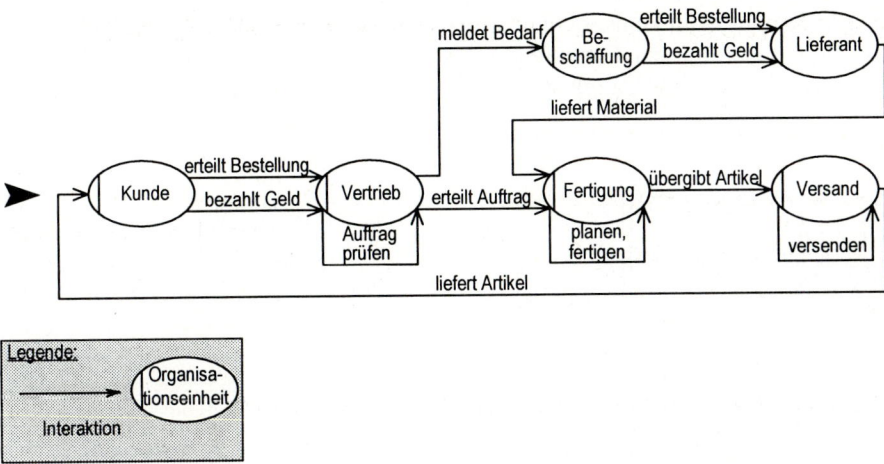

Abb. 2a Interaktionsdiagramm des Geschäftsprozesses „Auftragsbearbeitung"

Interaktionsdiagramme sind in der betriebswirtschaftlichen Systemtheorie weit verbreitet. Typisch ist z. B. die allgemeine Darstellung der Leistungs- und Kommunikationsbeziehungen zwischen den drei Aufgabenträgern Kunde, Unternehmung und Lieferant der Abb. 2b.

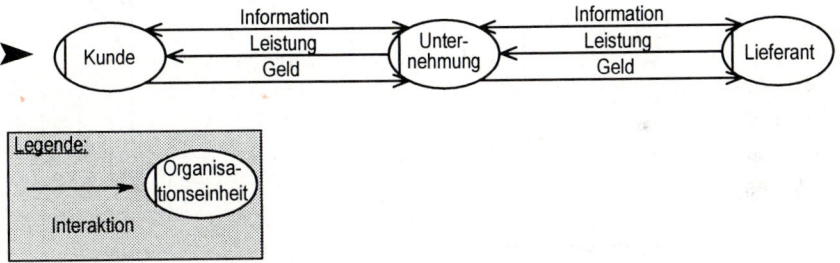

Abb. 2b Allgemeines betriebswirtschaftliches Interaktionsdiagramm einer Unternehmung

B.I.2 Funktionsfluß

In Abb. 3 wird der gleiche Geschäftsprozeß durch Angabe der auszuführenden Verrichtungen (Funktionen) und ihrer Abfolge beschrieben. Im Vordergrund stehen nicht mehr wie bei dem statischen Interaktionsdiagramm die Aufgabenträger, sondern es dominiert die dynamische Abfolge der Verrichtungen. Die Verrichtungsträger sind zur Verdeutlichung ebenfalls in Abb. 3 eingetragen. Ihr Zusammenspiel wird gegenüber dem Interaktionsdiagramm durch ihre redundanten Aufführungen unübersichtlicher.

Der Funktionsfluß entspricht aber der Definition des Geschäftsprozesses als einer Funktionsfolge zur Erstellung einer Leistung. Die Leistungen selbst werden aber als eigenständige Tätigkeitsergebnisse noch nicht dargestellt.

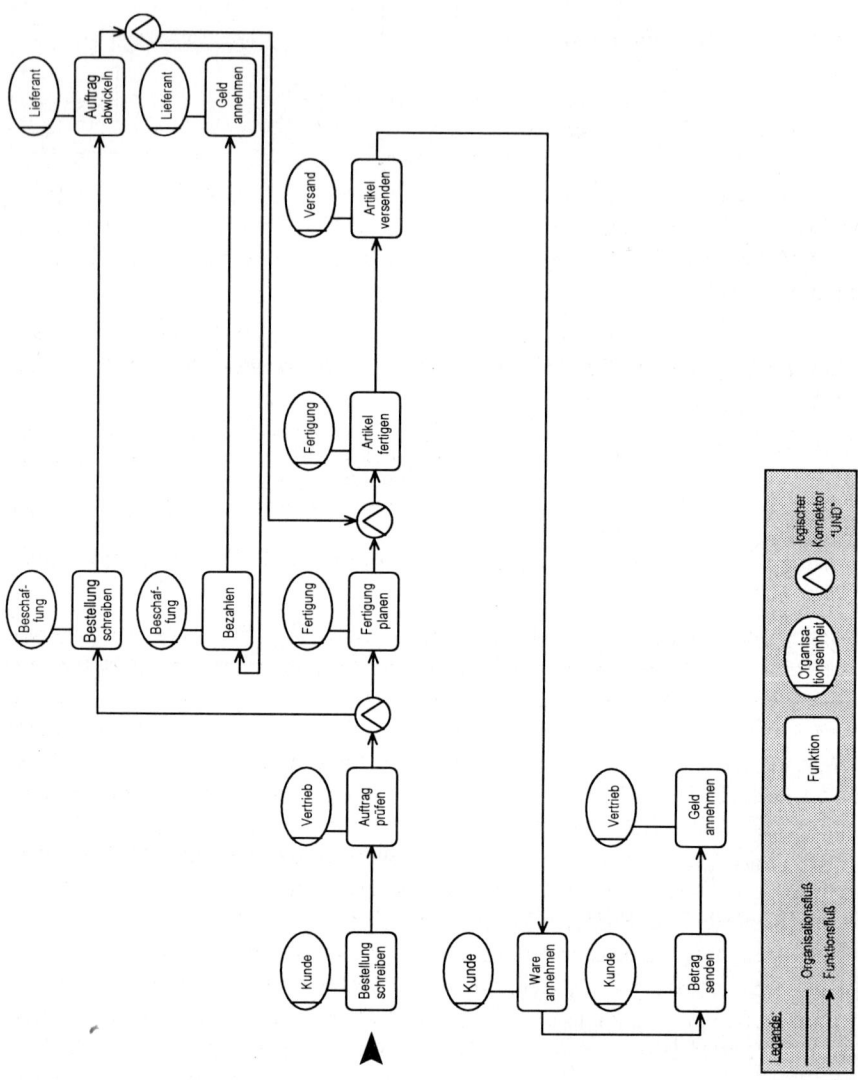

Abb. 3 Funktionsfluß des Geschäftsprozesses „Auftragsbearbeitung"

B.I.3 Leistungsfluß

Zweck eines Geschäftsprozesses ist die Erstellung einer Leistung, um eine Gegenleistung zu erhalten. In dem Beispielfall ist die Leistung der Unternehmung die Ausführung der Kundenbestellung und die Gegenleistung der Geldbetrag. Aber auch innerhalb der Unternehmung entstehen Leistungen als Ergebnis der Funktionen.

Der Leistungsbegriff ist sehr heterogen. Eine betriebswirtschaftliche Leistung ist das Ergebnis eines Produktionsvorgangs im weitesten Sinne. Leistung wird in materielle (Sachleistung) und nicht-materielle (Dienstleistung) unterschieden. Während materielle Leistungen leicht zu definieren sind, z. B. in Form von geliefertem Material, gefertigten Vorprodukten bis hin zum erstellten Endprodukt, ist der Begriff „Dienstleistung" schwieriger zu definieren, da er heterogene Leistungen umfaßt, z. B.

- künstlerische Aufführungen (Theater, Konzert), bei denen die Leistung der Vorgang der Aufführung ist und der Konsum der Leistung quasi gleichzeitig mit der Erstellung erfolgt,
- Bereitstellung von Krediten einer Bank; hier ist die Leistung der Geldbereitstellung *Ergebnis* der Banktätigkeiten Bonitätsprüfung, Sicherungsabwicklung usw.,
- Versicherungsleistungen,
- Leistungen öffentlicher Einrichtungen (Ausstellen von Personalausweis oder Führerschein).

Wesentliche Merkmale einer Leistung sind, daß sie außerhalb der erzeugenden Stelle benötigt wird, also ein Bedarf für sie besteht, und daß sie von der verwendeten Stelle angefordert wird und ein Preis dafür anerkannt wird. Dabei ist es unerheblich, ob dieses Kunden-Lieferanten-Verhältnis zu externen Partnern oder zwischen internen Organisationseinheiten besteht. Die Preise können Marktpreise oder interne Verrechnungspreise sein. Weiter ist unerheblich, ob der Preis gefordert oder wirklich gezahlt wird, es genügt, wenn die Partner ein Gefühl für die Geldwertigkeit der Leistung besitzen. So werden häufig bei innerbetrieblichen Leistungen keine Preise gezahlt, aber auch manche externen Leistungen, etwa öffentliche Leistungen an Bürger, sind unentgeltlich.

Um die Leistungstransparenz zu erhöhen, besteht aber eine Tendenz, auch innerbetriebliche Leistungen zu definieren und deren Kosten weiter zu verrechnen. Ebenfalls besteht die Tendenz bei öffentlichen Einrichtungen. Unterhalb der Leistungssymbole in Abb. 4 sind jeweils die Funktionen angegeben, die die Leistungen erzeugen. Einige der Leistungen sind Informationsdienstleistungen, z. B. „geprüfter Auftrag", „Fertigungsplan", „Bestellung", „Auftragsdokumente" und „Versandauftrag". Artikel als Ergebnis der Fertigung sind dagegen materielle Leistungen. Die gelieferten Artikel sind Ergebnis einer (Transport-) Dienstleistung.

Ergebnis des Vorgangs „Artikel fertigen" in Abb. 4 ist einmal die sachliche Leistung in Form des hergestellten Artikels. Gleichzeitig werden während der Fertigung Qualitätsprüfungen durchgeführt und dokumentiert. Alle für den Kunden wichtigen Daten werden als „Auftragsdokumente" erfaßt. Diese repräsentieren somit eine Dienstleistung in Form einer Informationsbereitstellung. Auch nach jeder innerbetrieblichen Funktion ist eine Leistung definiert, die das „Deliverable" angibt, das als Vorleistung in die nächste Funktion eingeht. Zur besseren Übersichtlichkeit sind die beteiligten Organisationseinheiten nicht eingetragen. Aus der Darstellung des Leistungsflusses ist die Funktionsfolge nicht eindeutig zu entnehmen.

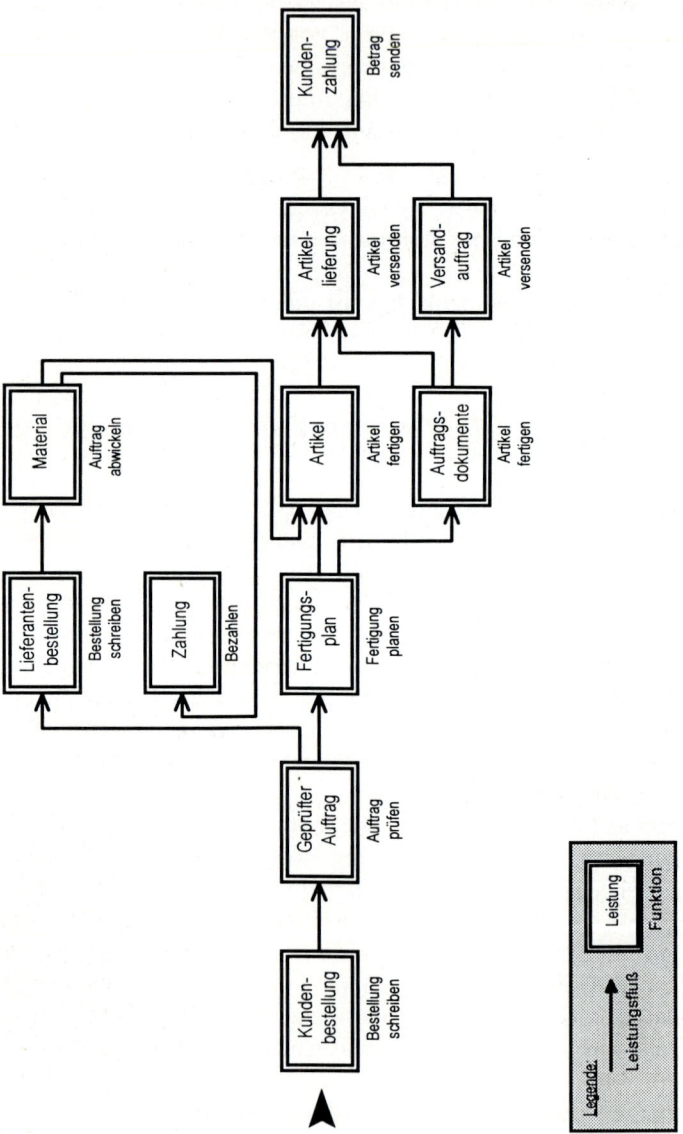

Abb. 4 Leistungsfluß des Geschäftsprozesses „Auftragsbearbeitung"

B.I.4 Informationsfluß

Neben den Informationsdienstleistungen sind auch andere Informationen, die als Umfeldbeschreibungen während des Geschäftsprozesses verwendet werden, Bestandteile des Geschäftsprozesses.

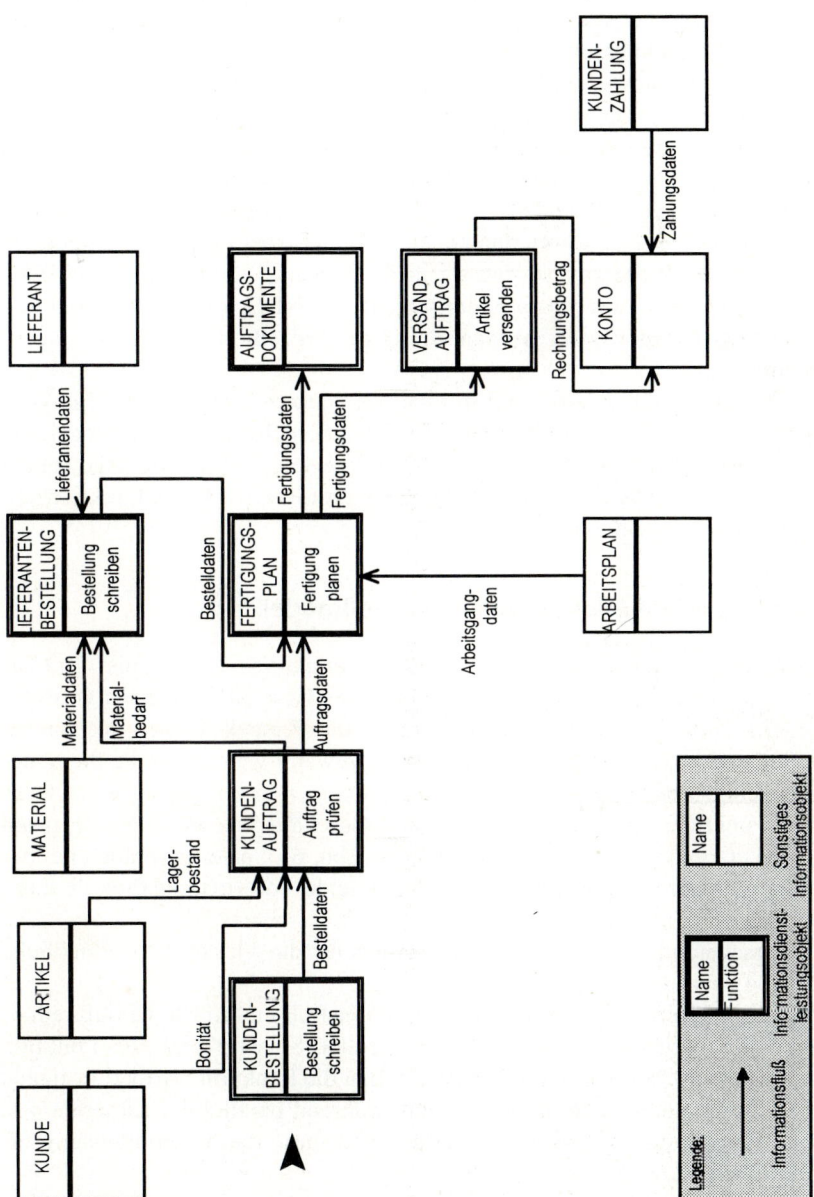

Abb. 5 Informationsfluß des Geschäftsprozesses „Auftragsbearbeitung"

Abb. 5 zeigt die Informationsobjekte des Geschäftsprozesses mit den zwischen ihnen ausgetauschten Daten. Die bereits als Informationsdienstleistungen eingeführten Objekte sind doppelt umrandet. Zusätzlich werden Informationsobjekte, die das Umfeld des Geschäftsprozesses beschreiben, aufgeführt. Dieses sind z. B. Kunden-, Lieferanten-, Artikel- und Arbeitsplandaten. Diese Daten werden benötigt, um die Informationsdienstleistungen zu erstellen. Beispielsweise werden bei der Auftragsprüfung die Bonität des Kunden zur Kundenprüfung und der Lagerbestand zur Verfügbarkeitsprüfung herangezogen.

Die Informationsobjekte werden durch den Namen gekennzeichnet. Ihnen können weitere Attribute zugeordnet werden. Dieses ist aber wegen besserer Übersichtlichkeit unterlassen worden. Den Informationsdienstleistungsobjekten sind die Funktionen des Prozesses zugeordnet, die auf die Informationsobjekte angewendet werden. Auch den anderen Informationsobjekten könnten Funktionen zugeordnet werden. Dieses wären dann aber Teilfunktionen der bisher eingeführten Funktionen des Prozesses, so daß sie nicht in Abb. 5 eingetragen sind. Beispielsweise kann auf das Informationsobjekt KUNDE die Detail-Funktion „Bonität ermitteln" angewendet werden, die in der Prozeßfunktion „Auftrag prüfen" enthalten ist.

Da der Datenfluß durch die den Informationsobjekten zugeordneten Funktionen ausgelöst wird, kann aus Abb. 5 auch der Funktionsfluß annähernd abgelesen werden. Werden aber auf ein Informationsobjekt mehrere Funktionen angewendet oder mehrere Datenflüsse von einer Funktion angefordert, so ist der Funktionsablauf nicht eindeutig zu entnehmen.

B.I.5 Zusammengefaßtes Geschäftsprozeßmodell

Keiner der dargestellten Flüsse (Organisations-, Funktions-, Leistungs- und Informationsfluß) kann den gesamten Sachverhalt des Geschäftsprozesses vollständig abbilden. Es muß deshalb versucht werden, alle Perspektiven zu vereinigen. Dazu muß eine der Darstellungen als Grundlage gewählt werden, in die die anderen Aspekte eingearbeitet werden.

Da der Funktionsfluß der Definition des Geschäftsprozesses am nächsten kommt, wird er zunächst als Basis gewählt (vgl. Abb. 6). Später wird auch bei der Behandlung objektorientierter Ansätze gezeigt, wie der Informationsfluß als Basis dienen kann.

Zur Unterscheidung der Beziehungen werden für die Flüsse unterschiedliche Darstellungen verwendet.

Obwohl die Pfeile zur Darstellung von Funktionsfluß und Leistungsfluß redundant erscheinen, verlaufen sie nicht ständig parallel. So wird nach der Funktion „Auftrag abwickeln" durch den Lieferanten einmal die Funktion „Artikel fertigen" angestoßen, in die auch das Material eingeht, während parallel der Lieferant von der Beschaffungsabteilung bezahlt wird, ohne daß diese die Materialleistung erhält.

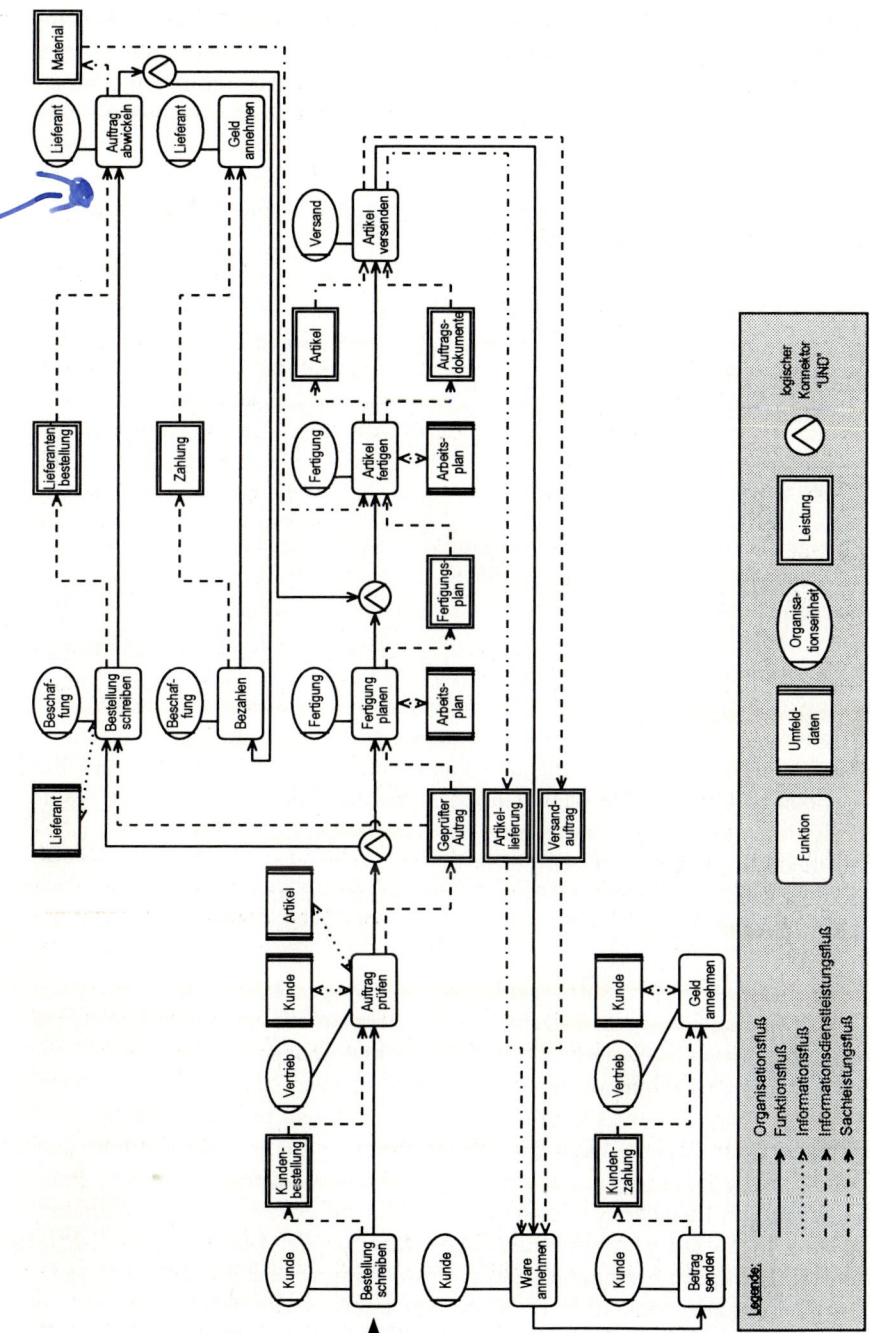

Abb. 6 Zusammengefaßtes Geschäftsprozeßmodell "Auftragsbearbeitung"

Diejenigen Informationsobjekte, die bereits als Dienstleistungen dargestellt sind, werden nicht noch einmal als Informationsobjekte den Funktionen zugeordnet. Verlaufen Flüsse völlig parallel, z. B. Leistungs- und Funktionsfluß, kann durch Weglassen eines Flusses die Darstellung vereinfacht werden.

B.II Das ARIS-Geschäftsprozeßmodell

Das einfache Geschäftsprozeßmodell der Abb. 6 entspricht bereits der eingeführten Definition des Geschäftsprozesses, wird aber zum Zwecke der Erhöhung des realitätsgerechteren Erklärungswertes verfeinert. Anschließend wird der auf das Auftragsbearbeitungsbeispiel bezogene Geschäftsprozeß generalisiert.

B.II.1 Der erweiterte Beispielprozeß

Abb. 7 zeigt die Verfeinerung des Vorgangs „Artikel fertigen" aus Abb. 6. Hier sind die wesentlichen Erweiterungen der in dieser Arbeit verwendeten semantischen Zusammenhänge eines Geschäftsprozesses erfaßt. Sie werden aus der betriebswirtschaftlich-organisatorischen Literatur, der Literatur zur Wirtschaftsinformatik und Praxiserfahrungen zusammengeführt.

Der Funktionsfluß wird durch eine Ereignis- und Nachrichtensteuerung ergänzt. Dadurch kann der Prozeßablauf exakter beschrieben werden. Ereignisse beschreiben eine Zustandsänderung und kennzeichnen z. B. den Eintritt des Ergebnisses eines Vorgangs, das dann den folgenden Vorgang auslöst. Neben einfachen Ereignissen gibt es auch zusammengesetzte Ereignisse. Beispielsweise ist es für die Funktion „Artikel fertigen" erforderlich, daß sowohl die Planung abgeschlossen als auch die benötigten Bestellteile vorhanden sind. Dieses wird durch die logische „Und"-Verknüpfung zwischen den Ereignissen zum Ausdruck gebracht.

Der Kontrollfluß (Steuerfluß) regelt, wie Vorgänge gemäß einer sinnvollen Ablauflogik angestoßen werden. Dabei können sequentielle, parallele, alternative und zusammenführende Wege mit logischen Verknüpfungen bestehen. Der Kontrollfluß wird durch Ereignisse und von ihnen ausgelöste Nachrichten zur Übertragung des Wissens um den Ereigniseintritt an Nachfolger realisiert. Nachrichten werden in den Abbildungen durch ein Briefsymbol dargestellt. Sie legen fest, wie, d. h. durch welche Funktionen, auf ein Ereignis reagiert werden soll. Nachrichten können neben der Tatsache des Ereigniseintritts auch weitere Attribute enthalten (vgl. Scheer, ARIS - Modellierungsmethoden, Metamodelle, Anwendungen 1998).

Nachdem die beiden Ereignisse „Fertigungsplanung abgeschlossen" und „(Lieferanten-)Auftrag abgewickelt" über Nachrichten gemeinsam den Vorgang „Artikel fertigen" ausgelöst haben, wird nach Beendigung des Vorgangs das Ereignis „Artikel fertiggestellt" erzeugt. Dieses Ereignis aktiviert über Nachrichten die nachfolgenden Vorgänge.

Es werden nur solche Ereignisse dargestellt, die für den weiteren Ablauf des Geschäftsprozesses von Bedeutung sind, diese werden als interessierende Ereignisse bezeichnet.

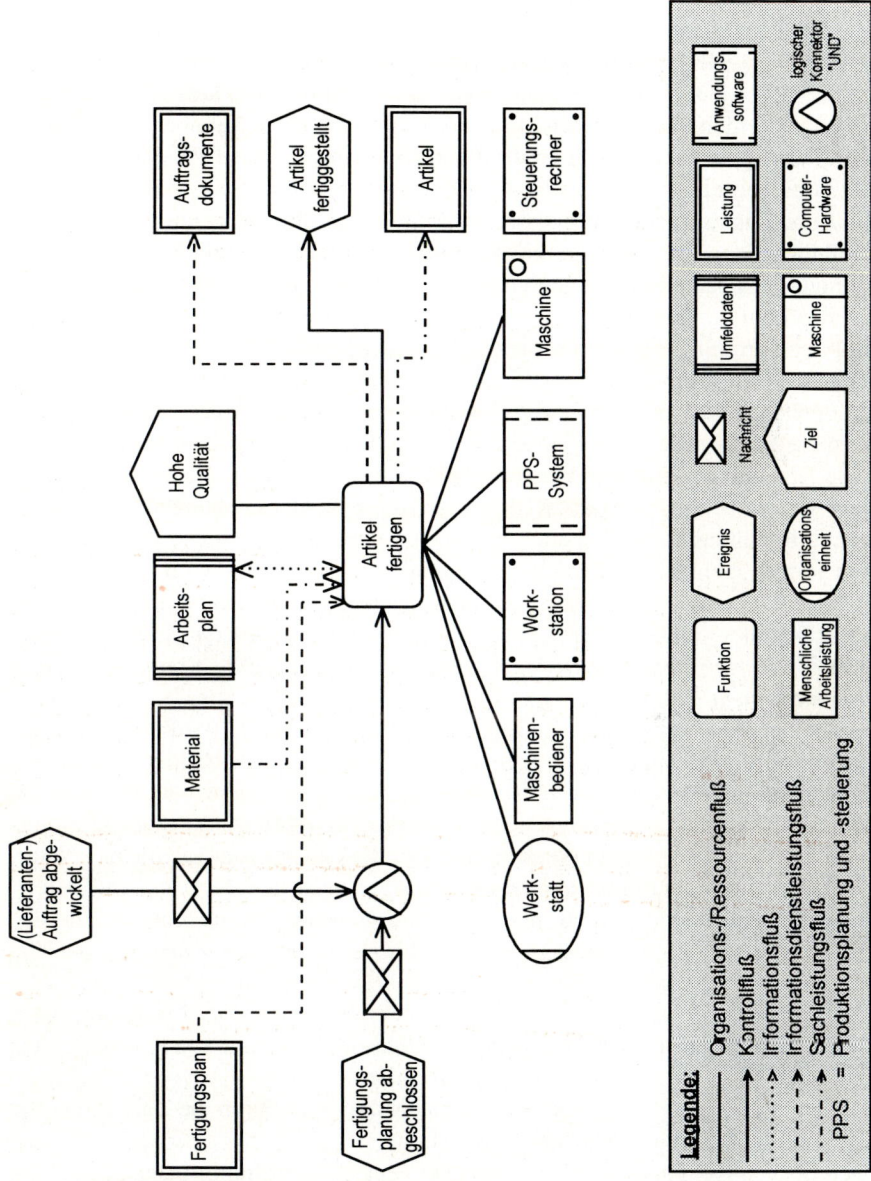

Abb. 7 Verfeinerter Ausschnitt „Artikel fertigen" des Geschäftsprozesses

Der ereignisgesteuerte Funktionsfluß wird auch als ereignisgesteuerte Prozeßkette (EPK) bezeichnet. Die EPK-Methode wurde um 1992 am Institut für Wirtschaftsinformatik (IWi) der Universität des Saarlandes mit Mitarbeitern der SAP innerhalb eines von der SAP AG finanzierten Forschungsprojekts entwickelt *(vgl. Keller/Nüttgens/Scheer, Semantische Prozeßmodellierung 1992)*. Sie ist inzwischen zentraler Bestandteil der modellgestützten Konfiguration des SAP R/3-Systems. Die EPK-Methode unterscheidet nicht streng unter den hier genannten Flüssen. Insbesondere werden Leistungs- und Kontrollfluß häufig zusammengefaßt. Auch werden keine Nachrichten verwendet. Vielleicht hat aber gerade diese Vereinfachung zu ihrem Erfolg in der Praxis beigetragen. Die EPK-Methode wird später noch vertieft.

In Abb. 7 ist auch die betriebswirtschaftliche Leistungserstellung detaillierter abgebildet. Sie wird durch die Kombination und Transformation eingesetzter Leistungen in Ergebnisleistungen charakterisiert. Der Begriff „Leistung" wird im folgenden häufig synonym zum Begriff „Produkt" verwendet.

Bei der Fertigung werden Produktionsfaktoren kombiniert. Nach der betriebswirtschaftlichen Produktionstheorie von Gutenberg sind dieses die Elementarfaktoren Betriebsmittel, menschliche Arbeitsleistung und Werkstoffeinsatz sowie der dispositive Faktor. Die von Gutenberg entwickelte Produktionstheorie bezieht sich auf die Erstellung sachlicher Leistungen. In dieser Arbeit wird jedoch ein allgemeiner Ansatz benötigt, der auch für Dienstleistungsunternehmungen gilt und der Tatsache Rechnung trägt, daß auch in Industriebetrieben die Dienstleistungsfunktionen immer mehr an Bedeutung gewinnen. Darüber hinaus wird entsprechend dem Information-Resource-Management-Konzept die Information als ein eigener Produktionsfaktor angesehen *(vgl. u. a. Zimmermann, Produktionsfaktor Information 1972; Horton, Information Management Workbook 1981; Krcmar, Informationsmanagement 1997)*.

In der neueren betriebswirtschaftlichen Produktionstheorie wird diesen Anforderungen bereits Rechnung getragen und das Konzept der Produktionsfaktoren entsprechend erweitert (vgl. Abb. 8). Generell werden alle diejenigen Objekte als Produktionsfaktoren bezeichnet, die für die Durchführung des Vorgangs „Produktion" erforderlich sind, unabhängig davon, ob sie sachlicher Natur, Dienstleistungen oder Informationen sind. Dabei wird der Begriff „Produktion" auch weiter gefaßt und schließt die Erstellung nicht-materieller Leistungen, also auch Dienstleistungen mit ein *(vgl. Kern, Industrielle Produktionswirtschaft 1992, S. 12)*.

Der Faktor Betriebsmittel wird in Abb. 7 durch die eingesetzte Maschine, durch ein Computersystem (Workstation) zur Produktionssteuerung sowie durch einen Rechner zur Steuerung der Maschine repräsentiert.

Die objektbezogene menschliche Arbeitsleistung wird durch die Zuordnung der Qualifikation „Maschinenbediener" dargestellt.

Der dispositive Faktor, der als Management planend und steuernd auf den Kombinationsprozeß einwirkt, wird durch die Zielvorgabe „Hohe Qualität", nach der sich die Vorgangsausführung richtet, einbezogen. Weiter werden aufbauorganisatorische Aspekte der Leitungsbefugnis durch die Zuordnung der Organisationseinheit, hier der Werkstatt, erfaßt.

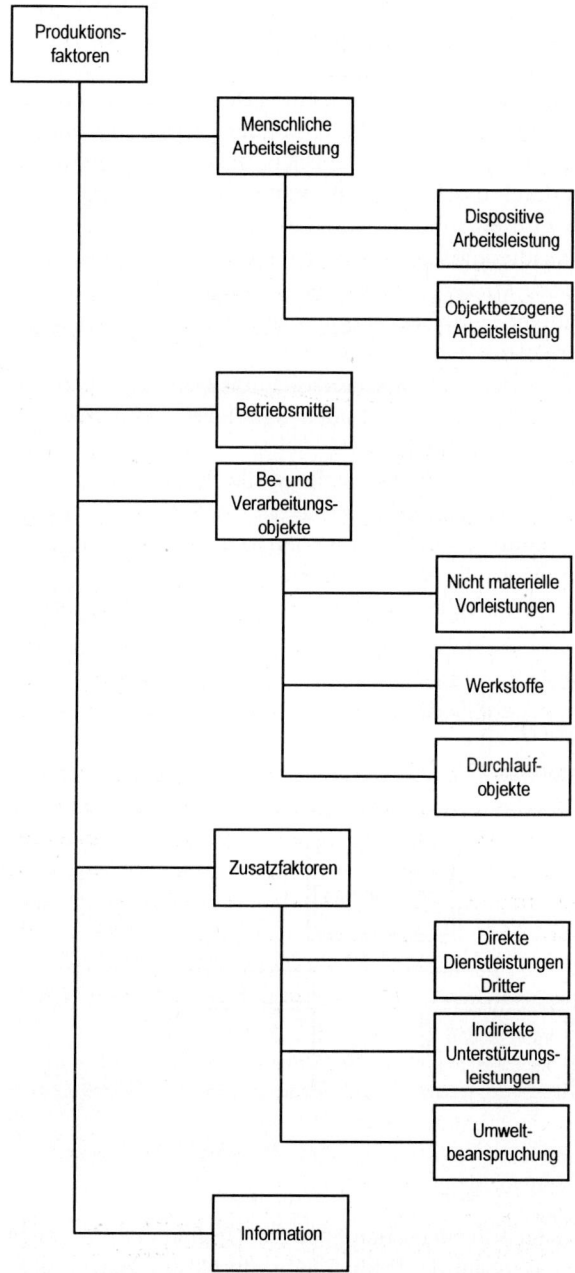

Abb. 8 System industrieller Produktionsfaktoren
(nach Kern, Industrielle Produktionswirtschaft 1992, S. 17)

Der Werkstoffeinsatz wird als Objektfaktor durch das eingesetzte Material repräsentiert. Objektfaktoren können auch Durchlaufobjekte sein, die vom Auftraggeber bereitgestellt werden und keine Kosten verursachen, z. B. das eingebrachte Tuch in einer Färberei. Ebenso können Patienten in einem Krankenhaus oder Personen, die eine Frisörleistung beziehen, dort subsumiert werden *(vgl. hierzu u. a. Corsten, Dienstleistungsproduktion 1994).*

Der „Fertigungsplan" geht als immaterieller Werkstoff (Dienstleistung) ein. Er repräsentiert die Leistungen der vorhergehenden Funktion der Fertigungsplanung. Hier wurden z. B. Kapazitätsprüfungen und andere Klärungen vorgenommen. Diese Dienstleistungen werden durch das Dokument „Fertigungsplan" dargestellt. In der Betriebswirtschaftslehre wird eine interessante Diskussion darüber geführt, wie Dienstleistungen produktionstheoretisch einzuordnen sind *(vgl. Farny, Produktions- und Kostentheorie 1965; Müller, Informationsprodukte 1995).* In dieser Arbeit werden sie als eigenständiger Faktor hervorgehoben. Die Abb. 8 ist gegenüber der Quelle entsprechend ergänzt.

Zusatzfaktoren sind solche Faktoren, die als Unterstützungsleistungen mehr indirekt an der Produktion beteiligt sind. Hier sind auch staatliche Leistungen einbezogen sowie die Beanspruchung der Umwelt.

Die Dienstleistungen externer Partner beziehen sich auf die Produktion, z. B. in Form von Reparaturleistungen, nicht aber auf immaterielle Vorleistungen, die direkt mit dem Ver- oder Bearbeitungsobjekt verbunden sind, wie das bei dem hier eingeführten Begriff „nicht materielle Vorleistungen" der Fall ist.

Für die weitere Arbeit ist die vereinfachte Gliederung der Abb. 9 ausreichend.

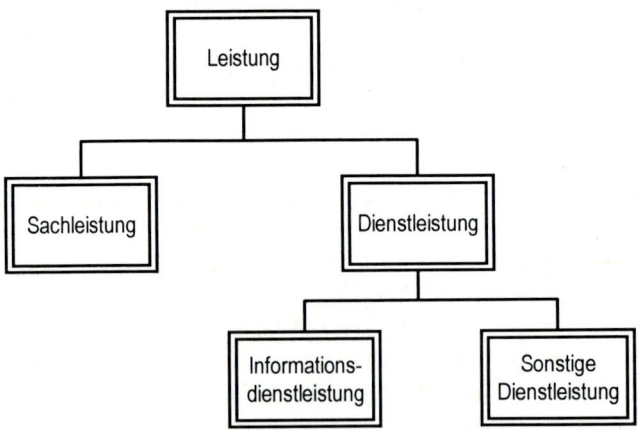

Abb. 9 Gliederung von Leistungsarten

Zur Leistungserstellung sind weiter Informationen über das Umfeld des Vorgangs erforderlich. Diese sind in dem Beispiel der Abb. 7 u. a. durch das Datenobjekt „Arbeitsplan" gekennzeichnet. Der Arbeitsplan beeinflußt den Ablauf innerhalb des Vorgangs. Da der Arbeitsplan kein Ergebnis des betrachteten Geschäftsprozesses ist, sondern als Stammdaten vorgehalten wird, gilt er nicht als Informationsdienstleistung innerhalb des Prozesses.

Bei dem ARIS-Geschäftsprozeßmodell wird zwischen den Ereignissen, die mit den Nachrichten den Kontrollfluß steuern, und dem Leistungsfluß unterschieden. Es wird aber darauf hingewiesen, daß bei der praktischen Modellierung als Vereinfachung Kontroll- und Leistungsfluß gemischt werden können. Dieses ist dann zweckmäßig, wenn die Leistungsergebnisse Informationsobjekte wie Auftragsdokumente oder Rechnungsformulare sind, so daß das Ereignis ihrer Erstellung mit den Informationsobjekten gleichgestellt werden kann. Für Anwendungen, die eine genauere Nachrichtendefinition benötigen, z. B. für Workflow-Systeme, oder eine genauere Verfolgung des materiellen Leistungsflusses erfordern, z. B. bei Fertigungsprozessen, ist dagegen die exakte Trennung unumgänglich.

Die entwickelten Flüsse des ARIS-Geschäftsprozesses sind somit:

- Organisationsfluß:

    Kennzeichnet Zuständigkeiten und Leitungsbefugnisse von Organisationseinheiten.

- Zielfluß:

    Kennzeichnet die Sach- und Formalziele, die von einem Prozeß bzw. einem Vorgang bei der Ausführung verfolgt werden. Die Ziele werden vom dispositiven Faktor, dem Management, vorgegeben.

- Kontrollfluß (Steuerfluß):

    Steuert den logischen Ablauf von Funktionen durch Ereignisse und Nachrichten. Die Funktionen des Prozesses realisieren die Flüsse, indem sie z. B. bei den Leistungsflüssen den eingehenden Leistungen einen Beitrag hinzufügen und damit die zu erstellende Leistung des Prozesses weiterbefördern. Beim Kontrollfluß wird jeder Vorgang von einer oder mehreren Nachrichten angestoßen, jeder Vorgang erzeugt aber auch wiederum eine oder mehrere Nachrichten.

- Leistungsfluß:

    Es wird zwischen dem Sachleistungsfluß und dem Dienstleistungsfluß unterschieden. Dienstleistungsflüsse können alleine auftreten, Sachleistungsflüsse werden i. d. R. durch Dienstleistungsflüsse gesteuert und begleitet. Dienstleistungen werden in Informationsdienstleistungen, bei denen die Dienstleistung in der Erzeugung und Bereitstellung von Informationen besteht, und sonstige Dienstleistungen gegliedert. Der Finanzmittelfluß ist Teil des Leistungsflusses. Die verschiedenen Leistungen können in Grenzen substituiert werden. So können materielle Leistungen, z. B. Hartgeld, durch Informationsdienstleistungen, z. B. elektronisches Geld, ersetzt werden.

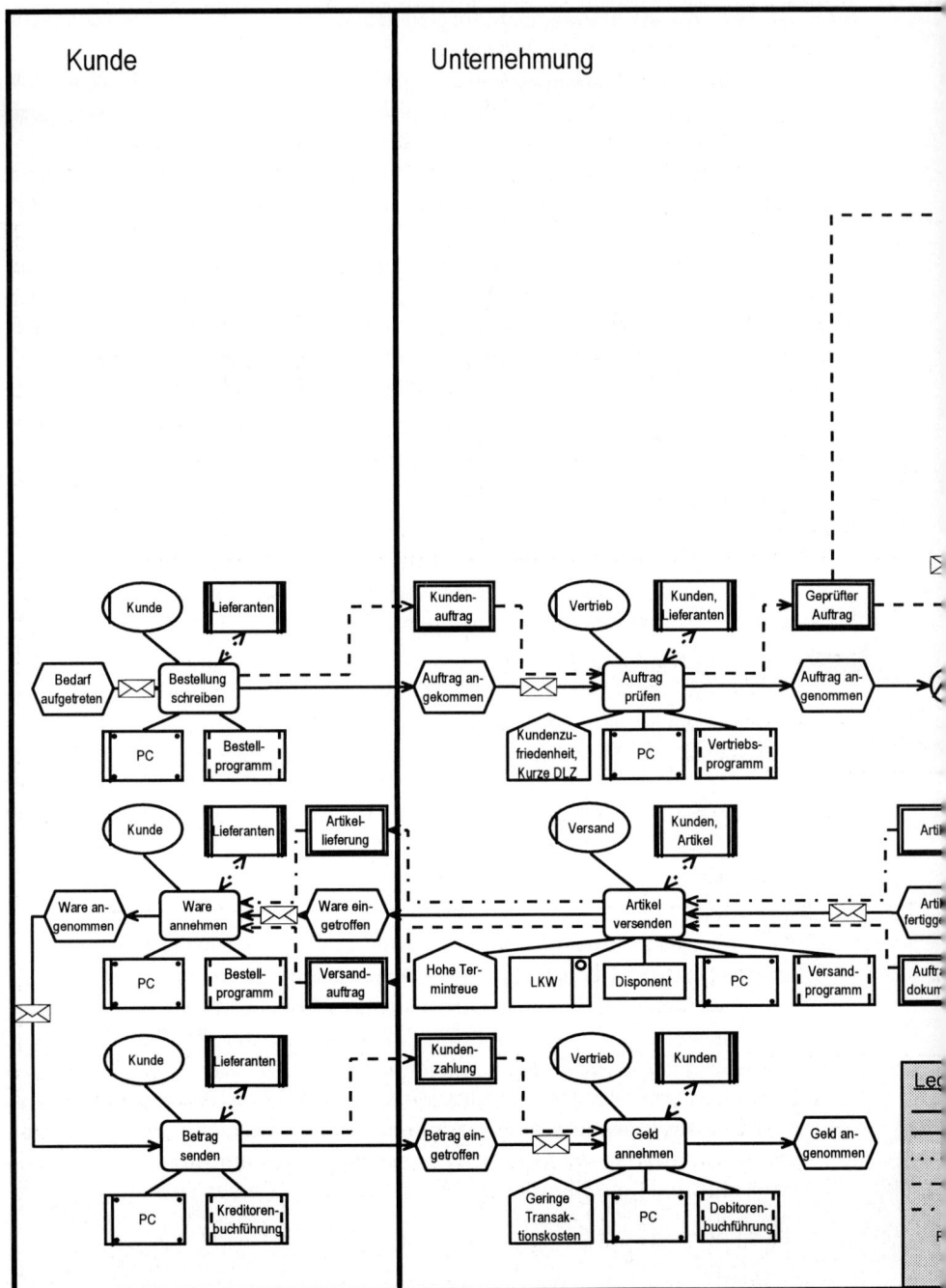

Abb. 10 ARIS-Geschäftsprozeßmodell

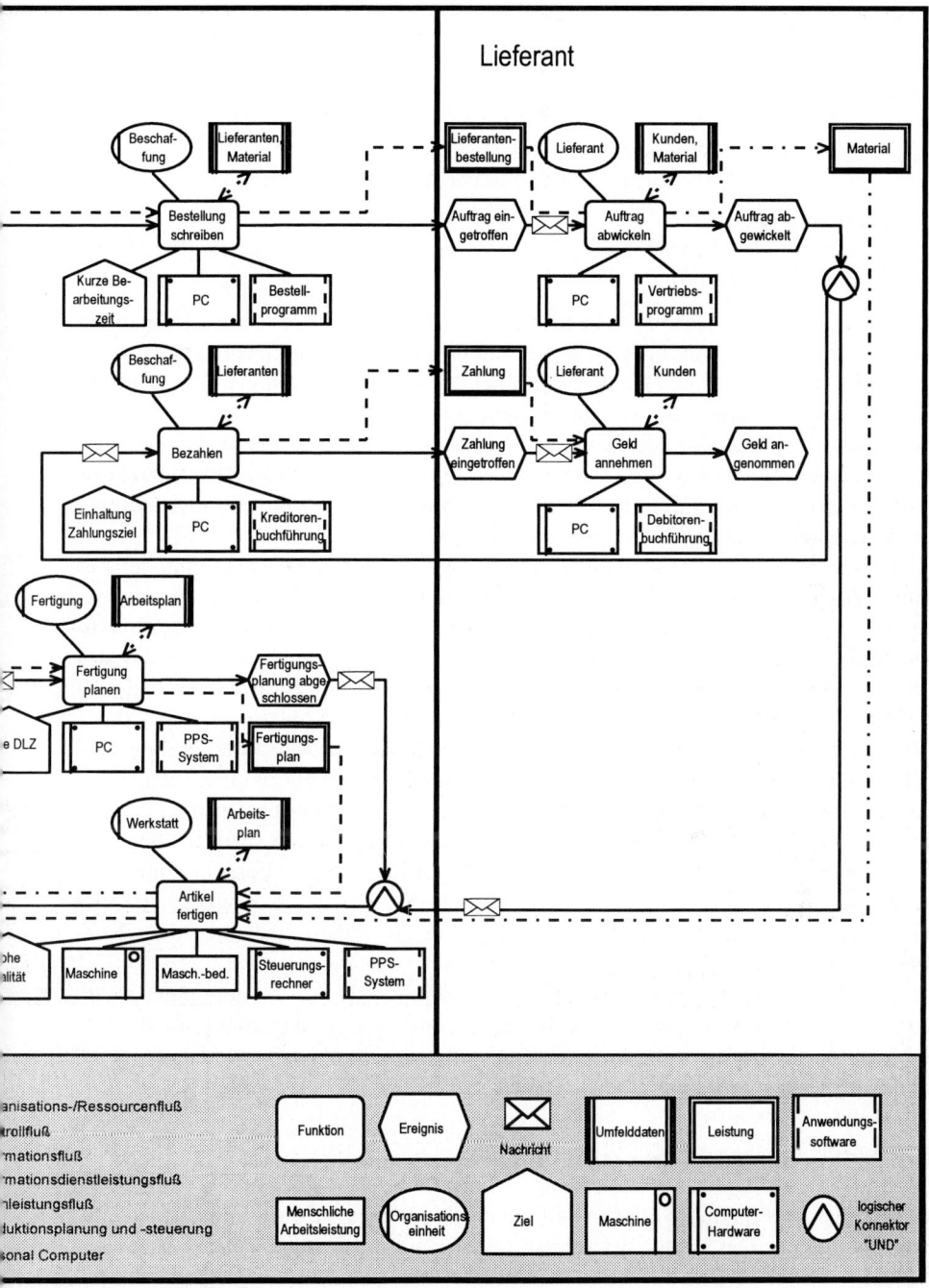

– Betriebsmittelfluß:

   Kennzeichnet die Abgabe von Nutzungsleistungen des Potentialfaktors Betriebsmittel. Der Begriff „Betriebsmittel" umfaßt sowohl Produktionseinrichtungen als auch die Hardware von Informationssystemen.

– Menschlicher Arbeitsleistungsfluß:

   Stellt die Abgabe direkter menschlicher Arbeitsleistung dar.

– Informationsfluß:

   Steuert den Zugriff auf Informationen als zweckbezogenes Wissen zur Funktionsausführung.

In Abb. 10 ist der gesamte Geschäftsprozeß der Auftragsabwicklung detailliert beschrieben. Der Versand als Transportfunktion wird als eine Sachleistung dargestellt, da er den Ort des Bearbeitungsobjektes verändert. Er hätte aber auch als Dienstleistung interpretiert werden können.

   Das ARIS-Geschäftsprozeßmodell ist hierarchisch, d. h. Funktionen können selbst wieder durch feinere Geschäftsprozesse dargestellt werden. Eine Funktion ist dann auf der nächst tieferen Ebene selbst wieder ein Prozeß, der mit den gleichen ARIS-Elementen beschrieben werden kann.

   Ziel der gewählten Darstellungselemente des ARIS-Geschäftsprozeßmodells ist eine methodenneutrale Sicht. Bei einigen Konzepten zur fachlichen Systemanalyse werden dagegen von vornherein die Darstellungselemente der objektorientierten Analyse als geeignete Beschreibungssprache herausgestellt. Bei der objektorientierten Analyse steht aber die Definition der Klassen und Subklassen sowie der auf sie definierten Methoden im Vordergrund. Die Klassen entsprechen dabei weitgehend Datenklassen. Der Kontrollfluß wird durch den Nachrichtenfluß zwischen den Klassen dargestellt. Da in einem Geschäftsprozeß zwischen den Klassen Auftrag, Kunde, Artikel mehrere Nachrichten ausgetauscht werden, ist die Darstellung des Kontrollflusses beim objektorientierten Ansatz recht unübersichtlich. Beispielsweise müssen gleiche Nachrichtenflüsse durch Vergabe einer Folgenummer voneinander unterschieden werden. Da das ARIS-Konzept sich auf Geschäftsprozesse konzentriert, stehen dagegen die Funktionen mit ihrem Kontrollfluß im Vordergrund.

   Es wird aber später gezeigt, daß ein objektorientierter Ansatz eine gute Ergänzung der prozeßorientierten Modellierung ist und eine weitere Sicht auf die Geschäftsprozeßmodelle ermöglicht. Die objektorientierte Modellierung kann somit in das ARIS-Konzept eingeordnet werden.

B.II.2 Das generalisierte Geschäftsprozeßmodell

Geschäftsprozeßmodelle können auf unterschiedlichen Abstraktionsebenen entworfen werden. Das bisher betrachtete Geschäftsprozeßmodell bezieht sich zwar auf den Anwendungsfall der Auftragsbearbeitung, beschreibt aber keinen konkreten Kundenauftragsablauf, sondern einen allgemeinen Auftragsabwicklungsprozeß, der von den Eigenschaften individueller Prozesse abstrahiert. Diese Beschreibungsart wird als Geschäftsprozeßtyp bezeichnet.

Für einen individuellen Auftragsbearbeitungsprozeß zeigt Abb. 11 den Ausschnitt der Fertigung. Hier sind alle an dem Geschäftsprozeß beteiligten Objekte durch die angefügten Namen oder Bezeichnungen instanziiert.
Individuelle Geschäftsprozeßmodelle werden zur Steuerung individueller Abläufe eingesetzt. Dieses ist in der Fertigung gebräuchlich, indem dort Fertigungsprozeßbeschreibungen in Form von Arbeitsplänen für individuelle Teile und Fertigungsaufträge erstellt werden.

Durch den Einsatz von Workflow-Steuerungssystemen werden auch im Bürobereich individuelle Geschäftsprozeßmodelle verwendet. Workflow-Systeme steuern elektronisch den Dokumenten- und Arbeitsfluß und müssen deshalb die Kontrollstruktur und die beteiligten Aufgabenträger jedes individuellen Geschäftsvorfalls kennen. Individuelle Geschäftsprozesse werden als Instanzen oder Ausprägungen bezeichnet. Zwischen dem Geschäftsprozeßtyp der Abb. 7 und der Prozeßinstanz in Abb. 11 besteht demnach eine Klassen-Instanzen-Beziehung.

Alle individuellen Auftragsabläufe bilden die Klasse oder den Typ „Geschäftsprozeß Auftragsabwicklung". Die einzelnen Abläufe sind dann Ausprägungen (Elemente oder Instanzen) dieser Klasse. Eine Klasse übernimmt die Eigenschaften der Elemente, nur wird von deren individuellen Ausprägungen abstrahiert.

Die Typebene ist die wichtigste Ebene der Geschäftsprozeßmodellierung. Zur Unterstützung von (Re-)Organisationsmaßnahmen werden nicht nur die Kenntnisse einzelner Geschäftsabläufe benötigt, sondern die generelle Ablaufstruktur, denn diese soll durch organisatorische Änderungen verbessert werden. Damit laufen dann die Instanzen später nach diesem neuen Schema ab. Durch die explizite Regelung von Ausnahmen dieser Ablaufstruktur können auch individuelle Abweichungen der Instanzen berücksichtigt werden.

Die Darstellung von Instanzen wird als Beschreibungsebene 1 bezeichnet; die Typebene als Beschreibungsebene 2.

Die Ebenen 2 und 1 stehen also in dem Verhältnis Klasse zu Ausprägung. Alle Klassen werden durch ihre Bezeichnung und die Aufzählung der Attribute, durch welche die Instanzen beschrieben werden, charakterisiert. Beispielsweise ist die Klasse KUNDE durch die Attribute Kundennummer, Kundenname und Zahlungsziel gekennzeichnet. Die Ausprägungen dieser Eigenschaften sind dann Gegenstand der Beschreibungen der Ebene 1. In Abb. 12 sind einige Beispiele für die Ebenen 1 und 2 zusammengestellt.

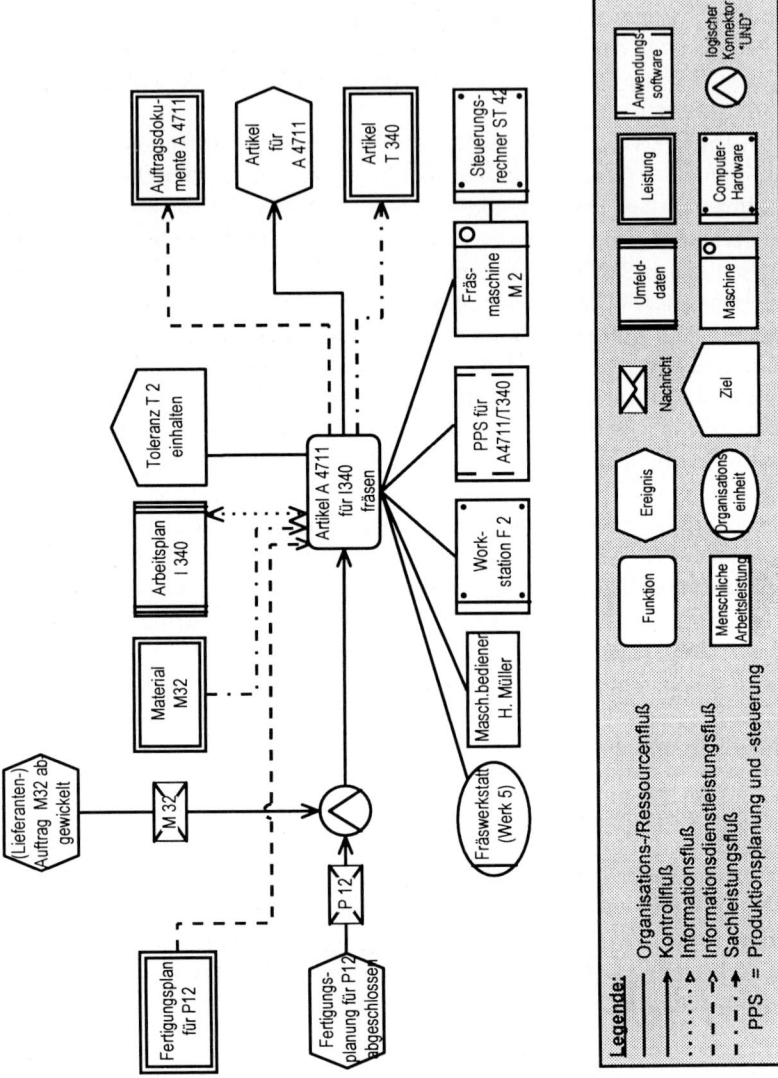

Abb. 11 Geschäftsprozeßmodell einer Auftragsinstanz (Ebene 1)

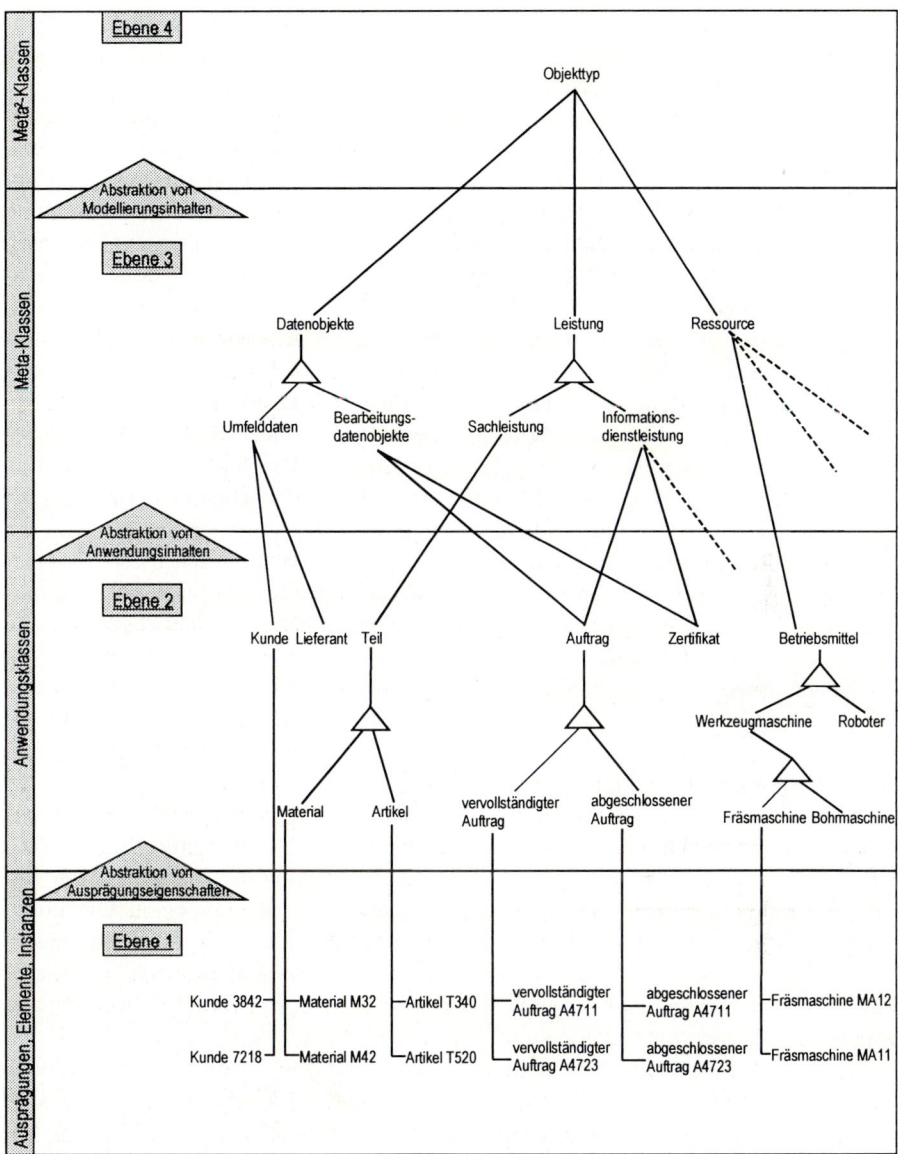

Abb. 12 Abstraktionsebenen der Modellierung

Zur weiteren Charakterisierung von Klassen können auch die auf sie anzuwendenden Funktionen angegeben werden. Hierauf wird aber zunächst verzichtet.

Die Klassenbildung ist nicht frei von subjektiven Elementen. So wird bei den Auftragsbegriffen zunächst nur von den speziellen Eigenschaften der Fälle 4711 oder 4723 abstrahiert, so daß die Klassen „vervollständigter Auftrag" und „abgeschlossener Auftrag" gebildet werden. Auf der Ebene 2 wird von den Eigenschaften „vervollständigt" und „abgeschlossen" abstrahiert und aus den Teilmengen die Oberklasse „Auftrag" gebildet. Diese Operation wird als Generalisierung bezeichnet und durch ein Dreieck-Symbol gekennzeichnet.

Bei der Generalisierung werden Mengen zu einer Obermenge zusammengefaßt. Damit sind die Auftragsinstanzen der Ebene 1 auch Instanzen der Klasse „Auftrag". Die Klasse „Auftrag" erhält die Eigenschaft „Auftragsstatus", so daß der Bearbeitungszustand „vervollständigt" oder „abgeschlossen" jeder Ausprägung zugeordnet werden kann. Die Generalisierungs-Operation wird auch auf die Kategorien Material und Artikel zum generellen Begriff Teil und bei dem Betriebsmittelbegriff angewendet.

Die Ebene 2 enthält somit anwendungsbezogene Klassen von Geschäftsprozeßbeschreibungen. Werden wiederum aus ähnlichen Klassen der Ebene 2 neue Klassen gebildet, indem von ihrem Anwendungsbezug abstrahiert wird, so werden diese in Abb. 12 der Ebene 3, der Meta-Ebene, zugeordnet. Die Klassen der Ebene 2 sind dann Ausprägungen dieser Meta-Klassen. Die Klasse „Sachleistung" enthält z. B. die Ausprägungen Material, Artikel und den generalisierten Begriff Teil; die Klasse „Informationsdienstleistung" die Klassenbegriffe Auftrag mit ihren zwei Teilbegriffen und den Klassenbegriff Zertifikat. Auch diese Klassenbildung wird vom Zweck bestimmt. So können entweder lediglich die generalisierten Klassen der Ebene 2 als Elemente der Meta-Klassen einbezogen werden oder auch deren Subklassen.

Die Klassenbildung muß nicht überschneidungsfrei sein. So können aus den Klassen Auftrag und Zertifikat einmal aus Sicht des Leistungsflusses die Klasse Informationsdienstleistung gebildet werden. Gleichzeitig sind sie aus Datensicht auch Datenobjekte und damit Instanzen der Klasse Datenobjekte.

Wird dieses Vorgehen auf das Geschäftsprozeßmodell der Abb. 10, das auf Ebene 2 beschrieben ist, angewendet, dann ergibt sich das allgemeine ARIS-Geschäftsprozeßmodell der Ebene 3 der Abb. 13. Es enthält die generellen Beschreibungsklassen eines Geschäftsprozesses mit ihren Beziehungen. Die durch Pfeile dargestellten Beziehungen könnten ebenfalls als Klassen (Beziehungsklassen) ausgedrückt werden. Hiervon wird aus Vereinfachungsgründen abgesehen. Wird im weiteren generell von Meta-Klassen gesprochen, so werden alle Darstellungskonstrukte (Klassen und Beziehungen) gemeint.

Neben den dargestellten Beziehungen sind auch noch weitere interessierende Zusammenhänge zwischen den Klassen denkbar. Auch können von den Klassen der Meta-Ebene Subklassen gebildet werden. Das Modell der Abb. 13 zeigt deshalb zwar die wesentlichen Konstrukte zur Geschäftsprozeßdarstellung, ist aber nicht unbedingt vollständig.

Die Klassen der Modellierungsebene 3 definieren also alle Konstrukte, die zur Beschreibung der Tatbestände der Ebene 2 notwendig sind. Diese Konstrukte bilden quasi die Bausteinarten für die Beschreibung der Anwendungen der Ebene 2. Da die Klassen der Ebene 2 wiederum den Begriffsrahmen der Ebene 1 bilden, sind die Konstrukte der Ebene 3 auch der Bezugsrahmen zur Beschreibung der einzelnen betriebswirtschaftlichen Geschäftsprozesse.

Der Abstraktionsprozeß läßt sich weiter fortsetzen, indem die Klassen der Ebene 3 erneut zu Klassen zusammengefaßt werden, die dann der Meta²-Ebene zugeordnet werden. Es wird dann von den inhaltlichen Modellierungssichten abstrahiert. In Abb. 12 ist dazu die generelle Klasse „Objekttyp" gebildet, die alle Meta-Klassen als Instanzen enthält.

Auf die Modellierungsebenen, insbesondere auch die genauere Beschreibung der Meta²-Ebene, wird im späteren Abschnitt „Modellierungsebenen" noch detaillierter eingegangen.

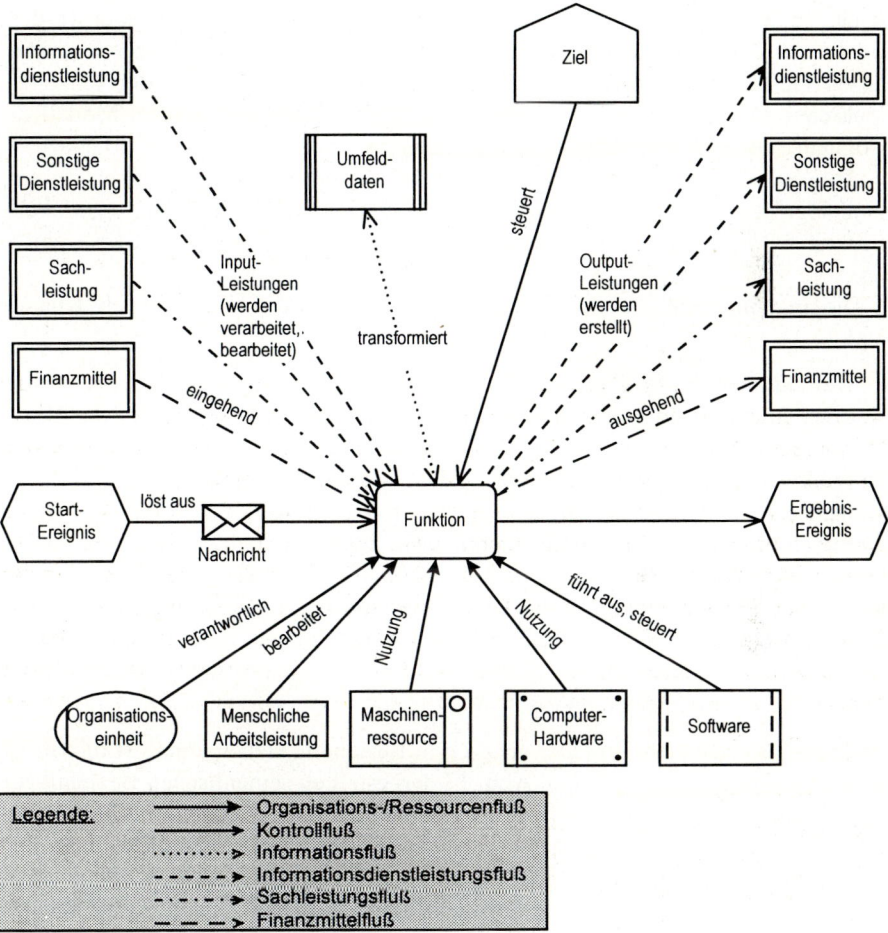

Abb. 13 Das allgemeine ARIS-Geschäftsprozeßmodell

C Entwicklung der Architektur integrierter Informationssysteme (ARIS-Haus)

Das Meta-Geschäftsprozeßmodell der Ebene 3 definiert die Begriffsklassen und Zusammenhänge, aus denen konkrete betriebswirtschaftliche Anwendungsprozesse der Ebenen 2 und 1 modelliert werden können. Da die Konstrukte der Ebene 2 Instanzen der Meta-Ebene sind, können nur solche Konstrukte verwendet werden, für die auf der Meta-Ebene Klassen definiert sind. Die auf der Ebene 2 modellierten Geschäftsprozeßtypen bestimmen wiederum die Struktur der einzelnen konkreten Abläufe der Ebene 1. Deshalb bestimmt letztlich das Meta-Modell die Möglichkeiten der Geschäftsprozeßgestaltung.

Aufgrund der Vielfalt der Klassen und der Vielfalt ihrer semantischen Zusammenhänge wird das Geschäftsprozeßmodell stärker strukturiert. Die entwickelte Struktur wird als „Architektur integrierter Informationssysteme" (ARIS) bezeichnet.

Die in dem Meta-Geschäftsprozeßmodell der Abb. 13 enthaltenen Klassen sind:

- Umfelddaten des Prozesses,
- Start- und Ergebnisereignisse,
- Nachrichten,
- Funktionen,
- menschliche Arbeitsleistung,
- maschinelle Ressourcen und Computer-Hardware,
- Anwendungssoftware,
- Leistungen in Form von Sach-, Dienst- und Informationsdienstleistungen,
- Finanzmittel,
- Organisationseinheiten,
- Unternehmensziele.

Da jede dieser Klassen mit jeder anderen in Beziehung stehen kann, ist die Struktur des Systems komplex. Die in Abb. 13 dargestellten semantischen Beziehungen der Klassen zu der Funktionsklasse zeigen lediglich einen Ausschnitt der tatsächlich möglichen Zusammenhänge.

Zwischen den Klassen können auch multiple Beziehungen bestehen. Beispielsweise ist die Beziehung zwischen Funktion und menschlicher Arbeitsleistung auch davon abhängig, welche Betriebsmittelunterstützung bei der Ausführung des Vorgangs besteht. Weiterhin können innerhalb der Klassen Beziehungen bestehen, die z. B. beschreiben, wie Datenobjekte voneinander abhängen oder wie Ereignisse untereinander verbunden sind.

Um die Komplexität zu reduzieren, werden in Abschnitt C.I Klassen mit ähnlichem semantischen Zusammenhang zu den ARIS-Sichten gebündelt. Diese Bündelung ermöglicht es, daß Tatbestände innerhalb einer Sicht betrachtet werden können, ohne daß die Zusammenhänge zu den anderen Sichten jeweils sofort mitberücksichtigt werden müssen.

Bisher wurde der Geschäftsprozeß mehr betriebswirtschaftlich behandelt, ohne seine Unterstützung durch den Einsatz der Informationstechnik genauer zu verfolgen. Da die Umsetzung der betriebswirtschaftlichen Modelle in Informationssysteme aber ein wesentlicher Betrachtungspunkt dieser Arbeit ist, wird in Abschnitt C.II ein Life-Cycle-Konzept eingeführt, das die betriebswirtschaftlichen Klassen der Geschäftsprozeßbeschreibung schrittweise in Konstrukte der Informationstechnik umsetzt.

Um die nun detaillierter als bisher dargestellten Zusammenhänge beschreiben zu können, muß eine formalere Beschreibungssprache als die bisher verwendeten Grafiken eingeführt werden. Diese wird in Abschnitt C.III zur Aufstellung eines groben Informationsmodells entwickelt. Zum ARIS-Konzept gehört auch die Beschreibung des Vorgehens zur Geschäftsprozeßbeschreibung. Dazu wird in Abschnitt C.IV ein grobes Vorgehensmodell entwickelt.

C.I Die ARIS-Sichten

Die Zusammenfassung von Klassen mit ihren Beziehungen zu Sichten dient zur Strukturierung und damit zur Vereinfachung des Geschäftsprozeßmodells. Auch werden bei der Sichteneinteilung Redundanzen, die bei einer Mehrfachverwendung von Objekten innerhalb des Prozeßmodells bestehen, vermieden. So können z. B. für mehrere Funktionen die gleichen Umfelddaten, Ereignisse oder Organisationseinheiten zuständig sein. Auch können sichtenspezifische Modellierungsmethoden verwendet werden, die sich dort besonders bewährt haben. Gerade dieser Punkt unterscheidet das Vorgehen nach Sichten von mehr systemtheoretischen Modellierungskonzepten. Dort wird zur Reduktion der Komplexität ein System in Subsysteme gegliedert. Jedes Subsystem wird aber im Prinzip in der gleichen Form dargestellt wie das Ausgangssystem. Deshalb können keine unterschiedlichen Modellierungsmethoden eingesetzt werden.

Die ARIS-Sichten werden nach dem Kriterium „Ähnlichkeit des semantischen Zusammenhangs" gebildet. Sie werden in Abb. 14a-d anhand des Meta-Geschäftsprozeßmodells der Abb. 13 demonstriert. Die am Meta-Modell gezeigten Sichten gelten wegen des direkten Zusammenhangs der Beschreibungsebenen auch für die Ebenen 2 und 1.

Obwohl in dem Meta-Geschäftsprozeßmodell lediglich relativ grobe Klassenbegriffe verwendet werden und diese sich vornehmlich auf betriebswirtschaftliche Tatbestände beziehen, gelten die Sichten auch für die spätere Verfeinerung und Umsetzung in DV-technische Begriffe des Life-Cycle-Konzepts.

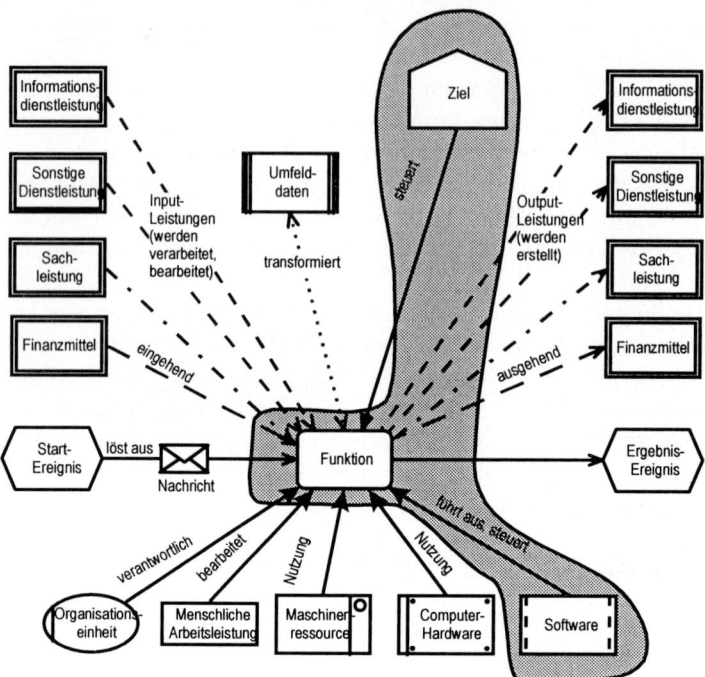

Abb. 14a Funktionssicht

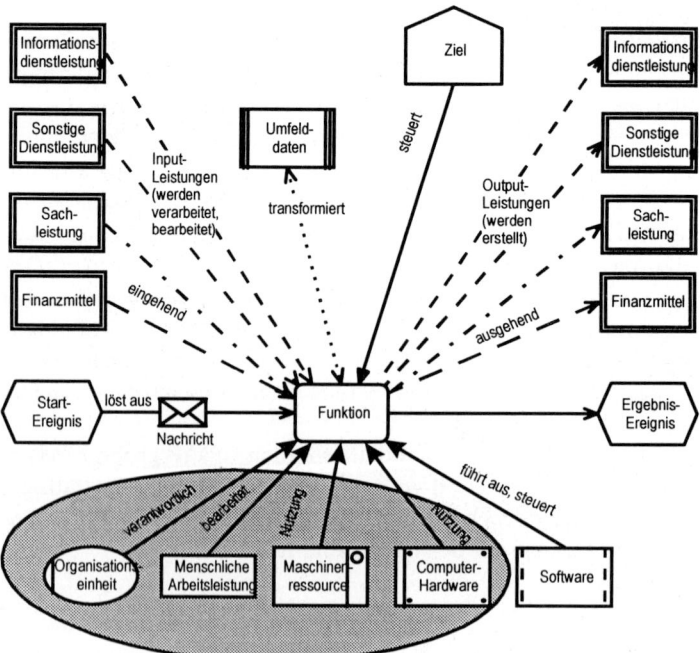

Abb. 14b (Aufbau-) Organisationssicht

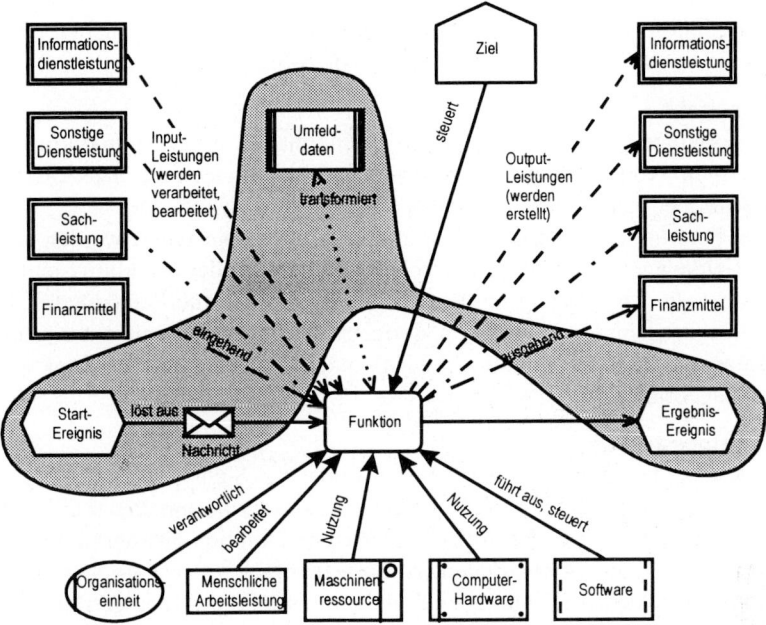

Abb. 14c Datensicht

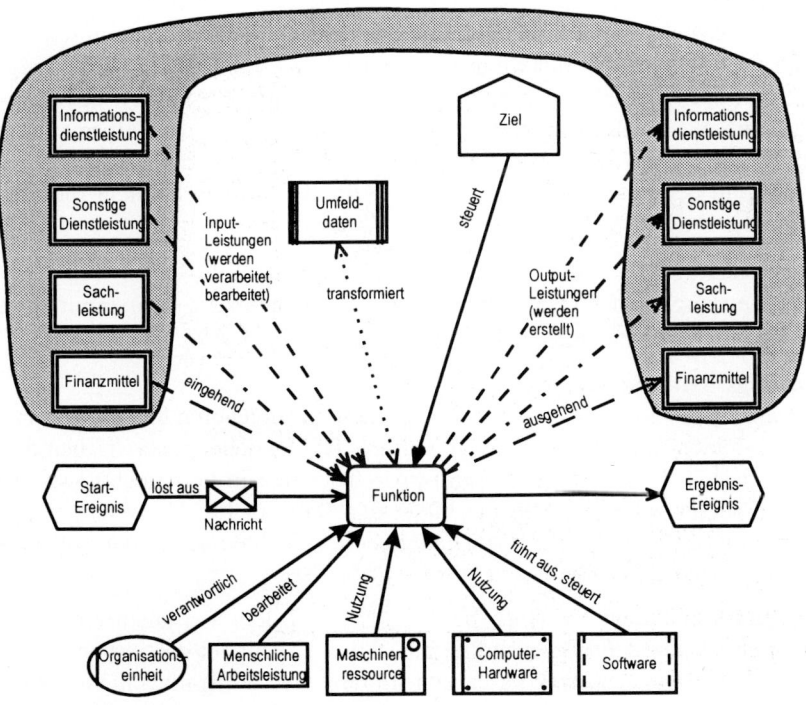

Abb. 14d Leistungssicht

Bei der Sichtenbildung werden die in B.II.1 entwickelten unterschiedlichen Flüsse wieder aufgenommen. Damit werden folgende ARIS-Sichten definiert:

– Funktionssicht

Die Vorgänge, die Input-Leistungen zu Output-Leistungen transformieren, werden in Abb. 14a zur Funktionssicht zusammengefaßt. Die Begriffe Funktion, Vorgang oder Tätigkeit werden synonym verwendet.

Da Funktionen Ziele unterstützen und durch sie gesteuert werden, werden Ziele wegen dieser engen Verbindung ebenfalls der Funktionssicht zugeordnet. In Anwendungssoftware werden die computerunterstützten Bearbeitungsregeln einer Funktion definiert. Sie besitzt somit einen engen Zusammenhang zum Funktionsbegriff und wird ebenfalls der Funktionssicht zugeordnet.

– Organisationssicht

Die Klasse der Organisationseinheiten bildet die Sicht der Aufbauorganisation oder kurz der Organisationssicht. Organisationseinheiten werden gebildet, um Aufgabenträger, welche die gleiche Funktion ausführen oder das gleiche Arbeitsobjekt bearbeiten, zusammenzufassen. Deshalb werden der Organisationssicht die Aufgabenträger „Menschliche Arbeitsleistung" sowie die maschinellen Aufgabenträger, „Betriebsmittel" und „Computer-Hardware" zugeordnet (vgl. Abb. 14b).

– Datensicht

Die Datensicht umfaßt die Umfelddaten der Vorgangsbearbeitung sowie die Nachrichten, die Funktionen auslösen bzw. von Funktionen erzeugt werden. Den Datenbezeichnungen können auch grobe Angaben über DV-Systeme als Datenträger zugeordnet sein. Die Objekte der Informationsdienstleistungen werden auch implizit in der Datensicht erfaßt, werden aber primär in der Leistungssicht definiert. Abb. 14c veranschaulicht die Objekte der Datensicht.

– Leistungssicht

Die Leistungssicht enthält alle materiellen und immateriellen Input- und Output-Leistungen einschließlich der Geldflüsse (vgl. Abb. 14d).

– Steuerungssicht / Prozeßsicht

In den zuvor beschriebenen Sichten werden die zugehörenden Klassen mit ihren sichten-internen Beziehungen erfaßt. Die Beziehungen zwischen den Sichten und der gesamte Geschäftsprozeß werden in der Steuerungssicht oder Prozeßsicht behandelt. Sie bildet den Rahmen für die systematische Betrachtung aller bilateralen Beziehungen der Sichten sowie der vollständigen Prozeßbeschreibung.

In der Systemtheorie wird zwischen der Struktur und dem Verhalten eines Systems unterschieden. Die Struktur umfaßt die statische Sicht auf das System, während das Verhalten die Dynamik beschreibt. In dem Geschäftsprozeßmodell wird die Dynamik durch die Ereignissteuerung und den Nachrichtenfluß ausgedrückt.

Die Funktions-, Organisations-, Daten- und Leistungssicht beschreiben dagegen die Systemstruktur. In der Steuerungssicht werden somit alle strukturellen Zusammenhänge der Sichten und zusätzlich die dynamischen Verhaltensaspekte des Geschäftsprozeßflusses betrachtet.

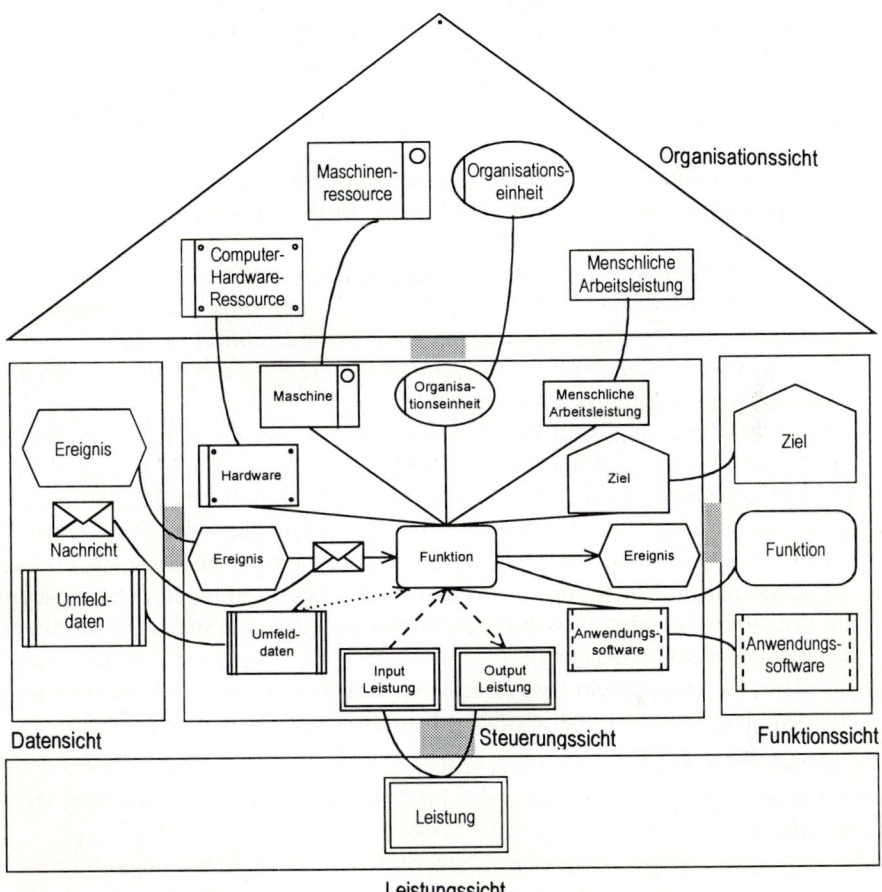

Abb. 15 Sichten des ARIS-Hauses

In Abb. 15 werden die Sichten mit einigen ihrer Klassen als ARIS-Haus dargestellt. In der Steuerungssicht ist das Prozeßmodell mit der Herkunft ihrer Objekte aus den einzelnen Sichten eingeordnet.

C.II Das ARIS-Phasenmodell

Bisher wurden die Geschäftsprozesse mehr betriebswirtschaftlich, also ohne engeren Bezug zur Informationstechnik betrachtet. Die bereits einbezogenen Anwendungsprogramme als Teil der Funktionssicht, Computer-Hardware als Bestandteil der Organisationssicht und Datenträger als Teil der Datensicht enthalten nur Systemnamen, aber keine informationstechnischen Beschreibungen. Diese werden nunmehr in das ARIS-Konzept einbezogen, indem pro ARIS-Sicht nach ihrer informationstechnischen Unterstützung gefragt wird.

– Die Funktionssicht wird durch Anwendungsprogramme unterstützt, die durch Modulkonzepte, Transaktionen bis hin zu Programmiersprachen näher beschrieben werden können.

– Die Organisationssicht mit ihren Aufgabenträgern Produktions-Ressourcen und Computersystemen kann weiter durch Netzkonzepte, Hardware-Komponenten bis zu deren technischen Spezifikationen detailliert werden.

– Die Datensicht kann bezüglich Datenmodelle, Zugriffspfade bis zur technischen Speicherbelegung verfeinert werden.

– In der Leistungssicht sind die unterschiedlichen Leistungsarten wie Sach-, Dienst- und Informationsleistungen zusammengefaßt. Auch hier bestehen enge Bezüge zur Unterstützung durch die Informationstechnik. In Sachleistungen, z. B. Produkte der Unterhaltungselektronik, Automobile oder Werkzeugmaschinen, werden immer mehr IT-Komponenten wie Microprozessoren mit der dazugehörenden Hardware eingesetzt. Auch Dienstleistungen, insbesondere Informationsleistungen wie Flugreservierungen usw., besitzen einen engen Bezug zur Informationstechnik.

– Da in der Steuerungssicht die betrachteten Sichten kombiniert werden, ist auch hier der Bezug zur Informationstechnik durch obige Argumente gegeben.

Die betriebswirtschaftliche Fachbeschreibung wird deshalb schrittweise anhand eines Phasenmodells in Konstrukte der Informations- und Kommunikationstechnik transformiert.

Ein Phasenmodell charakterisiert unterschiedliche Beschreibungsstufen zur Umsetzung betriebswirtschaftlicher Probleme in Computersysteme. Dieser Umsetzungsprozeß wird häufig durch sehr differenzierte Konzepte beschrieben (*vgl. Olle u. a., Information Systems Methodologies 1991, S. 46 ff. oder die Gesamtstruktur des V-Modells bei Bröhl/Dröschel, V-Modell 1995, S. 21-30*). Beim ARIS-Konzept wird einer fünfstufigen Abschichtung gefolgt (vgl. Abb. 16).

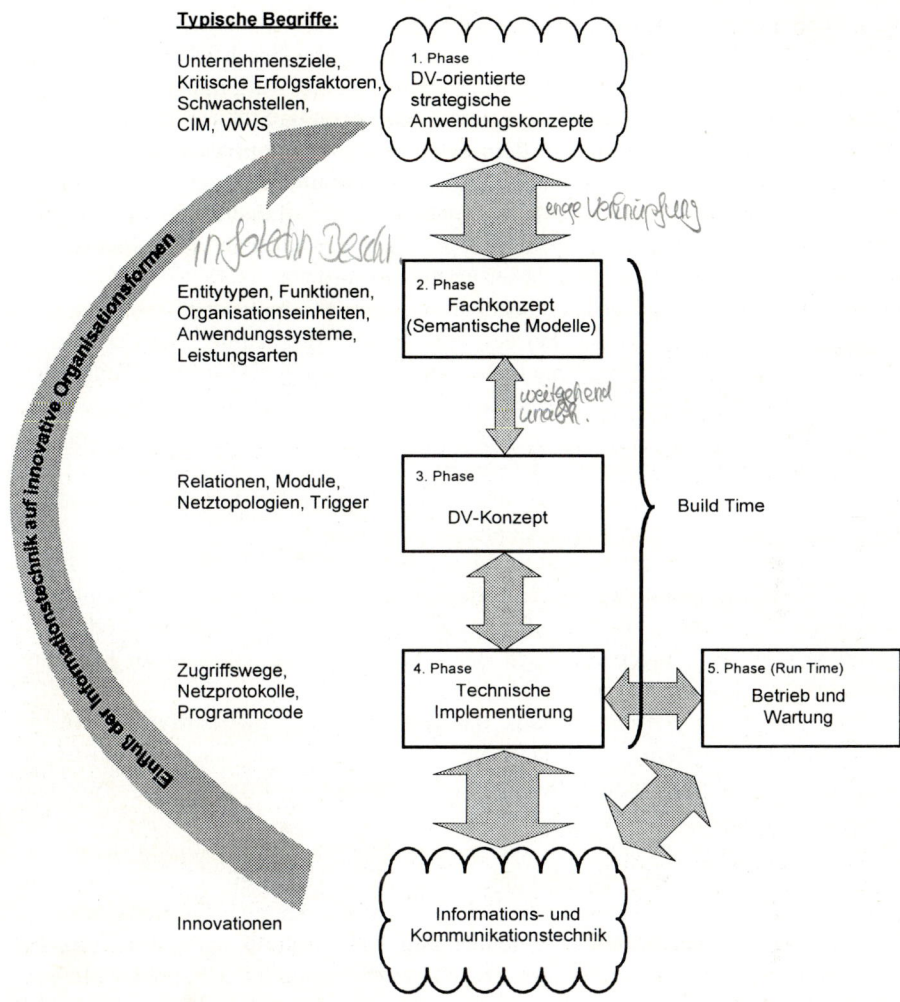

Abb. 16 Das ARIS-Phasenmodell

Im ersten Schritt wird eine DV-orientierte **strategische Ausgangslösung** erstellt. Der Bezug „DV-orientiert" bedeutet, daß in ihr bereits grundsätzliche Wirkungen der Informationstechnik auf neue Unternehmenskonzepte erfaßt sind. Beispiele für solche Beziehungen sind die Möglichkeiten zur Bildung virtueller Organisationsformen durch Kommunikationsnetze, Homebanking, integrierte Auftragsbearbeitung und Produktentwicklung in Industrieunternehmungen (CIM) oder integrierte Warenwirtschaftssysteme (WWS) im Handel.

Die strategische Unternehmensplanung bestimmt die langfristigen Unternehmungsziele, Leistungsfelder und Ressourcen. Sie wirkt damit auf die langfristige Gestaltung der Geschäftsprozesse ein und beeinflußt deren Ziele, kritische Erfolgsfaktoren und Ressourcenallokation. Die eingesetzten Verfahren werden den betriebswirtschaftlichen Konzepten zur strategischen Unternehmungsplanung angelehnt. Sofern bereits konkrete Geschäftsprozesse beschrieben werden, geschieht dieses noch in globaler Form - eine genaue Aufteilung in die ARIS-Sichten und deren detaillierte Beschreibung wird noch nicht durchgeführt.

Im zweiten Schritt werden in dem **Fachkonzept (Requirements Definition)** die einzelnen Sichten des Anwendungssystems detailliert modelliert. Auch hier dominieren die betriebswirtschaftlich-organisatorischen Inhalte. Die bisher diskutierten Beispiele für Geschäftsprozesse, insbesondere auch das ARIS-Geschäftsprozeßmodell der Abb. 10, sind dieser Ebene zuzuordnen.

Allerdings werden in dieser Phase bereits stärker formalisierte Beschreibungssprachen eingesetzt, als dieses bei der strategischen Betrachtung der Fall war, da diese Fachkonzept-Beschreibungen die Ausgangslösung der informationstechnischen Realisierung sind. Dazu werden Beschreibungssprachen gewählt, die einerseits betriebswirtschaftlich verständlich, aber bereits so weit formalisiert sind, daß sie Ausgangspunkt für eine konsistente DV-technische Implementierung sein können. Auf dieser Ebene werden deshalb auch grobe DV-Objekttypen wie Datenbanksysteme und Programmsysteme zugeordnet.

Im dritten Schritt, der Erstellung des **DV-Konzepts (Design Specification)**, werden die Fachmodelle an die Anforderungen der Schnittstellen von Implementierungswerkzeugen (z. B. Datenbanksysteme, Netzwerkarchitekturen oder Programmiersprachen) angepaßt. Auch dabei wird noch kein Bezug zu konkreten Produkten der Informationstechnik hergestellt.

Im Rahmen des vierten Schrittes, der **technischen Implementierung (Implementation Description)**, wird dann die Anforderung in physische Datenstrukturen, Hardware-Komponenten und Programme konkreter Produkte der Informationstechnik umgesetzt.

Die vier Phasen beschreiben die Erstellung eines Informationssystems und werden deshalb auch als „Build-Time" bezeichnet. Anschließend wird das fertiggestellte System dem Betrieb übergeben, so daß sich eine Betriebsphase anschließt, die als „Run-Time" bezeichnet wird. Der Betrieb von Informationssystemen, also die Run-Time, wird in dieser Arbeit weniger intensiv behandelt.

Das Fachkonzept ist sehr eng mit der strategischen Anwendungswelt verknüpft, wie es die Breite des Pfeiles in Abb. 16 zeigt. Es wird aber weitgehend unabhängig von Implementierungsgesichtspunkten erstellt, wie es die schmale Pfeilbreite zum DV-Konzept darstellt.

Die technische Implementierung sowie der Betrieb sind dagegen eng an die „Geräte- und Produktebene" der Informationstechnik gebunden. Änderungen der Informationstechnik wirken sich sofort auf die Art der Implementierung und den Betrieb eines Systems aus.

Mit dem Phasenkonzept soll keinesfalls ausgedrückt werden, daß einer strengen Abfolge des Entwicklungsprozesses nach dem „Wasserfall-Modell" gefolgt wird. Vielmehr wird ausdrücklich zugleich eine evolutionäre Prototyping-Vorgehensweise einbezogen *(vgl. z. B. Boehm, Spiral Model 1988 und Floyd, Systematic Look at Prototyping 1984)*. Aber auch bei einer evolutionären Software-Entwicklung sind prinzipiell die verschiedenen Beschreibungsebenen gegeben.

Das Phasenmodell wird also vor allem deswegen benutzt, weil für jede Phase unterschiedliche Beschreibungsobjekte und -methoden bestehen.

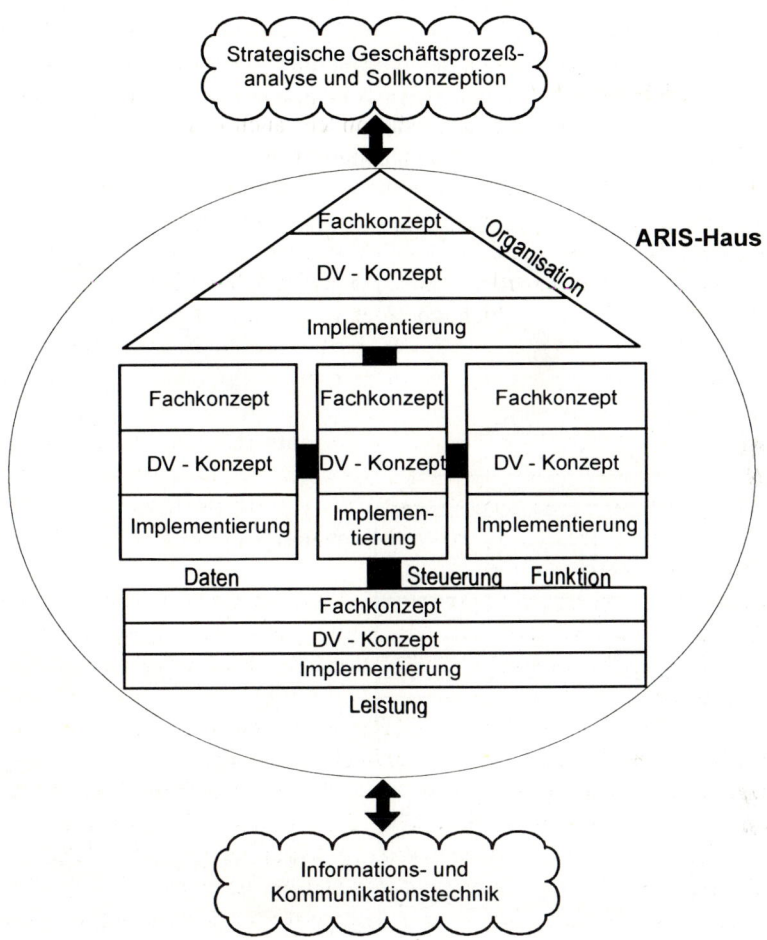

Abb. 17 ARIS-Haus mit Phasenkonzept

Das ARIS-Haus wird in Abb. 17 um die vier Phasen des Build-Time-ARIS-Phasenmodells ergänzt. Dieses bedeutet, daß nach einer globalen strategischen Konzeption die Geschäftsprozesse in die ARIS-Sichten zerlegt und jeweils vom Fachkonzept bis zur Implementierung beschrieben werden. Auch bei der Steuerung werden die drei Beschreibungsebenen gebildet. Dadurch können auf jeder der Beschreibungsebenen die Verbindungen zu den anderen Komponenten hergestellt werden.

Das ARIS-Haus in Abb. 17 stellt somit die Architektur eines Informationssystems dar. Sie besteht aus den Beschreibungssichten, die jeweils zur Nähe der Informationstechnik in die Beschreibungsphasen Fachkonzept, DV-Konzept und Implementierung abgeschichtet werden.

Das ARIS-Konzept ist auf die Gestaltung und Steuerung von operativen Geschäftsprozessen ausgerichtet. Neben der Verbindung zur strategischen Unternehmensplanung besitzt es auch Berührungen zum strategischen Informationsmanagement (*zum Informationsmanagement vgl. u. a.: Krcmar, Informationsmanagement 1997; Schmidt, Informationsmanagement 1996*).

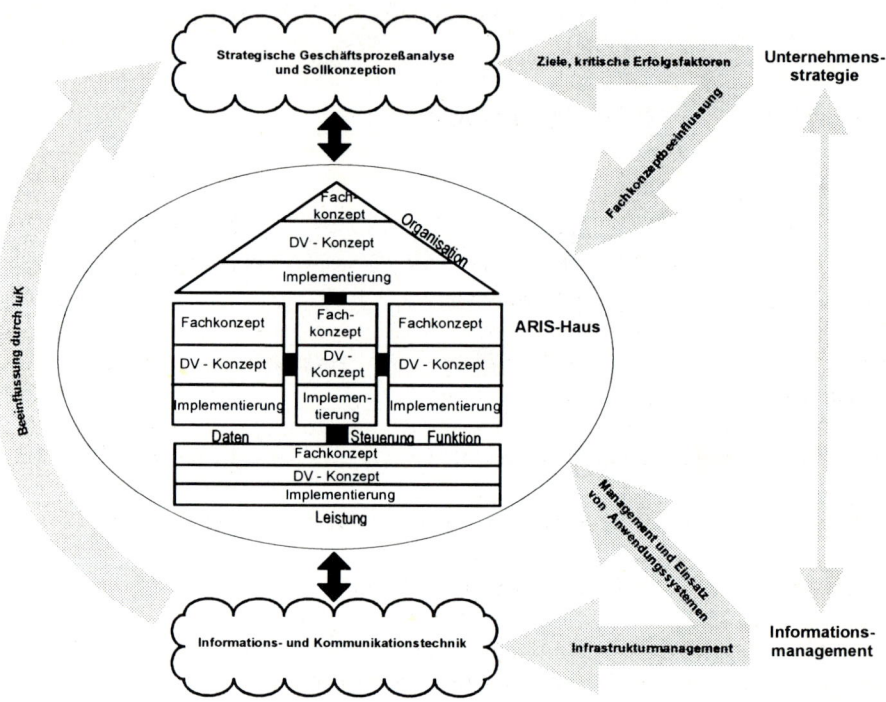

Abb. 18 ARIS-Haus mit Verbindungen zur Unternehmensstrategie
und zum Informationsmanagement

Das Informationsmanagement plant und steuert den Einsatz der Ressource „Information". Wollnick teilt diese Aufgaben in einem Referenzmodell (*vgl. Wollnick, Referenzmodell des Informationsmanagements 1988*) in die drei Aufgabenbereiche Infrastrukturmanagement (I-Technologiemanagement), Anwendungssystemmanagement und Management des Einsatzes von Informationssystemen ein. Auch diese Bezeichnungen können in das ARIS-Konzept aufgenommen werden. Die erste Aufgabe der Technologieinfrastruktur richtet sich auf die Informationstechnik und die DV-Konzept-Ebenen in Abb. 18, die zweite Aufgabe Management der Informationssysteme ist durch die Umsetzung der organisatorischen

Fachkonzepte in computergestützte Informationssysteme durch das ARIS-Life-Cycle-Konzept Hauptzielrichtung der Build-Time-Sicht des ARIS-Konzepts, und die dritte Aufgabe, das Management des Einsatzes der Informationssysteme, richtet sich auf die Nutzung, also die Run-Time-Phase des ARIS-Life-Cycle-Modells.

Da die Informationstechnik die Art der Problemstellung und Problemlösung beeinflußt (vgl. linken Pfeil in Abb. 18), besteht auch eine Verbindung zwischen Informationsmanagement und Unternehmensstrategie auf der rechten Seite. Damit kann das ARIS-Konzept die Umsetzung strategischer Unternehmenskonzepte durchsichtiger machen, und es bildet ein Rahmenkonzept zur besseren Durchdringung des Gegenstands des Informationsmanagements.

C.III Grobes ARIS-Informationsmodell

Mit dem ARIS-Haus ist ein Rahmen festgelegt, in den die Beschreibungskomponenten eines Geschäftsprozesses eingeordnet werden können. Gegenüber der bisher an Beispielen orientierten Darstellung werden nun die Bausteine des Geschäftsprozesses mit ihren Beziehungen genauer betrachtet. Diese Betrachtung bezieht sich auf die Meta-Ebene, in der die Elemente eines generellen Geschäftsprozesses, also ohne einen bestimmten Anwendungsbezug, erfaßt werden. Grundlage dazu ist das ARIS-Geschäftsprozeßmodell der Abb. 13, das nunmehr aber detaillierter und um die Beziehungen zwischen den Elementen erweitert wird. Dazu wird eine einheitliche Beschreibungssprache verwendet, d. h. sowohl für die verschiedenen Elemente wie Funktion, Organisationseinheit, Betriebsmittel, Nachricht usw. als auch für die zwischen ihnen bestehenden Beziehungen werden einheitliche Symbole verwendet.

Zur Darstellung von Objekten und ihren Beziehungen eignet sich generell das Entity Relationship Model (ERM) von Chen (vgl. Chen, Entity-Relationship Model 1976). Dieses ist zwar für die Darstellung von Datenstrukturen für Anwendungssysteme entwickelt worden, kann aber auch als generelle Beschreibungssprache und damit zur Beschreibung der Meta-Ebene eingesetzt werden.

Auch bei objektorientierten Ansätzen (z. B. nach Rumbaugh u. a., Object-Oriented Modeling and Design, 1991) werden in dem Objektmodell die Klassen mit ihren Beziehungen erfaßt. Allerdings werden ihnen auch Methoden zugeordnet. Diese sind aber bei den Modellierungsobjekten auf der Meta-Ebene gleich (z. B. Anlegen, Löschen, graphische Darstellung und Manipulation, Ändern eines Objektes).

Auch ist es bei objektorientierten Methoden zulässig, in der Analysephase lediglich Klassen mit ihrem Namen, also ohne Attribute und Methoden, zu verwenden (vgl. die detaillierten Ausführungen zu Modellierungsmethoden und Metamodellen in Scheer, ARIS - Modellierungsmethoden, Metamodelle, Anwendungen 1998).

In den ersten Auflagen dieses Buches wurde ein erweitertes ERM als Beschreibungssprache verwendet. Aufgrund der sich als Standard herausbildenden objektorientierten Modellierungssprache UML (= Unified Modeling Language) *(s. UML Notation Guide 1997; UML Semantics 1997; zur Anwendung der UM, vgl. z. B. Oestereich, Objektorientierte Softwareentwicklung 1997)*, wird im folgenden die Klassendarstellung dieser Sprache verwendet. Inhaltlich lassen sich aber beide Darstellungen ineinander überführen.

Mit der Beschreibungssprache UML können die Objekt- und Assoziationsklassen der einzelnen Sichten einheitlich dargestellt werden. Diese Beschreibung wird als **ARIS-Meta-Modell** oder **ARIS-Informationsmodell** bezeichnet.

Gleichzeitig bildet das Informationsmodell die konzeptionelle Beschreibung einer Datenbank, in der die nach ARIS entwickelten konkreten Modelle gespeichert werden können. Organisations-, Funktions-, Daten-, Leistungs- und Steuerungsmodelle eines Anwendungsgebietes werden als Instanzen dieser nach dem Informationsmodell gebauten Datenbank geführt. Eine solche Datenbank wird auch als **Repository** bezeichnet. Der Begriff „Repository" ist ab ca. 1989 mit der Ankündigung des IBM-Software-Entwicklungskonzepts AD/CYCLE populär geworden *(vgl. z. B. Winter/Maag, AD/CYCLE 1990; Fosdick, Ten Steps to AD/CYCLE 1990; Hofinger, IBM Repository Manager 1991)*.

Das ARIS-Repository enthält Modelle der Beschreibungsebene 2 für alle ARIS-Sichten (Funktion, Organisation, Daten, Leistung, Steuerung), deren Beziehungen und Modelle für alle ARIS-Life-Cycle-Phasen. Wird auch auf der Ebene 1, also der Ebene der Fallausprägungen in ARIS modelliert, muß das Repository um die Speicherung von Prozeßinstanzen erweitert werden.

Das Repository wird damit zum Kern eines Informationssystems. Entsprechende Bedeutung besitzt das Informationsmodell des Repository, da es die Mächtigkeit der Beschreibungselemente festlegt.

Die von UML verwendeten Konstrukte sind Klassendiagramme, dargestellt durch Kästchen und Assoziationen, dargestellt durch Kanten. Die Assoziationen werden nach den Kardinalitäten 1:*, 1:1, *:* und *:1 unterschieden. Der Stern steht dabei für den Ausdruck „viele" oder „n".

Unter Benutzung dieser einfachen Elemente ist in Abb. 19 ein grobes ARIS-Informationsmodell entwickelt. Je Sicht werden lediglich einige bereits bekannte Klassen mit ihren Assoziationen beschrieben. Vom Life-Cycle-Konzept wird lediglich die Fachkonzeptphase einbezogen, d. h. es werden keine Begriffe des DV-Konzepts oder der Implementierung verwendet. Das Informationsmodell der Abb. 19 gibt eine erste Einführung in die Darstellungsweise. Es wird in *Scheer, ARIS - Modellierungsmethoden, Metamodelle, Anwendungen 1998* wesentlich verfeinert. Dazu wird dort auch die Beschreibungsmethodik erweitert.

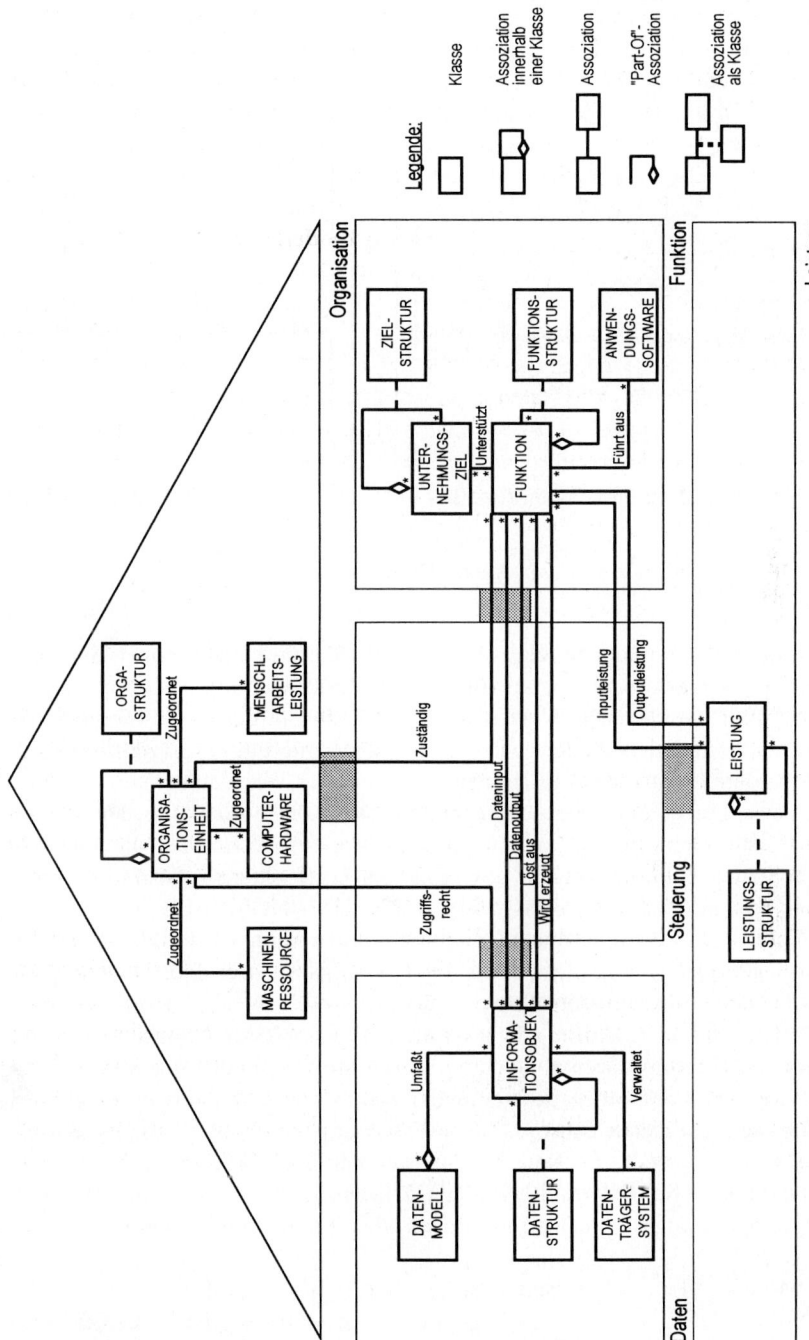

Abb. 19 Grobes ARIS-Informationsmodell

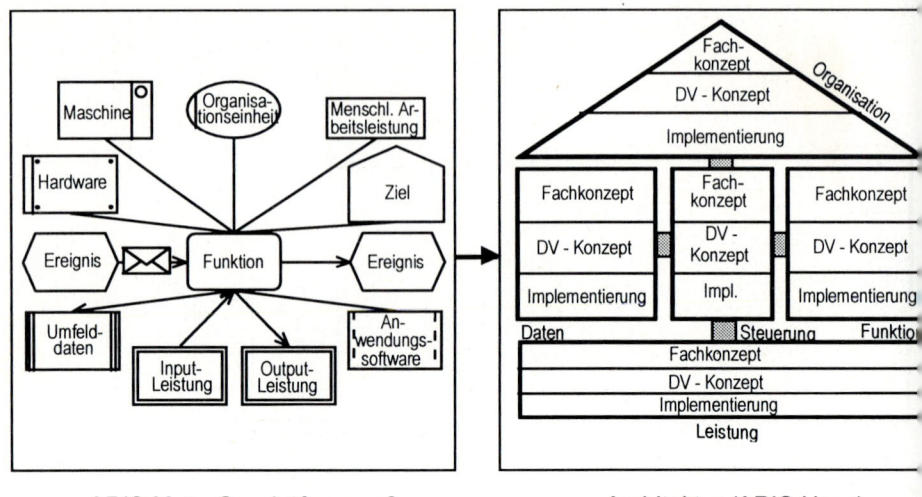

ARIS-Meta-Geschäftsprozeß   Architektur (ARIS-Haus)

Abb. 20 ARIS-Komponenten der ARIS-Meta-Ebene

Ausgangspunkt des Funktionsmodells in Abb. 19 sind die Unternehmensziele, die die Funktionen steuern. Andererseits müssen zur Zielerreichung bestimmte Funktionen ausgeführt werden. Die Unternehmensziele sind in der Regel hierarchisch gegliedert. Aus globalen Zielen wie „Gewinnmaximierung", „Erzielung eines bestimmten Marktanteils" oder „Erreichung bestimmter Wachstumsraten" werden Unterziele wie „Erreichung eines bestimmten Umsatzes", „Senkung der Kosten um einen bestimmten Betrag" oder „Erreichung eines bestimmten Qualitätsniveaus" abgeleitet. Die Struktur der untereinander verflochtenen Ziele bildet eine *:*-Assoziation innerhalb der Klasse UNTERNEHMUNGSZIELE. Da untergeordnete Ziele in den übergeordneten Zielen enthalten sind, wird eine „Part-Of"-Assoziation gebildet. Gleichzeitig wird diese Assoziation mit dem Namen Zielstruktur versehen und als eigene Klasse geführt.

Funktionen sind z. B. Auftragsbearbeitung, Vertrieb oder Controlling. Auch diese können wiederum durch abgeleitete Teilfunktionen unterstützt werden. Die Verknüpfung von Funktionen untereinander sowie der Unterstützungscharakter von Funktionen zu Zielen führt zu einer *:*-Assoziation innerhalb der Klasse FUNKTION sowie einer *:*-Assoziation zwischen FUNKTION und UNTERNEHMENSZIEL. Die FUNKTIONSSTRUKTUR ist wiederum eine Part-Of-Assoziation, da sie angibt, welche Funktionen in einer anderen Funktion enthalten sind.

Das Modell der Organisationssicht hat als zentralen Begriff die ORGANISATIONSEINHEIT. Ausprägungen dieser Klasse sind STELLE, AB-TEILUNG oder die UNTERNEHMUNG selbst. Die strukturellen Unter- oder

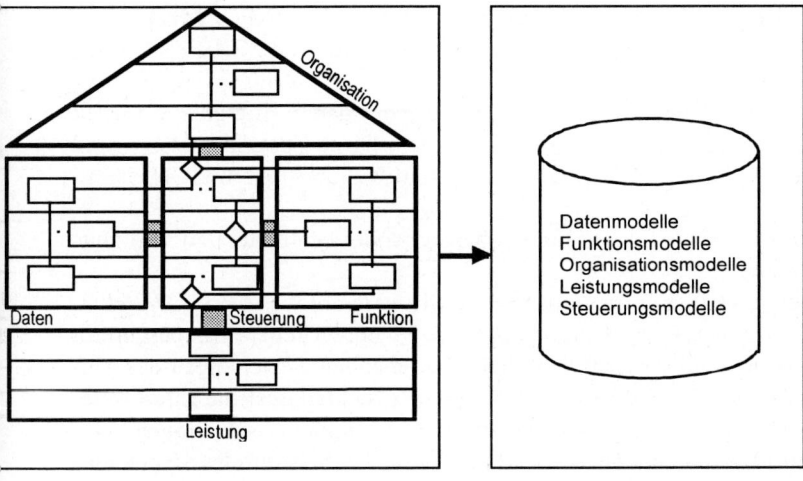

ARIS-Informationsmodell   ARIS-Repository

Überordnungen zwischen diesen Bereichen führen zu einer *:*-Part-Of-Assoziation innerhalb der Klasse ORGANISATIONSEINHEIT. Die Assoziation läßt somit wieder zu, daß ein Bereich mehreren Bereichen untergeordnet sein kann. Dieses ist beispielsweise dann der Fall, wenn eine Vertriebsabteilung für mehrere übergeordnete Produktbereiche zuständig ist. Die Aufgabenträger Maschinen, Computer sowie menschliche Arbeitsleistung sind den Organisationseinheiten zugeordnet.

Auf der linken Seite des ARIS-Hauses ist in der Datensicht das Modell der Datenstrukturen dargestellt. Die Klasse INFORMATIONSOBJEKT bezeichnet Objekte, die durch Attribute in einer Datenbasis beschrieben werden sollen. Zwischen ihren Ausprägungen wie Artikeldaten und Kundendaten bestehen Assoziationen (z. B. welcher Kunde kauft welche Artikel). Diese werden durch eine *:*-Assoziation innerhalb der Klasse INFORMATIONSOBJEKT ausgedrückt.

Informationsobjekte eines inhaltlich zusammengehörenden Bereiches können zu einem Klassendiagramm oder Datenmodell zusammengefaßt werden. Da sich diese durch gleiche Informationsobjekte überschneiden können, besteht eine *:*-Part-Of-Assoziation zwischen DATENMODELL und INFORMATIONSOBJEKT.

In der Leistungssicht repräsentiert die Klasse LEISTUNG alle Leistungsarten (Sach-, Dienst- und Informationsleistung); Ausprägungen sind dann anwendungsbezogene Leistungsklassen wie Artikel, Werkstoffe, Ersatzteile, Montagestunden, Garantieleistungen oder Zertifikate. Auch hier können Leistungen miteinander verknüpft werden („part of").

Die Assoziationen der vier Komponenten untereinander werden in der Steuerungssicht dargestellt.

Der Zusammenhang zwischen ORGANISATIONSEINHEIT und FUNKTION wird durch die Assoziation ZUSTÄNDIG ausgedrückt.

Organisationseinheiten können bestimmte Rechte auf INFORMATIONS-
OBJEKTE zugeordnet werden, die durch die Assoziation ZUGRIFFSRECHT
ausgedrückt werden.

Funktionen transformieren Eingangs- in Ausgangsdaten. Ereignisse starten
Funktionen und sind auch Ergebnis von Funktionen. Diese Zusammenhänge sind
als Assoziationen zwischen INFORMATIONSOBJEKT und FUNKTION dargestellt.

Leistungen werden als Input von Funktionen ver- oder bearbeitet und sind Output von Funktionen.

Das vollständige ARIS-Informationsmodell, wie es in *Scheer, ARIS - Modellierungsmethoden, Metamodelle, Anwendungen 1998* entwickelt wird, beschreibt
detailliert die Klassen und die zwischen ihnen bestehenden Beziehungen des Meta-Geschäftsprozeßmodells und beschreibt alle ARIS-Sichten über die Life-Cycle-
Phasen hinweg. Das Modell besteht aus rund 300 Klassen und Assoziationen.

Das ARIS-Informationsmodell ist das konzeptionelle Schema des Repository
zur Speicherung der entsprechenden Anwendungsmodelle. Die gespeicherten
Daten des Repository enthalten die Klassen konkreter Anwendungen wie Vertrieb
oder Rechnungswesen, allerdings in der Regel auf der Typebene. Während z. B.
die Begriffe KUNDE und ARTIKEL im Repository als Ausprägungen der Klasse
INFORMATIONSOBJEKT gespeichert sind, werden die Instanzen, also die einzelnen Kunden- und Artikel-Entities der Ebene 1, in der Regel in der Datenbank
des Vertriebssystems gespeichert. Bei der Modellierung von Instanzenprozessen,
z. B. für Workflow-Anwendungen, kann von dieser Regel abgewichen werden.

In Abb. 20 sind die vier Komponenten der Meta-Ebene

- ARIS-Meta-Geschäftsprozeß,
- Architektur (ARIS-Haus),
- ARIS-Informationsmodell,
- ARIS-Repository

mit ihrem Zusammenhang zusammengefaßt.

C.IV Grobes ARIS-Vorgehensmodell

Das entwickelte ARIS-Konzept legt fest, wie Geschäftsprozesse vom Fachkonzept
bis zur Implementierung beschrieben werden. Als Geschäftsprozesse gelten dabei
z. B. die Auftragsabwicklung, Reklamationsbearbeitung oder Schadensabwick-
lung in einer Versicherung. Aber auch die Durchführung einer Reorganisation
selbst kann als ein Geschäftsprozeß interpretiert werden. Da an dem Projekt mehrere interne und externe Mitarbeiter beteiligt sind, vielfältige Funktionen ausgeführt werden müssen und dabei zahlreiche Dokumente verwendet und erzeugt
werden, kann es sinnvoll sein, diesen Prozeß selbst nach dem ARIS-Konzept zu
planen und zu beschreiben.

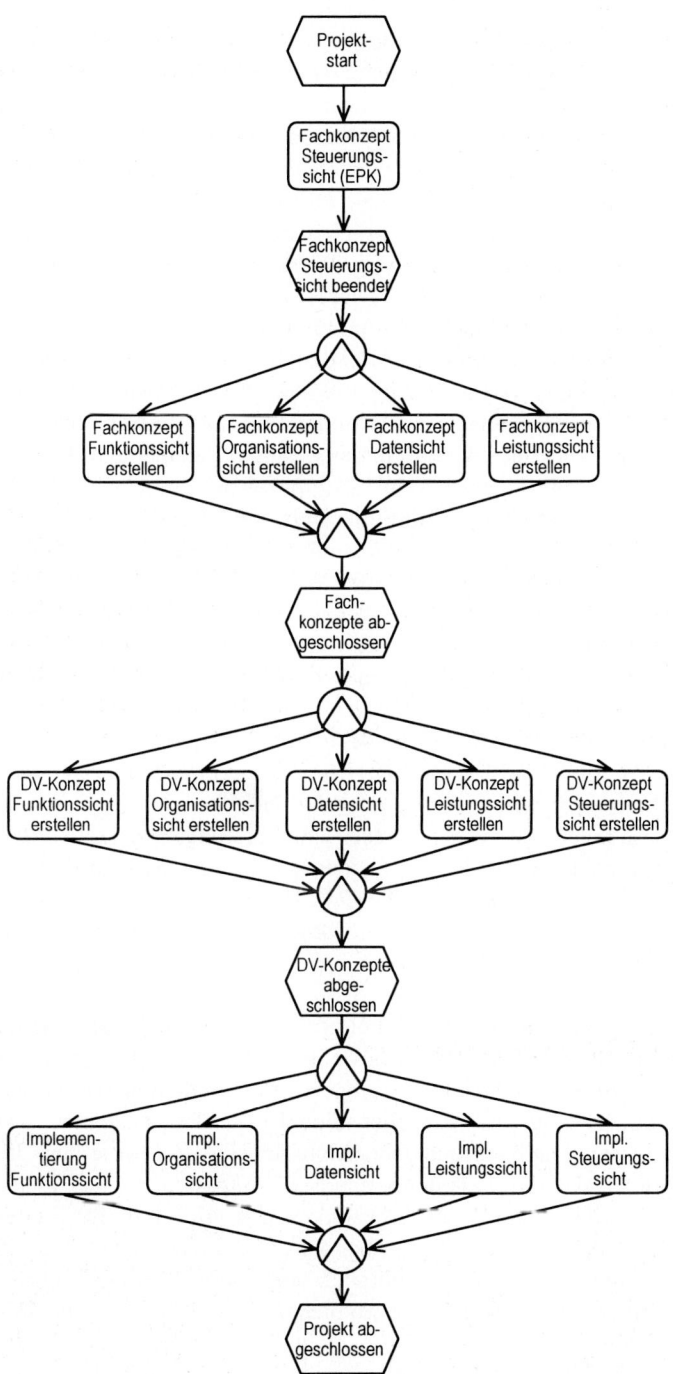

Abb. 21 EPK des groben ARIS-Vorgehensmodells

Die Beschreibung des Ablaufs zur Erstellung eines ARIS-Konzepts, also die auszuführenden Funktionen, benötigte Projektorganisation, verwendeten Dokumente (Daten) und erstellten Leistungspakete in ARIS wird als ARIS-Vorgehensmodell bezeichnet. Es beschreibt sozusagen das ARIS-Konzept in ARIS.

Auch Vorgehensmodelle können auf der Typebene (Modellierungsebene 2) entwickelt werden. Sie dienen dann als Vorlage für ein konkretes Projekt. So werden in Literatur und Anwendung u. a. Vorgehensmodelle für das BPR, die Software-Erstellung, die Implementierung von Workflow-Systemen oder die Einführung von Standardsoftware angeboten. Diese Modelle dienen als Vorbild für die Erstellung eines auf ein individuelles Projekt bezogenen Ablaufs.

Vorgehensmodelle können sehr grob sein. So enthält das von Hammer/Champy *(vgl. Hammer/Champy, Business Reengineering 1995, S. 153 f.)* entwickelte BPR-Vorgehensmodell lediglich die 5 Funktionen: Mobilization, Diagnosis, Redesign, Transition und, parallel zu den ersten 4 Phasen, das Change Management. Für die Software-Entwicklung werden dagegen sehr differenzierte Vorgehensmodelle angeboten, so z. B. das V-Modell der Koordinierungs- und Beratungsstelle der deutschen Bundesregierung für Informationstechnik in der Bundesverwaltung (KBSt) *(vgl. KBSt, V-Modell 1992)*. Auch für die Workflow-Einführung werden differenzierte Modelle entwickelt *(vgl. Galler, Vom Geschäftsprozeßmodell zum Workflow-Modell 1997)*. Für die Einführung von Standardsoftware, insbesondere des SAP-Systems R/3, werden vom Hersteller und von Beratungsunternehmungen ebenfalls detaillierte Vorgehensmodelle angeboten *(Keller/Teufel, SAP R/3 prozeßorientiert anwenden 1997, s. bes. S. 177 ff.; Meinhardt, Geschäftsprozeßorientierte Einführung von Standard-Software 1995; Kirchmer, Einführung von Standardsoftware 1996; Plattner, Products & Organization 1997)*.

Neben Vorgehensmodellen für verschiedene Modellierungszwecke werden auch Modelle für Teilaspekte wie z. B. zur Datenmodellierung entwickelt *(vgl. Szidzek, Datenmodellierung-Vorgehensmodell 1993)*. Das von Sinz/Ferstl entwickelte Vorgehensmodell SOM ist auf den Einsatz objektorientierter Methoden in der Geschäftsprozeßmodellierung ausgerichtet *(vgl. Ferstl/Sinz, SOM 1993, S. 27 f.)*.

Das ARIS-Vorgehensmodell orientiert sich bei grober Betrachtung zunächst an den in ARIS definierten Sichten und Phasen des Life Cycle, kann dann aber innerhalb dieser Konstrukte entsprechend den eingesetzten Methoden wesentlich verfeinert werden. Abb. 21 zeigt das Vorgehensmodell als EPK, bestehend aus Funktionen und Ereignissen. Die Anordnungsbeziehungen sind so gesetzt, daß die Funktions-, Organisations-, Daten-, Leistungs- und Steuerungssichten einer Phase parallel durchgeführt werden können. Beim Fachkonzept wird mit der Steuerungssicht, also mit einer Prozeßbeschreibung, begonnen. Bei einer detaillierteren Unterteilung der Vorgänge in Teilschritte sind auch verfeinerte Überlappungsanordnungen denkbar. Innerhalb der Vorgänge können z. B. unterschiedliche Detaillierungsebenen festgelegt werden. Auch soll nicht der Eindruck eines festen Phasenkonzepts nach dem Wasserfall-Modell erzeugt werden, sondern es sind auch Entwicklungsformen wie Prototyping durch entsprechende Anordnungsbeziehungen darstellbar.

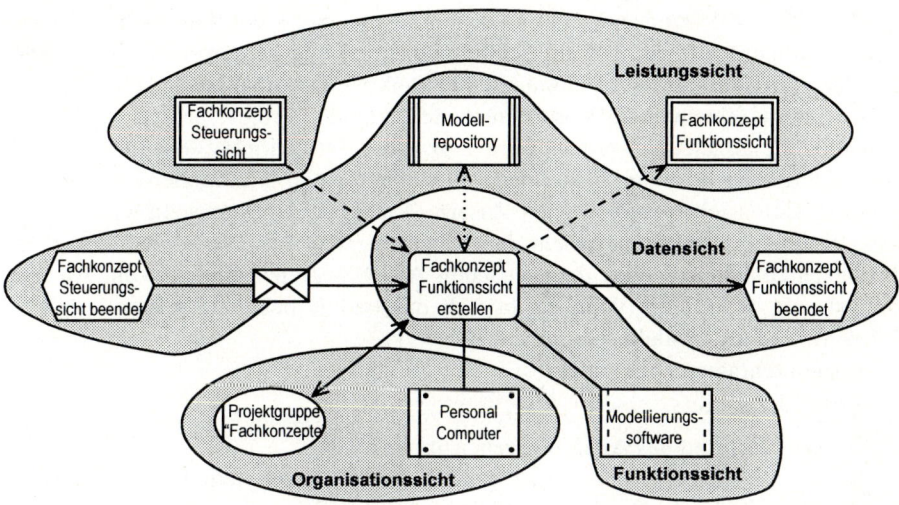

Abb. 22 ARIS-Sichten der Funktion „Fachkonzept Funktionssicht erstellen"

Neben den Funktionen und Ereignissen können in das Vorgehensmodell auch weitere Elemente der Prozeßbeschreibung wie beteiligte Organisationseinheiten, Daten und Leistungen einbezogen werden. In Abb. 22 ist dazu ein detaillierterer Ausschnitt für die Funktion „Fachkonzept Funktionssicht erstellen" angegeben.

- Die **Datensicht** wird von den Milestones des Vorgehensmodells, also den Ereignissen und Nachrichten, die jeweils einen Vorgang starten oder beenden, und den Umfeldbeschreibungen, z. B. in Form von im Modell-Repository gespeicherten Modellen, gebildet.
- Die **Funktionssicht** wird aus den Bauelementen der Architektur des Informationssystems abgeleitet. Ihr ist die zur Funktionsunterstützung eingesetzte Software, z. B. Textverarbeitungs-Software oder Modellierungswerkzeug, zugeordnet.
- Die **Organisationssicht** legt die an den jeweiligen Vorgängen beteiligten Abteilungen und Mitarbeiter einschließlich der benötigten maschinellen Ressourcen fest.
- In der **Leistungssicht** werden die Input- und Output-Produkte der Funktionsausführung, also die Steuerungsmodelle und die Funktionsmodelle, definiert.

Das Vorgehensmodell wurde bisher lediglich auf der Fachkonzeptebene betrachtet. Da in ihm aber DV-Konstrukte wie Modell-Repository, Personal Computer und Anwendungssoftware (Textverarbeitungsprogramme, Modellierungssoftware) enthalten sind, kann es auch in die Phasen DV-Konzept und Implementierung überführt werden.

Im Rahmen des DV-Konzepts werden z. B. die DV-Konzepte für die Datenbank des Repository, der Personal Computer und der Modellierungssoftware festgelegt und bei der Implementierung ihre DV-technische Umsetzung beschrieben. Wird z. B. das ARIS-Toolset als Modellierungswerkzeug eingesetzt, so wird auf der Ebene des DV-Konzepts entschieden, ob es in einer Mehrplatz- oder Einplatz-version eingesetzt wird, und auf der Implementierungsebene werden die konkreten Parametrisierungen vorgenommen und konkrete Datenbanken angelegt.

Aus dem allgemeinen Vorgehensmodell können projektspezifische Vorgehensmodelle abgeleitet werden. Wird z. B. ein Informationssystem für den Vertrieb reorganisiert, dann bekommen alle allgemeinen Funktionen wie „Fachkonzept Datensicht erstellen" den Zusatz „Fachkonzept Datensicht *Vertriebssystem* erstellen". Dieses entspricht dem Übergang von der Typ-Modellierung zur Instanzendarstellung. Wird dagegen beim ARIS-Vorgehensmodell vom Anwendungsbezug abstrahiert, dann ergibt sich das bereits bekannte generelle ARIS-Meta-Modell der Modellierungsebene 3.

Zusammenfassend gilt somit:

1. Die entwickelte ARIS-Architektur zur Beschreibung von Geschäftsprozessen bestimmt das ARIS-Vorgehensmodell.
2. Da das Vorgehensmodell selbst als Geschäftsprozeßmodell betrachtet wird, kann es durch die gleichen Sichten des ARIS-Konzepts beschrieben werden wie jeder andere Geschäftsprozeß.
3. Die Ergebnisse (Deliverables) jeder Funktion des Vorgehensmodells werden in dem ARIS-Repository abgelegt.
4. Maßgabe für die Speicherung der Ergebnisse, also das konzeptionelle Datenbankschema für die entwickelten Funktions-, Daten-, Organisations-, Leistungs- und Steuerungsmodelle, ist das Schema des Repository, also das entwickelte ARIS-Informationsmodell.
5. In dem ARIS-Repository ist auch das Referenzmodell für das Vorgehensmodell erfaßt.

Abb. 23 drückt diesen Zusammenhang zwischen ARIS-Vorgehensmodell und dem ARIS-Konzept am Beispiel einer Vertriebsreorganisation noch einmal aus. Das Vorgehensmodell ist im ARIS-Repository gespeichert und ist auf der Ebene 2 definiert. Es wird logisch durch das ARIS-Haus und das ARIS-Informationsmodell bestimmt. Das anwendungsbezogene Vorgehensmodell für die Vertriebsreorganisation ist als eine einzelne Projektabwicklung eine Ausprägung des generellen Vorgehensmodells zur Erstellung von Geschäftsprozessen. Diese Projektabwicklung befindet sich somit auf der Modellierungsebene 1. Das im Repository gespeicherte Vorgehensmodell wird dazu entsprechend modifiziert.

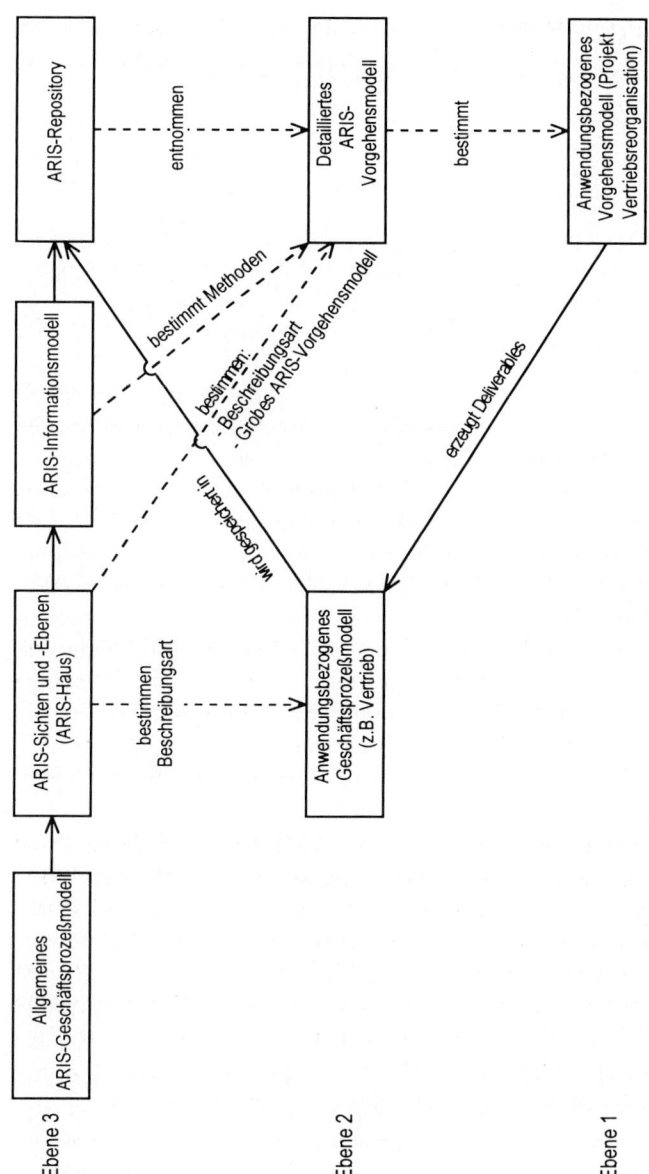

Abb. 23 Zusammenhang zwischen ARIS-Konzept und ARIS-Vorgehensmodell

Die gestrichelten Pfeile zeigen, wie die Meta-Ebene die darunterliegenden Ebenen bestimmt; die durchgezogenen Pfeile geben die Ergebnisse des Vorgehensmodells an. Die Ergebnisse sind die entwickelten Vertriebsmodelle. Da diese die allgemeinen Vertriebsabläufe beschreiben, befinden sich diese Modelle auf der Modellierungsebene 2.

D Geschäftsprozeßmanagement mit ARIS (ARIS - House of Business Engineering)

Das entwickelte ARIS-Konzept ist Grundlage zur Gestaltung sowie Planung und Steuerung von Geschäftsprozessen. Die in Abschnitt A herausgestellten Anwendungsnutzen werden nunmehr sowohl hinsichtlich der betriebswirtschaftlich-organisatorischen als auch der informationstechnischen Umsetzung detaillierter betrachtet.

Das ARIS - House of Business Engineering (HOBE) bettet deshalb die ARIS-Prozeßarchitektur in das gesamte Management von Geschäftsprozessen sowohl organisatorisch als auch informationstechnisch ein. Auch wird gezeigt, wie das Geschäftsmanagement mit ARIS nicht nur konzeptionell, sondern auch durch ARIS-konforme Software-Werkzeuge unterstützt werden kann.

ARIS-HOBE ist ein Bezugsrahmen zum Management von Geschäftsprozessen, d. h. von der organisatorischen Gestaltung bis zur DV-technischen Implementierung und kontinuierlichen adaptiven Verbesserung. Denn für den Geschäftsprozeßeigner (Business Process Owner) ist nicht nur die einmalige Gestaltung und Beschreibung seiner Geschäftsprozesse von Bedeutung, sondern auch die ständige Planung und Steuerung der aktuellen Geschäftsabläufe und ihre ständige Verbesserung im Sinne eines Continuous Process Improvement (CPI) *(vgl. Scheer, Workflow-Systeme 1997; Scheer, ARIS - House of Business Engineering 1996; Thome/Hufgard, Continuous System Engineering 1996).*

Bei der Erarbeitung von HOBE wurde auf die reichhaltigen Erfahrungen der Industrie mit der Planung und Steuerung von Fertigungsprozessen Bezug genommen. Hier bestehen mit den Konstrukten „Arbeitsplan" und „Stückliste" detaillierte Beschreibungsverfahren für Fertigungsprozesse und mit Produktionsplanungs- und -steuerungssystemen Lösungen zur Planung und Steuerung der Fertigungsprozesse. Viele dieser Konzepte und Verfahren lassen sich zu einem allgemeinen Prozeßmanagement-System generalisieren:

- Auf der Ebene I (**Prozeßgestaltung**) in Abb. 24 werden analog einer Arbeitsplanung in der Fertigung die Geschäftsprozesse modelliert. Dazu wird mit dem ARIS-Konzept ein Rahmenkonzept bereitgestellt, das alle Aspekte von Geschäftsprozessen abdeckt. Gleichzeitig werden Verfahren zur Optimierung, Bewertung und Qualitätssicherung der Abläufe eingesetzt.

- In der Ebene II (**Prozeßplanung und -steuerung**) werden aus Sicht des Business Process Owner die laufenden Geschäftsprozesse geplant und gesteuert. Er setzt dazu Verfahren zur Zeit- und Kapazitätssteuerung sowie zur (Prozeß-) Kostenanalyse ein. Über ein Prozeßmonitoring kann sich der Prozeßmanager aktuell über die Bearbeitungszustände seiner Prozesse informieren.

- In Ebene III (**Workflowsteuerung**) werden die zu bearbeitenden Objekte, also z. B. Kundenaufträge mit ihren Dokumenten oder Schadensmeldungen in einer

Versicherung, von Arbeitsplatz zu Arbeitsplatz transportiert. Bei elektronisch gespeicherten Dokumenten führen Workflow-Systeme den Transport aus.

- In der Ebene IV (**Anwendungssystem**) werden die zu den Arbeitsplätzen transportierten Dokumente konkret bearbeitet, also die Funktionen des Geschäftsprozesses ausgeführt. Hierfür werden computergestützte Anwendungssysteme von einfachen Textverarbeitungsprogrammen bis hin zu komplexen Standardsoftware-Modulen, Business Objects und Java Applets eingesetzt.

Die vier Ebenen von HOBE sind durch Regelkreise miteinander verknüpft: Die Prozeßsteuerung liefert Informationen über die Wirtschaftlichkeit der laufenden Prozesse. Diese sind Ausgangspunkt für die kontinuierliche Anpassung und Verbesserung der Geschäftsprozesse im Sinne eines CPI.

Die Workflowsteuerung meldet Ist-Daten über die auszuführenden Prozesse (Mengen, Zeiten, organisatorische Zuordnungen) an die Prozeßsteuerungsebene zurück. Die Module zur Anwendungsunterstützung werden vom Workflow-System aufgerufen.

Die Ebenen I bis IV werden zu einem **Framework** als fünfte Komponente des HOBE-Ansatzes zusammengefaßt. Ein Framework enthält Architektur- und Anwendungswissen, das aus den Tools der Ebenen II und III sowie dem Anwendungswissen der Referenzmodelle (Ebene I) und Anwendungssysteme (Ebene IV) konkrete Anwendungen konfiguriert. Es enthält also Wissen über Zusammensetzung und Zusammenspiel der Komponenten (*vgl. Pree, Komponentenbasierte Softwareentwicklung 1997, S. 7*).

Die Software der Ebenen Prozeßgestaltung sowie Prozeßplanung und -steuerung unterstützen die betriebswirtschaftlich-organisatorische Sicht des Business Process Owner, während die Ebenen Workflowsteuerung und Anwendungssystem die informationstechnische Umsetzung betreffen. Da auf allen vier Ebenen Software eingesetzt wird, kann auf sie jeweils das ARIS-Life-Cycle-Modell angewendet werden. Dieses bedeutet, daß auf jeder Ebene jedes Software-System durch Fachkonzept, DV-Konzept und Implementierung beschrieben werden kann. Die durch das HOBE-Konzept betonten Zusammenhänge zwischen den Ebenen werden vornehmlich auf den Fachkonzeptebenen diskutiert, z. B. wie ein Prozeßmodell der Ebene II logisch in ein Workflow-Modell der Ebene III überführt werden kann. Daneben kann auch die Verträglichkeit des DV-Konzeptes des Modellierungstools der Ebene I mit dem des Workflow-Systems der Ebene III erörtert werden bis hin zu Implementierungsaspekten. Die Ebenen des HOBE-Ansatzes und die Phasen des ARIS-Life-Cycle stehen somit orthogonal zueinander.

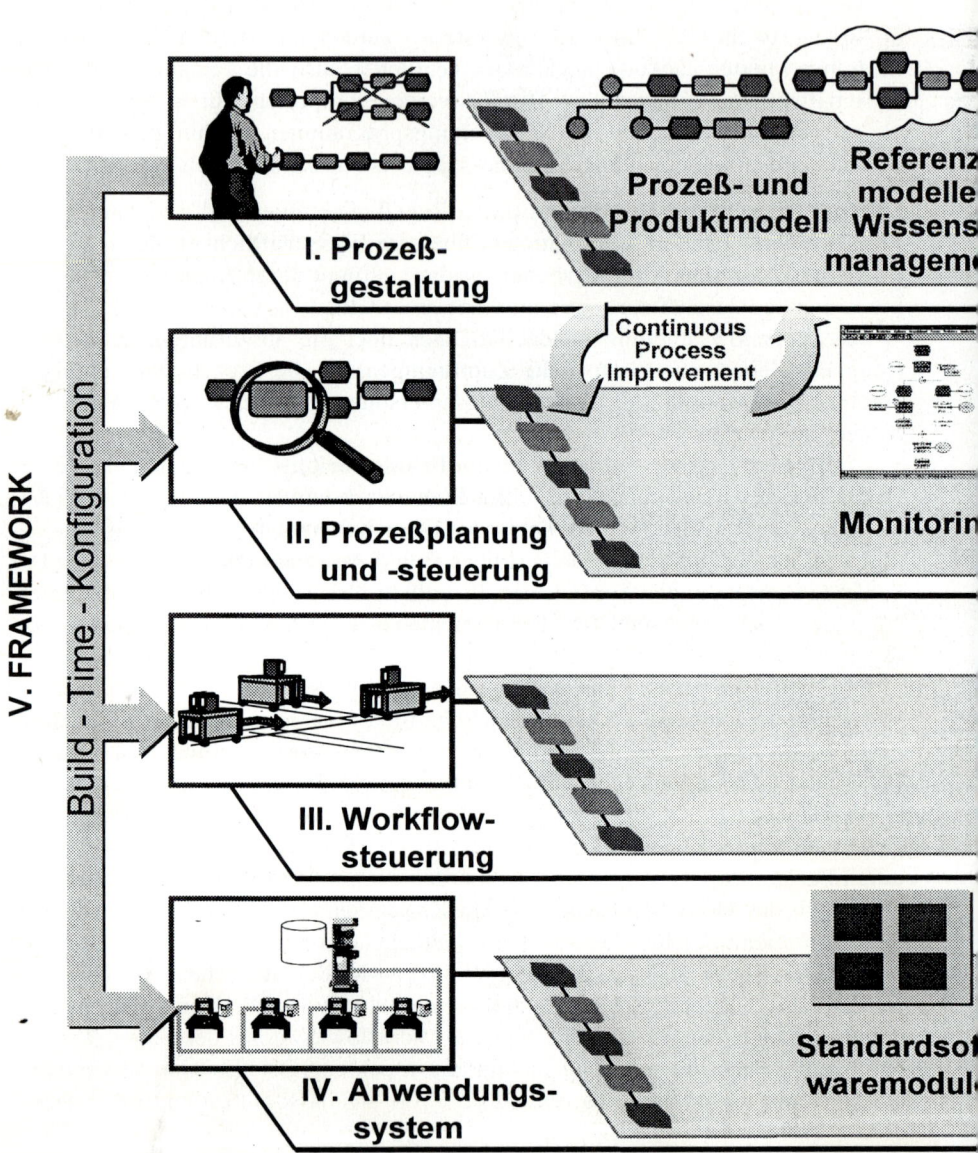

Abb. 24 Prozeßmanagement nach dem ARIS - House of Business Engineering

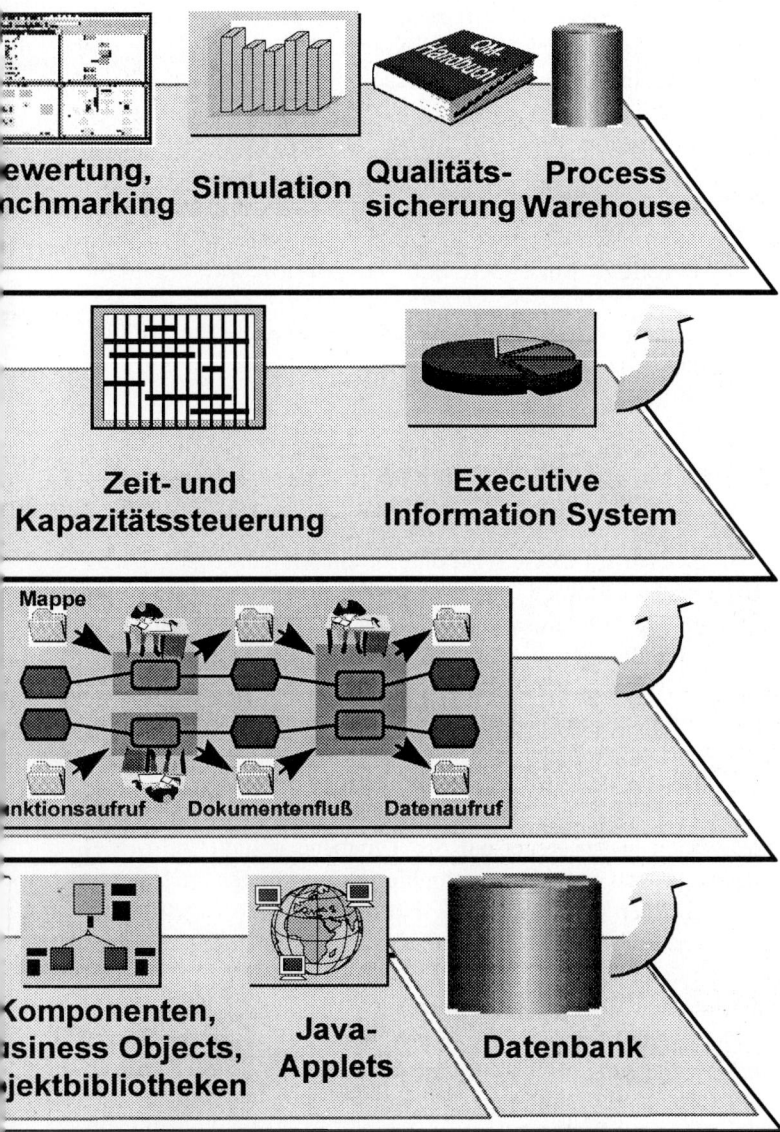

ewertung,
nchmarking   Simulation   Qualitäts-   Process
                            sicherung Warehouse

Zeit- und   Executive
Kapazitätssteuerung   Information System

Mappe

nktionsaufruf   Dokumentenfluß   Datenaufruf

Komponenten,
usiness Objects,   Java-   Datenbank
ojektbibliotheken   Applets

Der HOBE-Ansatz ist primär ein Konzept, dient aber auch als Rahmen für die Entwicklung konkreter Software-Produkte. Das HOBE-Konzept wurde erstmals 1994 von dem Verfasser auf der Saarbrücker Arbeitstagung öffentlich vorgestellt. Es ist Vorlage für die Software-Architektur der IDS Prof. Scheer GmbH, so daß auch bereits Anwendungserfahrungen vorliegen. Auch wurde es mit mehreren anderen Software-Häusern diskutiert und in vielen Vorträgen des Verfassers vorgestellt. Ein „White Paper" erschien 1996 (*vgl. Scheer, ARIS - House of Business Engineering 1996*).

Obwohl das HOBE-Konzept produktunabhängig dargestellt wird, werden zur Illustration Abbildungen von ARIS-Produkten, des SAP-Systems R/3 und des SNI-Systems ComUnity eingefügt. Auf andere Software-Ansätze wird ergänzend verwiesen.

In den folgenden Abschnitten werden die einzelnen Ebenen des HOBE-Konzepts näher beschrieben.

D.I Gestaltung der Geschäftsprozesse

Mit der Gestaltung der Geschäftsprozesse wird eine besonders günstige betriebswirtschaftlich-organisatorische Lösung angestrebt. Verantwortlich für die Prozeßgestaltung kann entweder eine Organisationsabteilung, ein Reengineering-Projektteam oder der Eigner der Geschäftsprozesse sein. Während bei Fertigungsprozessen die Fertigung von Arbeitsplänen bereits seit vielen Jahren in Form der Arbeitsvorbereitung institutionell einer Abteilung zugeordnet ist, ist dieses bei anderen Geschäftsprozessen in der Regel noch nicht so klar geregelt. Zu empfehlen ist es, die fachliche Zuständigkeit dem Geschäftsprozeßverantwortlichen zu geben.

Geschäftsprozesse werden in der Regel auf der Typebene gestaltet, also z. B. der typische Beschaffungsprozeß eines Unternehmens. Dabei können auch Subtypen für bestimmte Unterformen wie Ersatzteil-, Normalteil- oder Just-In-Time-Bestellungen gebildet werden. In der Regel wird aber kein Bestellablauf für ein ganz konkretes Bestellteil modelliert.

Im Gegensatz dazu werden für Fertigungsprozesse Arbeitspläne für konkrete Teile dokumentiert. Der Grund liegt darin, daß hier bereits die Prozeßbeschreibungen nicht nur zur Unterstützung grundsätzlicher organisatorischer Regelungen, sondern zur direkten Prozeßausführung eingesetzt werden. Je mehr deshalb auch bei anderen Geschäftsprozessen die Prozeßdokumentationen zur direkten Prozeßausführung genutzt werden, z. B. bei Workflowsteuerungen, werden auch hier Beschreibungen der Prozeßinstanzen benötigt.

Bei der Gestaltung bestmöglicher Geschäftsprozesse kann einerseits Vorwissen über Best-Practice-Fälle in Form von Referenzmodellen einbezogen werden. Weiter können alternative Abläufe bewertet und verglichen werden (Benchmarking) sowie Simulationsstudien und Qualitätsbeurteilungen durchgeführt werden. Diese Gestaltungshilfen werden im folgenden kurz beschrieben.

D.I.1 Produkt- und Geschäftsprozeßmodellierung

Ausgangspunkt der Geschäftsprozeßgestaltung ist die strategische Unternehmungsplanung. In ihr werden die Produktfelder und damit die Kernprozesse der Unternehmung festgelegt. Da Produkte von Prozessen erzeugt werden, legen die Produktfelder die benötigten Geschäftsprozesse fest.

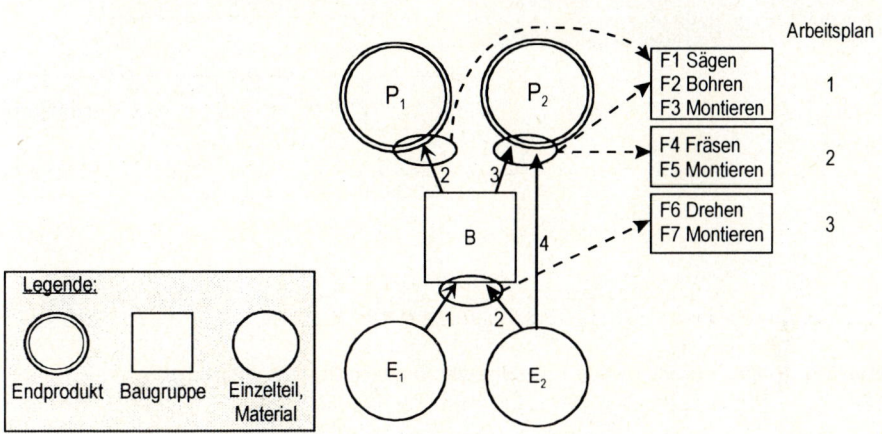

Abb. 25a Produkt- und Prozeßmodell

Der Zusammenhang zwischen Produkt- und Prozeßmodellen ist in der industriellen Fertigung durch die Begriffe Stückliste und Arbeitsplan gut beschrieben. Abb. 25a gibt dazu ein Beispiel. Die Stückliste beschreibt als Produktmodell die Zusammensetzung von Endprodukten (im Beispiel P1, P2) aus Baugruppen (B) und Einzelteilen (E1, E2). Jedem zu erstellenden Teil sind die Erstellungsprozesse in Form von Arbeitsplänen zugeordnet. Ein Arbeitsplan umfaßt die auszuführenden Arbeitsgänge (Funktionen). Arbeitspläne werden üblicherweise in Tabellen dargestellt. Für ein Teil können mehrere alternative Arbeitspläne definiert werden, z. B. für P2 die Arbeitspläne 1 und 2.

Durch die unabhängige Produkt- und Prozeßbeschreibung kann ein (Standard-) Arbeitsplan auch mehreren Teilen zugeordnet werden (im Beispiel der Arbeitsplan 1 den Endprodukten P1 und P2). Dieses ist dann möglich, wenn sich die Endprodukte zwar durch unterschiedliche untergeordnete Teile unterscheiden, diese aber keinen Einfluß auf den Erstellungsprozeß haben. Dieses ist z. B. für Produkte in der Chemischen Industrie typisch, bei denen gleiche Komponenten in unterschiedlicher Farbe eingesetzt werden, die dann zwar zu verschiedenen Produkten führen, aber verfahrenstechnisch gleichartig erstellt werden.

Mit der unabhängigen Definition von Produkt- und Prozeßmodellen und ihrer freien Zuordnung wird eine redundanzfreie Datenverwaltung erreicht.

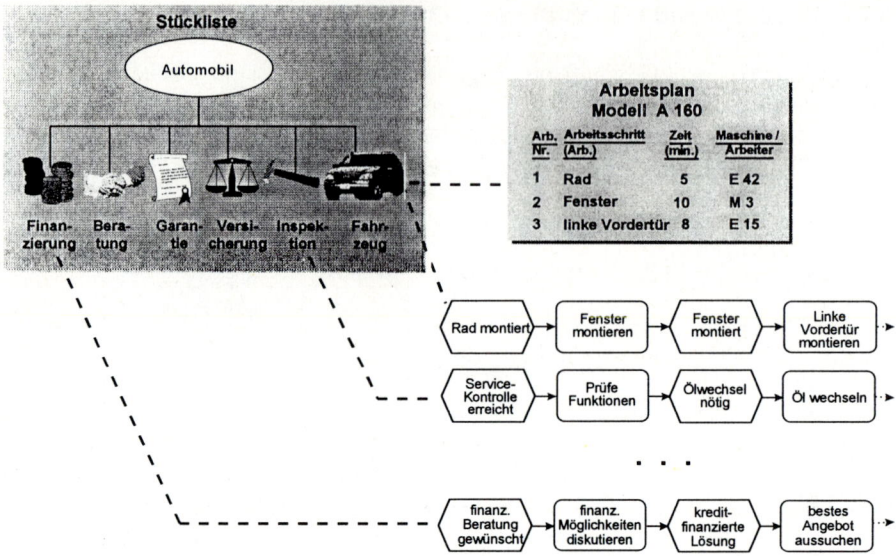

Abb. 25b Analoge Produkt- und Prozeßbeschreibungen für Dienstleistungen

Genaue Produkt- und Prozeßbeschreibungen werden in Industrieunternehmungen lediglich für materielle Produkte geführt. Es besteht aber ein Trend, daß materielle Produkte immer mehr mit Dienstleistungen verbunden werden, wie es in Abb. 25b durch Dienstleistungen wie Versicherung oder Finanzierung bei einem Automobil dargestellt ist. Dem materiellen Produkt ist ein tabellarischer Arbeitsplan zugeordnet. Für die Dienstleistungen werden ebenfalls Prozesse zu ihrer Erstellung in Form von EPK definiert. Diese beschreiben dann die benötigte Funktionsfolge für den Abschluß einer Versicherung oder einer Finanzierung.

Durch die durchgängige Produkt- und Prozeßmodellierung aller materiellen und immateriellen Produkte wird ein einheitliches Geschäftsprozeßmanagement ermöglicht. Nur dann können durchgängige Kalkulationsverfahren zur Ermittlung von Produktkosten oder eine einheitliche Planung und Steuerung der Geschäftsprozesse unterstützt werden. Diesem Gedanken wird im weiteren gefolgt.

Prozesse dienen nicht nur der Herstellung von Produkten, sondern die Prozeßform bestimmt auch umgekehrt die Produktart. In Abb. 25c ist oben der Prozeß für das Produkt „gehobenes Restaurant-Essen" angegeben, das aus der Reihenfolge der Funktionen: Bestellen, Servieren, Essen und Bezahlen besteht. Ein Essen in einer Fast-Food-Kette besteht dagegen aus der Abwicklungsfolge: Bestellen, Bezahlen, (Selbst-) Servieren, Essen *(vgl. Pentland, Process Grammars 1994)*. Hier übt die Art des Prozesses, insbesondere auch die Reihenfolge der Funktionen, einen hohen Einfluß auf die Produktart aus. Eine Prozeßinnovation ermöglicht damit auch eine Produktinnovation.

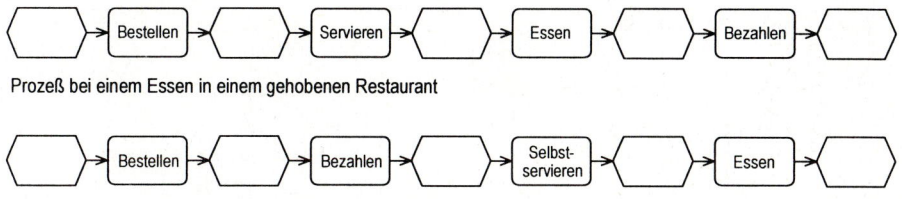

Prozeß bei einem Essen in einem gehobenen Restaurant

Prozeß bei einem Essen in einem Fast-Food-Restaurant

Abb. 25c Zusammenhang von Produkt- und Prozeßinnovation

D.I.2 Referenzmodelle

Referenzmodelle sind Dokumentationen über Prozeßwissen, das bei der Modellierung genutzt werden kann. Sie können aus praktischen Anwendungsfällen (Best Practice Cases) oder theoretischen Überlegungen entwickelt werden. Es wird unterschieden zwischen Vorgehensmodellen, z. B. zur Durchführung eines BPR-Projekts, oder einer Standardsoftware-Einführung und Fachmodellen, z. B. für die Auftragsabwicklung oder Produkteinführung.

Die Modelle können auf Branchenspezifika ausgerichtet werden (Branchen-Referenzmodelle). Für alle Formen sind nach dem ARIS-Konzept Referenzmodelle entwickelt worden. Sie werden zunehmend von Beratungsunternehmungen anhand ihrer Erfahrungen aus Kundenprojekten erstellt. Damit wird dokumentiertes Prozeßwissen zu einem vermarktungsfähigen Produkt.

Referenzmodelle können recht umfassend und umfangreich sein, d. h. aus Hunderten oder Tausenden von Modellobjekten bestehen. Sie werden deshalb auf unterschiedlichen Verdichtungsstufen entwickelt.

Mit einem Referenzmodell erhält eine Unternehmung eine Ausgangslösung für ihre Prozeßgestaltung, an der sie sich bezüglich Detaillierungsgrad der Modellierung und fachlichem Inhalt orientieren kann. Durch Anpassung an unternehmungsspezifische Anforderungen wird aus einem Referenzmodell ein unternehmungsbezogenes Modell. Erfahrungsberichte zeigen, daß durch den Einsatz von Referenzmodellen in Organisationsprojekten Zeit und Kosten um mehr als 30 % reduziert werden können.

Referenzmodelle, die von Standardsoftware-Herstellern als fachliche Dokumentation ihrer Software angeboten werden, als umfangreichstes Modell ist hier das Referenzmodell des R/3-Systems von SAP zu nennen, bieten neben dem Zweck der Nutzung des fachlichen Prozeßwissens auch die Möglichkeit, fachliche Vergleiche zwischen verschiedenen Software-Lösungen durchzuführen oder frühzeitig Realisierungsmöglichkeiten oder -mängel zu erkennen.

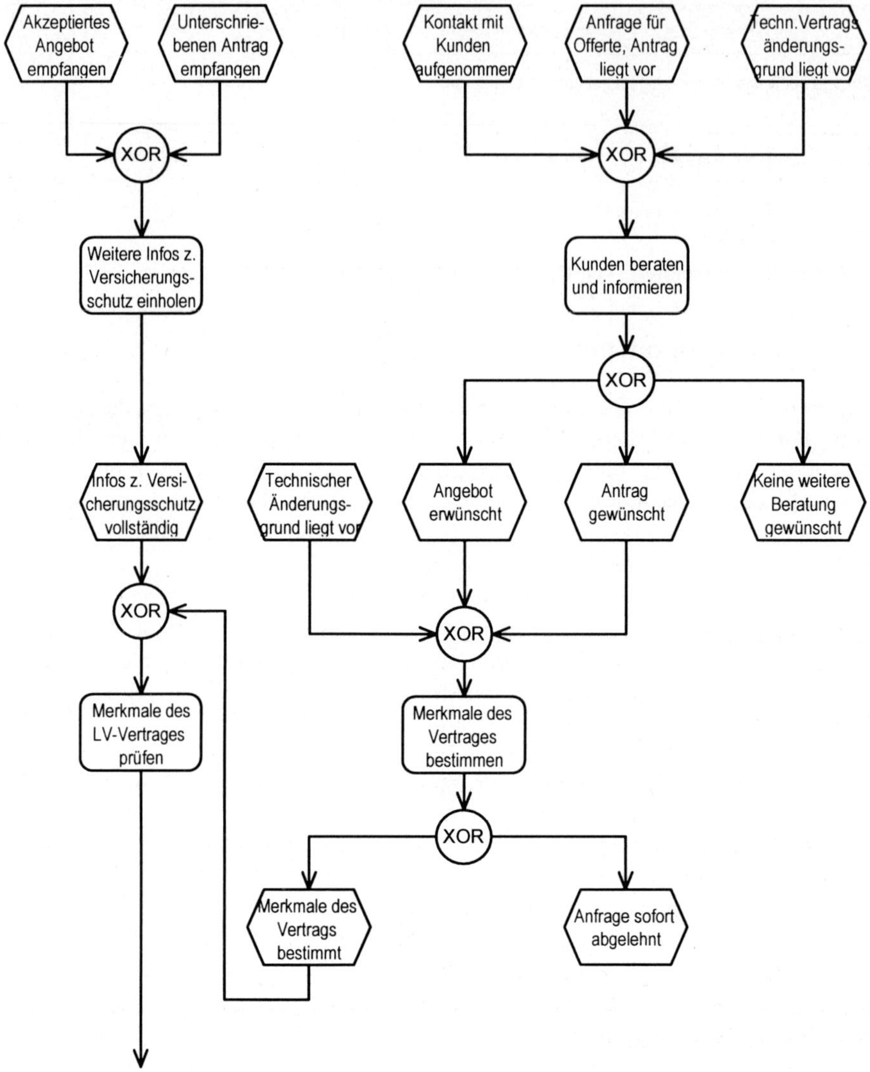

Abb. 26a Ausschnitt einer EPK des ARIS-Versicherungs-Referenzmodells der
Unternehmungsberatung KPMG

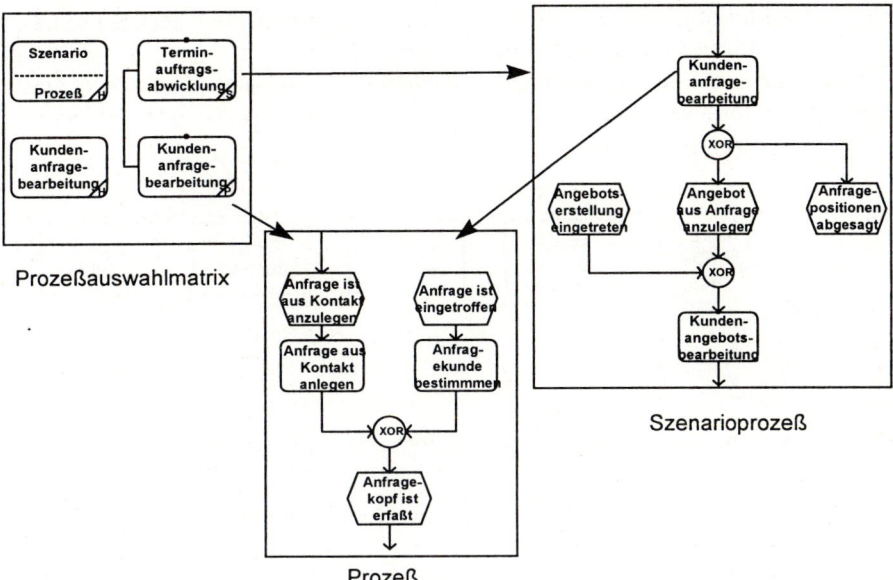

Abb. 26b Ausschnitt einer EPK des R/3 Referenzmodells

In Abb. 26a-b sind Ausschnitte aus einem Branchen-Referenzmodell für Versicherungen, das von dem Beratungsunternehmen KPMG entwickelt wurde, und dem SAP R/3-Referenzmodell dargestellt. Beide sind weitgehend nach dem ARIS-Konzept entwickelt worden. Das Versicherungs-Referenzmodell besteht aus 543 Funktionen. Das SAP R/3-Modell umfaßt ein Vielfaches dieser Größenordnung. Zu beiden Referenzmodellen gehören neben den Prozeßmodellen auch Funktions-, Daten- und Organisationsmodelle.

Weitere Referenzmodelle, die nach dem ARIS-Konzept modelliert wurden, werden von der IDS Prof. Scheer GmbH für die Branchen Industrie, Energieversorgung, Papierindustrie, Banken, Chemische Industrie und ausgewählte Prozesse der Öffentlichen Verwaltung angeboten.

D.I.3 Wissensmanagement

Das Prozeßwissen wird immer mehr als wichtiger Teil eines übergeordneten Wissensmanagements der Unternehmung verstanden. Das Wissen einer Unternehmung erstreckt sich auf Produkte, eingesetzte Technologien, organisatorische Abläufe und Regeln sowie auf das individuelle Wissen der Mitarbeiter.

Diese Wissensbasis zu dokumentieren, zu speichern, nutzbar zu machen und zu erweitern, ist Aufgabe des Wissensmanagements.

Die Speicherung des Prozeßwissens einer Unternehmung in einem Process Warehouse ist ein wichtiger Schritt zu einem Wissensmanagement. Innerhalb des ARIS-Konzepts können in der Organisationssicht das Wissen der Mitarbeiter sowie Strukturinformationen der Unternehmung einschließlich technischer Verfahren und eingesetzter Betriebsmittel erfaßt werden.

Die Datensicht erfaßt vielfältige Wissensdokumente, die nicht nur in klassischen Datenformaten, sondern auch als Text-, Sprach-, Bild- oder Videodokumente abgelegt sein können.

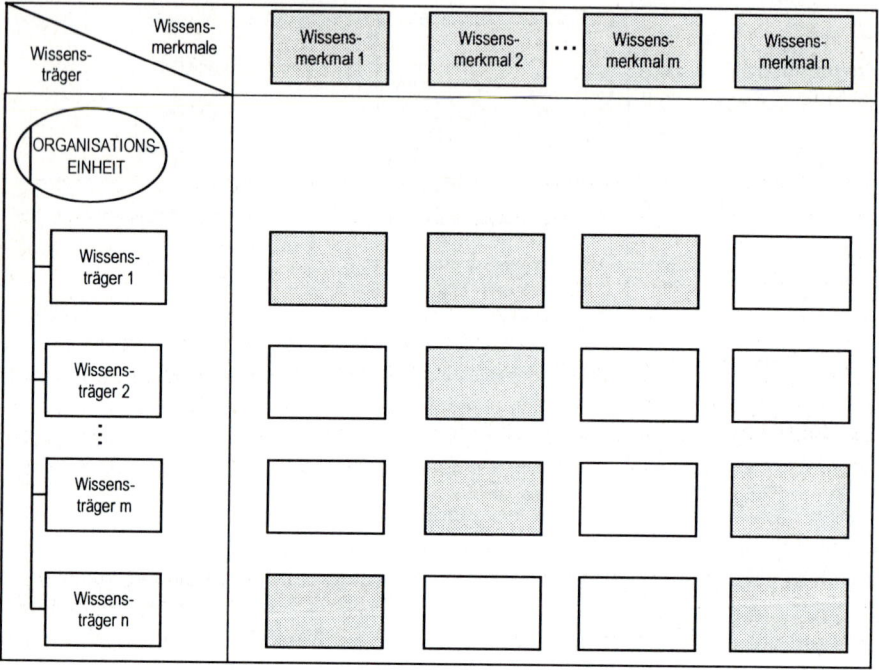

Abb. 27 Wissenstopographie
   (aus Scheer/Bold/Hagemeyer/Kraemer, Informationssysteme im Wandel 1997, S. 27)

Die Verknüpfung von Wissen kann in der Steuerungssicht dargestellt werden. Beispielsweise kann einer Funktion ein Wissens-Anforderungsprofil für Mitarbeiter zugeordnet werden oder das Erfahrungswissen, das ein Mitarbeiter bei Ausübung der Funktion erwirbt. Auch die verschiedenen Ebenen von Wissensträgern einer Organisation (Individuum, Gruppe, Unternehmung, Unternehmungsverbund, Unternehmungskooperation) können in der Organisationssicht von ARIS formuliert und mit den Wissensarten der anderen Sichten verknüpft werden (vgl. Abb. 27). ARIS wird damit zum Rahmenkonzept eines „Organizational Memory" oder eines „Knowledge Warehouse".

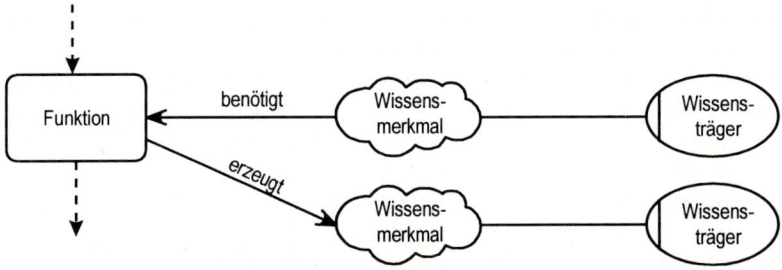

Abb. 28a Wissensmodellierung in einer EPK

Die Modellierungsmethoden müssen um entsprechende Konstrukte der Wissensarten und Wissensträger, die bei einer Funktion eingesetzt oder erzeugt werden,
ergänzt werden (vgl. Abb. 28a). Durch die Verknüpfungsmöglichkeiten in ARIS
können Zugriffspfade in Form von Wissenslandkarten aufgebaut werden. Das
Knowledge Warehouse ermöglicht es, Wissensdefizite, nicht genutztes Wissen,
fehlende Wissenstransparenz, ineffiziente Wissensverteilung oder unkoordinierten
Wissenserwerb zu entdecken und zu beseitigen *(vgl. Probst/Raub/Rombardt,
Wissen managen 1997; Myers, Knowledge Management and Organizational Design 1996).* Abb. 28b gibt ein instruktives Beispiel für einen Wissens-Life-Cycle,
in dem die einzelnen Phasen durch positive und negative Faktoren bewertet werden.

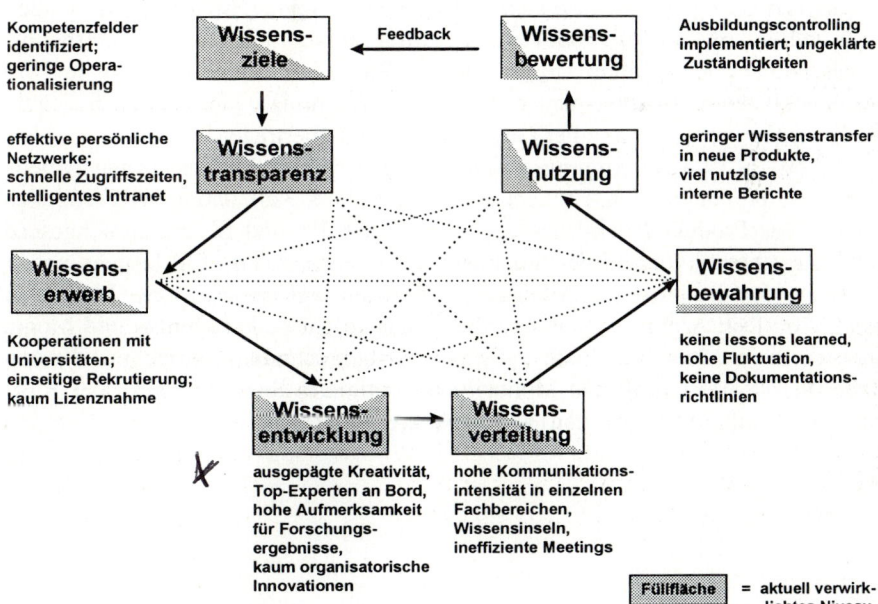

Abb. 28b Wissensprofile eines Unternehmens
   (nach Probst/Raub/Rombardt, Wissen managen 1997, S. 346)

D.I.4 Prozeßbewertung

Um Geschäftsprozesse zielkonform zu gestalten, müssen sie gemäß den Prozeß-
zielen bewertet werden können. Bei Zielen, wie z. B. „Verringerung von Prozeß-
Durchlaufzeiten um 50 %", die für die Produktentwicklung in der Elektronik-
oder Automobilindustrie von großer Bedeutung sind, müssen die Funktionen des
Prozesses mit Zeiten bewertet werden. Hierzu können bereits aus der Netzplantechnik bekannte Schätzverfahren eingesetzt werden.

Bei Kostenzielen, wie Reduktion der Prozeßkosten um 30 %, müssen dem Prozeß Kosten zugerechnet werden. Das gegenwärtige betriebswirtschaftliche Kostenrechnungssystem betont mit seiner Konzentration auf die Kostenstellenrechnung aber eher eine funktionale Sicht. Ziel der Plankostenrechnung ist es beispielsweise, die nach Funktionen gebildeten Kostenstellen kostenoptimal zu steuern. Dagegen sind die Kosten der Geschäftsprozesse unbekannt. Hier eröffnen
sich mit der Prozeßkostenrechnung neue Möglichkeiten. Um die betriebswirtschaftliche Würdigung der Prozeßkostenrechnung ist eine lebhafte Diskussion
geführt worden, die hier nicht aufgegriffen werden soll (*s. u. a. Glaser, Prozeßkostenrechnung 1992; Horváth/Mayer, Prozeßkostenrechnung 1989; Kloock, Prozeßkostenrechnung 1992*).

Die Prozeßkostenrechnung basiert auf dem Prinzip, Geschäftsprozesse in ele-
mentare Teilprozesse zu segmentieren. Für die resultierenden Teilprozesse werden
durchschnittliche Kosten, die bei ihrer einmaligen Durchführung anfallen, ermittelt. Die Kosten des gesamten Geschäftsprozesses werden dann über das Prinzip
der Verrechnungssatzkalkulation errechnet.

Das Prinzip der prozeßorientierten Kostenverrechnung ist nicht neu, sondern
wird traditionell von der Produkt- und Auftragskalkulation im Fertigungsbereich
eingesetzt. Die Kalkulation basiert dort auf Prozeßbeschreibungen, die in Form
von Stücklisten und Arbeitsplänen vorliegen. Erkenntnisse hieraus lassen sich auf
die Kostenbewertung genereller Geschäftsprozesse übertragen.

In Abb. 29 ist ein Fertigungsprozeß, wie er sich aus Stücklisten und Arbeitsplänen ergibt, eingetragen. Er dient als Grundlage der Kalkulation der Fertigungskosten. Das Produkt P wird aus den zwei Teilen E1 und E2 zusammengesetzt.
Diese Angaben werden in der Stückliste für P definiert. Pro Teil besteht ein Arbeitsplan, der die jeweils 2 Arbeitsgänge (Rüsten und Fertigen bzw. Montieren)
beschreibt. Den Arbeitsgängen sind die geplanten Rüst-, Fertigungs- und Montagezeiten zugeordnet. Innerhalb der Kostenstellenrechnung werden pro Kostenstelle (hier Vorfertigung und Montage) für definierte Bezugsgrößen (hier Rüst-,
Fertigungs- und Montagezeiten) Kostensätze ermittelt.

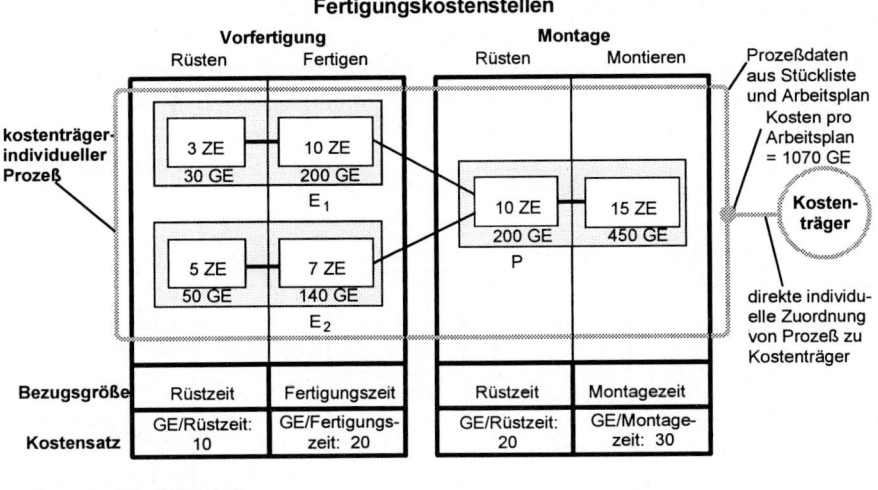

Abb. 29 Kalkulation eines Fertigungsprozesses

Bei der Kalkulation der Fertigungskosten werden diese mit den Inanspruchnahmezeiten durch die Teile multipliziert. Diese Inanspruchnahmen sind durch die Angaben im Arbeitsplan pro Arbeitsgang individuell erfaßt. Für das Teil E1 werden z. B. 3 ZE für Rüsten und 10 ZE für Fertigen benötigt. Multipliziert mit den Kostensätzen 10 GE/ZE bzw. 20 GE/ZE ergeben diese 30 bzw. 200 GE für die Ausführung der Funktionen. Durch die Addition aller Funktionskosten ergibt sich ein Betrag von 1070 GE zur Herstellung einer Einheit von P1. Da P1 der betrachtete Kostenträger ist, sind die Kosten des Fertigungsprozesses gleich den Fertigungskosten des Kostenträgers P1.

Der Fertigungsbereich verfügt mit Arbeitsplänen und Stücklisten über detaillierte Beschreibungen seiner Prozesse, während derartige Beschreibungen für Verwaltungsbereiche in der Regel (noch) nicht vorliegen. Aus diesem Grund läßt sich das Schema der Verrechnungssatzkalkulation auf Prozesse dieser Bereiche nicht direkt übertragen.

Für die Prozesse indirekter Leistungsbereiche können in der traditionellen betriebswirtschaftlichen Kostenrechnung ebenfalls differenzierte Bezugsgrößen gebildet werden, die die in ihnen ausgeführten Funktionen repräsentieren. So wird z. B. für den Einkaufsbereich die Bezugsgröße "Anzahl Bestellungen", für die Verwaltung "Anzahl geprüfter Rechnungen" und für den Vertrieb "Anzahl von Versandaufträgen" genannt. Diese Bezugsgrößen können für die kostenstellenbezogene Planung eingesetzt werden, nur ist bei der Kalkulation der Zusammenhang zum individuellen Kostenträger nicht bekannt und die Beanspruchung dieser Tätigkeiten lediglich pauschal herzustellen. Deswegen werden aggregierte Zuschlagssätze z. B. auf Basis der Fertigungskosten gebildet, die aber als zu pauschal kritisiert werden. Hier bietet die Prozeßkostenrechnung neue Möglichkeiten.

Im Rahmen der Prozeßkostenrechnung müssen dazu Prozeßbeschreibungen erst eingeführt werden. Aufgrund der hohen Komplexität und Variantenvielfalt sowie teilweise geringen Wiederholfrequenz von Büro-Prozessen werden jedoch nicht individuelle Prozesse, sondern Prozesse auf der Typebene modelliert.

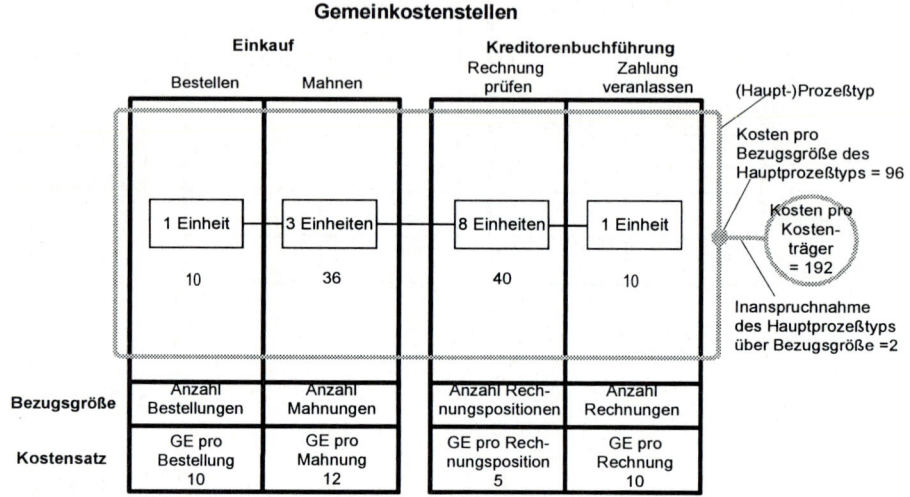

Abb. 30 Informationsbasis der Prozeßkostenrechnung im Bürobereich

Pro Kostenstelle werden typische Teilprozeßtypen definiert, die kostenstellenübergreifend zu Hauptprozeßtypen zusammengefaßt werden (vgl. Abb. 30). Der Begriff „Teilprozeß" gibt an, daß er Baustein eines Geschäftsprozesses ist. Wird er nicht weiter zerlegt, entspricht er dem Begriff „Funktion". In dem Beispiel der Abb. 30 besteht der Hauptprozeß „Beschaffung" aus den vier Teilprozessen Bestellen, Mahnen, Rechnung prüfen und Zahlung veranlassen.

In Analogie zur Fertigung entspricht ein Teilprozeß dem Begriff „Arbeitsgang". Pro Teilprozeß können nun Kostensätze (Prozeßkostensätze) ermittelt werden, also Kosten pro typische Bestellung, Kosten pro typische Mahnung usw.

Dem Hauptprozeß werden pro Teilprozeß Kennzahlen der Inanspruchnahme zugeordnet. Diese Angaben sind in Abb. 30 in die Funktionskästchen eingetragen. Durch Multiplikation der Prozeßkostensätze mit den Kennzahlen der Inanspruchnahme ergeben sich die Prozeßkosten pro Teilprozeß und durch Addition die Kosten pro Hauptprozeß, hier also pro typischem Beschaffungsauftrag. Die Nutzung dieser Prozeßkosten für die Kalkulation erfordert dann die Verrechnung auf den Kostenträger. Dazu ist es erforderlich, eine Bezugsgröße zu definieren, die angibt, wieviel Hauptprozesse des Typs Beschaffung mit einer Einheit des Kostenträgers verbunden sind. Im Beispiel ist die Inanspruchnahme gleich 2, so daß sich 192 GE pro Kostenträgereinheit ergeben.

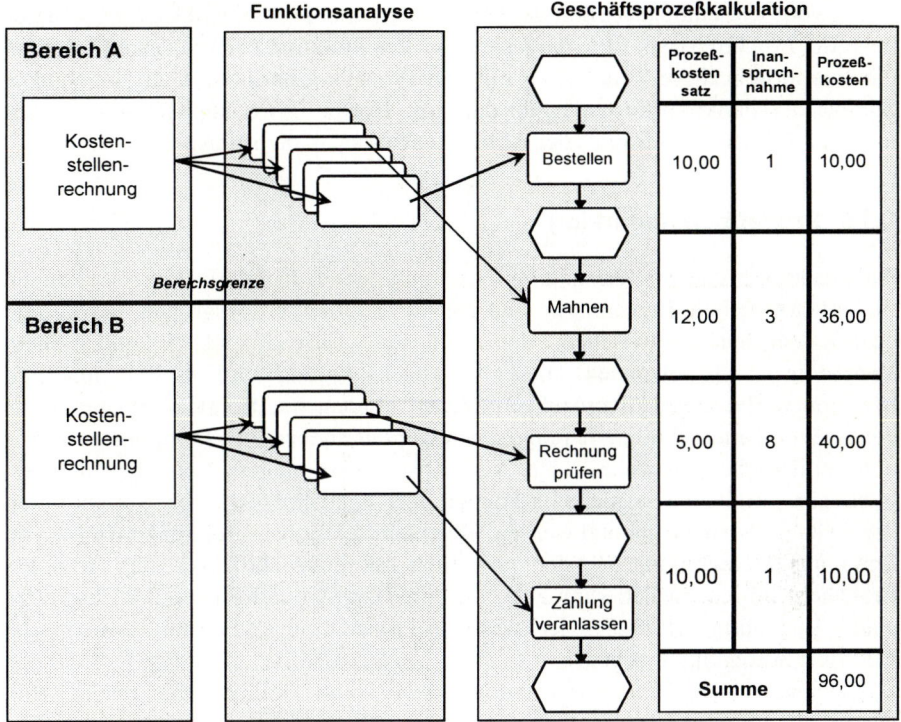

Abb. 31 Kalkulation von Geschäftsprozessen

Auf der Grundlage der Prozeßmodellierung kann damit das Prinzip der Verrechnungssatzkalkulation auf die indirekt-produktiven Leistungsbereiche ausgedehnt werden.

Die verursachungsgerechte Zuordnung der Prozeßkosten kann nur so gut sein, wie die Bezugsgröße des Hauptprozesses in Bezug auf den Kostenträger angesetzt ist und der Wert der Inanspruchnahme ermittelt werden kann. Eine direkte Zuordnung einer Hauptprozeßeinheit zu einer Kostenträgereinheit, wie bei den Fertigungskosten, ist nicht gegeben.

Durch die prozeßorientierte Verrechnung von Gemeinkosten kann deren wertmäßiges, pauschales Schlüsseln vermieden werden.

Bestehende operative und kostenstellenorientierte Kostenrechnungssysteme werden durch die Prozeßkostenrechnung nicht ersetzt, sondern sind als Informationsquelle und -empfänger in die Prozeßkalkulation integriert. In Abb. 31 ist das Schema einer integrierten modellbasierten Geschäftsprozeßkalkulation in Verbindung mit einer traditionellen Kostenstellenrechnung dargestellt.

Grundlage ist ein traditionelles Kostenrechnungssystem mit einer detaillierten Kostenstellenrechnung. Zunächst wird in den Kostenstellen eine Funktionsanalyse durchgeführt und ihre Bezugsgrößen ermittelt. Pro Funktion wird der Prozeßkostensatz errechnet.

Aus der Geschäftsprozeßmodellierung wird die Funktionsstruktur übernommen, die in Abb. 31 als EPK dargestellt ist. Pro Funktion der Prozeßkette werden die Inanspruchnahme-Kennzahlen mit den Prozeßkostensätzen multipliziert. Die Summe der Funktionskosten ergibt dann die Kosten des (Haupt-)Prozesses. Ablauf und Zahlen des Beispiels der Abb. 31 entsprechen dem Beispiel der Abb. 30.

D.I.5 Prozeßbenchmarking

Anhaltspunkte für die Gestaltung besonders guter Geschäftsprozesse können Benchmarks geben. Benchmarks sind Ziel- oder Orientierungsgrößen. Sie werden durch Vergleiche zwischen dem eigenen Geschäftsprozeß und einem Vergleichsprozeß gewonnen. Dieser Vergleichsvorgang wird als Benchmarking bezeichnet. Bei Geschäftsprozeßvergleichen können die Vergleichsprozesse aus der eigenen Unternehmung herangezogen werden, indem z. B. Fertigungsprozesse unterschiedlicher Betriebe oder Vertriebsprozesse unterschiedlicher Niederlassungen verglichen werden. Es können aber auch Prozesse von Konkurrenten der gleichen Branche genutzt werden, allgemein verfügbare Referenzprozesse von Beratungsunternehmungen oder inhaltlich ähnliche Prozesse aus fremden Branchen. Im letzten Fall kann z. B. für den Turn-Around-Prozeß der Flugzeuge einer Luftfahrtgesellschaft der Pit-Stop-Prozeß eines Formel 1-Rennstalls wertvolle Anregungen geben.

Die Quellen für Prozeßinformationen sind somit vielfältig. Sie reichen von wissenschaftlichen Veröffentlichungen über Tagungsberichte, kommerziellen Benchmark-Datenbanken, Verbandsstudien bis hin zu Leistungen von Beratungshäusern.

Aus der Lücke zwischen den Prozeßwerten des Benchmarkpartners und den eigenen Kennzahlen können dann Anregungen zur Gestaltung des eigenen Prozesses erhalten werden. Zielgrößen bei einem Prozeßbenchmarking können finanzielle, zeitliche oder mengenmäßige Indikatoren wie Prozeßkosten, Durchlaufzeiten oder Input-/Outputgrößen sein. Aber auch mehr qualitative Aussagen über Kundenzufriedenheit sind von Bedeutung.

Obwohl der Benchmarking-Gedanke betriebswirtschaftlich nicht neu ist, gibt er doch neue Anregungen zur Vereinfachung und Beschleunigung von Geschäftsprozessen.

Außerdem zeigt die Literatur (vgl. z. B. Küting, Benchmarking von Geschäftsprozessen 1996; Aichele, Kennzahlenbasierte Geschäftsprozeßanalyse 1997), wie detailliert bereits Bewertungskriterien für die Geschäftsprozeßorganisation ausgearbeitet worden sind. Abb. 32 zeigt dazu eine Übersicht über Benchmarking-Kriterien.

```
┌─────────────────────────────────────────────────────────────────────┐
│   QUANTITATIVE UND QUALITATIVE                                        │
│   BENCHMARKING-KRITERIEN                                             │
├─────────────────────────────────────────────────────────────────────┤
```

PRODUKTIVITÄTSMASSE
    Produkt-Output zu Mitarbeiterzahl; Produkt-Output zu Ressourceneinsatz; Kosten je 'guter'
    Produkteinheit; Anzahl erledigter Aufträge je Arbeitsstunde; Mehrwert je Mitarbeiter; Kostenanteil
    der wertschöpfenden Tätigkeiten...

QUALITÄTSMASSE
    Ausschußquoten; Anteil der Nacharbeit (Produkte, Arbeitszeiten); Prozentsatz mit Fehlern
    behafteter Auslieferungen (Produkte); Anzahl Reklamationen; Gewährleistungskosten;
    Verfügbarkeit und Richtigkeit von Informationen...

ZEITBEDARFSMASSE
    Prozentsatz pünktlicher Lieferungen; Vorlaufzeit für Produkt-Konstruktion; Vorlaufzeit für Transport;
    Anzahl der verspäteten Lieferungen; Auftragsreichweite; Umstellungszeitbedarf;
    Prüfungszeitbedarf; Anteil nichtproduktiver Zeit...

ZUFRIEDENHEIT DER KUNDEN
    erneute Kaufabsicht; Zufriedenheitsindices; tatsächliche zu erwartende Leistung; Abgabe von
    Kaufempfehlungen; wahrgenommene Funktionalität; Benutzerfreundlichkeit...

PAPIERARBEIT
    Zeitbedarf zur Auftragsbearbeitung; Anzahl der Hindernisse für den Kunden; durchschnittliche
    Anzahl Kontakte je Auftragserfüllung; Anzahl der Fehler und Nacharbeiten; Anzahl bewilligter
    Ausnahmen; Verspätung von Berichten in Tagen (Produktion, Vertrieb)...

Abb. 32 Ausgewählte quantitative und qualitative Benchmarking-Kriterien
(nach Küting, Benchmarking von Geschäftsprozessen 1996, S. 135)

D.I.6 Simulation

Während bei der Prozeßkostenrechnung und dem Benchmarking zunächst die
Beurteilung einer einzelnen Geschäftsprozeßalternative im Vordergrund steht,
werden mit Hilfe von Simulationsstudien planmäßig mehrere Alternativen generiert, bewertet und analysiert, um daraus einen möglichst optimalen Geschäftsprozeß zu gestalten.

Bei der What-If-Simulation werden einzelne Gestaltungsalternativen definiert
und bewertet. Hierzu sind keine besonderen methodischen Erweiterungen des
Geschäftsprozeßmodells erforderlich. Das bewertete, bereits bekannte Prozeßmodell dient als Simulationsgrundlage.

Bei der dynamischen Simulation werden dagegen die Prozeßalternativen in ihrem dynamischen Verhalten betrachtet. Gemäß dem definierten Prozeßmodell
werden einzelne Abläufe von einem Simulationsgenerator erzeugt und in ihrer
Bearbeitung verfolgt. Die Abläufe werden also auf der Instanzenebene definiert
und in ihrem Zusammenwirken analysiert, um z. B. Wartesituationen vor Bear-
beitungsstationen zu erkennen.

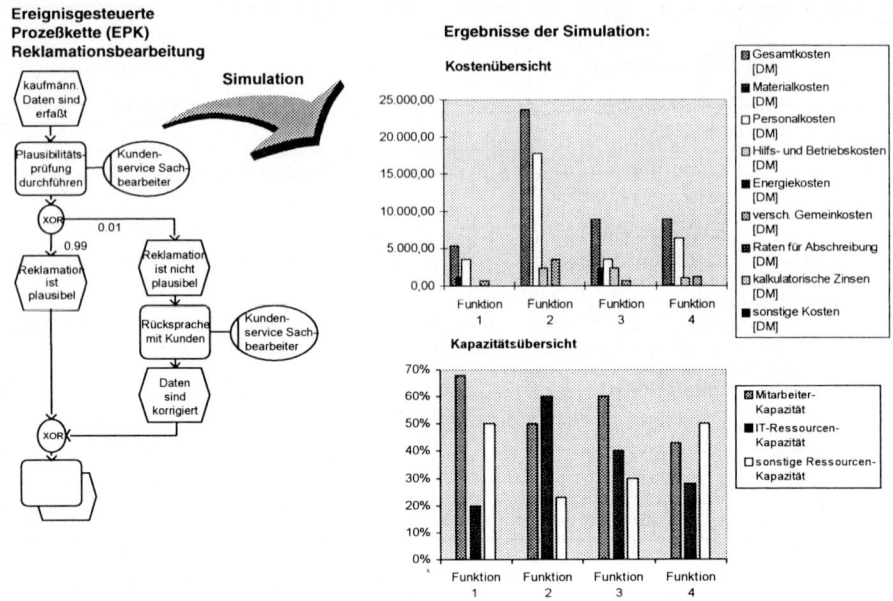

Abb. 33 Simulationsbeispiel

Dabei können bei den zu analysierenden Prozeßalternativen unterschiedliche Prozeßstrukturen, Prozesse mit unterschiedlichen Funktionszeiten und unterschiedliches Bearbeitungsverhalten der beteiligten Organisationseinheiten definiert werden. Die Alternativen werden anhand empirischer Untersuchungen einzeln vorgegeben oder über statistische Verteilungen über Zufallszahlengeneratoren automatisch generiert.

Aus der generellen Struktur eines Prozesses, wie sie auf der Ebene I des HOBE-Modells betrachtet wird, kann die Struktur eines Simulationsmodells direkt entnommen werden und mit Hilfe eines Simulationsgenerators ausgewertet werden.

Abb. 33 zeigt ein Beispiel für eine Auswertung einer Geschäftsprozeßsimulation mit dem System SIMPLE++ in Verbindung mit dem ARIS-Toolset.

Simulationsstudien über die beste Gestaltung von Geschäftsprozessen sind seit langem bei Ablaufuntersuchungen in der Fertigung bekannt, z. B. zur Ermittlung günstiger Prioritätsregeln zur heuristischen Ablaufsteuerung (*vgl. Glaser/Geiger/Rohde, PPS 1992, S. 225 ff.*) oder zur Unterstützung der Layout-Planung von Industriebetrieben. Bei Büro-Prozessen sind dagegen umfassende dynamische Simulationsstudien noch weniger verbreitet. Durch die steigende Bedeutung der Optimierung der Verwaltungs- und Dienstleistungsprozesse wächst aber ihr Einsatz. So finden sich bereits Simulationsanwendungen bei Banken und Versicherungen.

D.I.7 Qualitätssicherung

Im Rahmen der ISO 9000-Definitionen bestehen Kriterien zur Qualitätsdefinition von Geschäftsprozessen. Unternehmungen können sich die Einhaltung dieser Kriterien zertifizieren lassen. Der Grundgedanke der Zertifizierung besteht darin, daß aus der Güte der Prozesse auf die Güte der im Prozeß erstellten Leistungen geschlossen werden kann.

Weltweit haben sich die Normenreihe ISO 9000ff. und im Bereich der Automobilzuliefererindustrie die weitaus strengeren QS-9000 oder in Deutschland die VDA 6 etabliert. Sie betonen zusätzlich zu der Basiszertifizierung nach ISO 9001 Aspekte der Unternehmensführung und bereiten damit den Weg zum Total Quality Management (TQM). Bedeutende TQM-Modelle wie der Malcolm Baldrige Award und der European Quality Award (EQA) stellen die Geschäftsprozesse in den Mittelpunkt ihrer Bewertungskriterien, um über eine Fokussierung auf die Kundenorientierung den Unternehmenserfolg zu steigern *(vgl. Seghezzi/Hansen, Qualitätsstrategien 1993; Seghezzi/Dahlem, Schritt für Schritt zu TQM 1997)*.

Mit der Erteilung des Zertifikats nach ISO 9000 sind die Anstrengungen zur Steigerung der Qualität nicht abgeschlossen. Die TQM-Philosophie erfordert prozeßorientiertes Denken und Handeln sowie ein ständiges Überdenken und Verbessern der bestehenden Abläufe, um eine zielgerichtete Optimierung der Unternehmensprozesse zu erreichen.

Die ganzheitliche Beschreibung der Geschäftsprozesse nach dem ARIS-Konzept gewährleistet die durchgängige Konsistenz der Darstellung. Alle QM-Grundelemente der ISO 9000-Normenreihe lassen sich im ARIS-Konzept dokumentieren. Dazu gehören u. a. die Beschreibungen für organisatorische Verantwortlichkeiten, Identifikation und Rückverfolgbarkeit von Produkten, Beschaffung und Herstellung von Produkten, Lenkung von Dokumenten und Produkten, Handhabung, Lagerung, Verpackung und Versand von Produkten.

Von der Ebene des QM-Handbuches, das im wesentlichen für externe Zwecke bestimmt ist, wird auf detaillierte Verfahrens- und Arbeitsanweisungen verwiesen, die als EPK in einer mehrstufigen Prozeßhierarchie beschrieben werden (vgl. Abb. 34). Die Querverweise innerhalb der Modelle sind stets konsistent, ohne daß es einer manuellen Pflege bedarf. Die Modelle werden systemgestützt den 20 Elementen der ISO 9001 zugeordnet, so daß aus den Modellen automatisch das QM-Handbuch, die Verfahrens- und Arbeitsanweisungen sowie Stellenbeschreibungen erzeugt werden können *(vgl. König/Packowski/Wyler, BPR als Chance 1995)*. Auf die Erstellung der QM-Dokumentation in Papierform kann dann verzichtet werden.

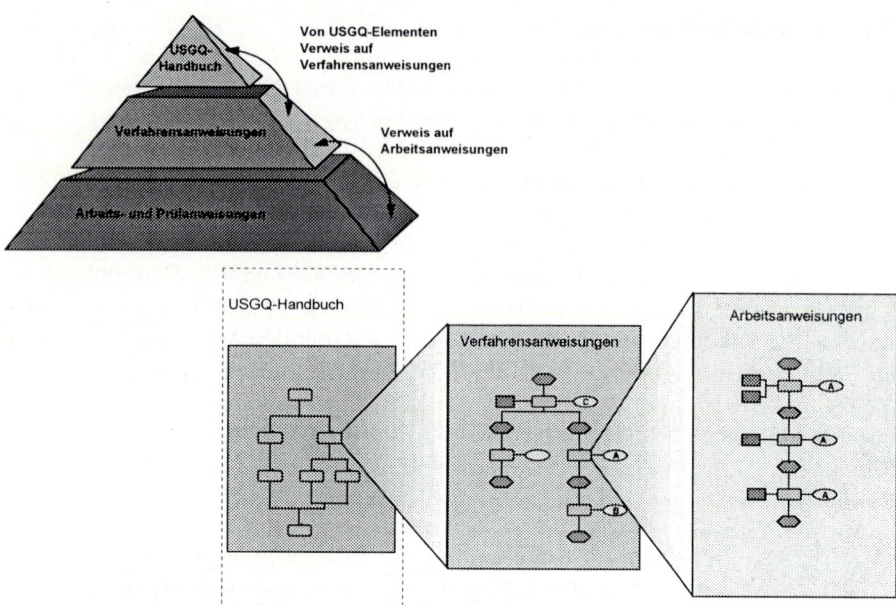

Legende: USGQ = Umwelt, Sicherheit, Gesundheit und Qualität

Abb. 34 Ebenen QM-Dokumentation

Die Anwendung eines Modellierungs-Tool und Speicherung der Prozesse in einem Prozeß-Repository gewährleistet die Erfüllung der Normforderung, daß die Prozesse allen Beteiligten im Unternehmen jederzeit zur Verfügung stehen müssen. Über die Vergabe von Benutzer- und Zugriffsrechten wird sichergestellt, daß jeder Benutzer Lesezugriff auf die für ihn relevanten Prozesse hat. Die aktuellen Daten können dann allen Beteiligten auch über ein unternehmensweites Intranet bereitgestellt werden.

D.I.8 Process Warehouse

Die systematische Erfassung, Speicherung und Pflege des Geschäftsprozeßwissens in einem Repository wird als Process Warehouse bezeichnet.

Es wird aus den Quellen unterschiedlicher Projekte, in denen Geschäftsprozesse erhoben werden, gespeist. Diese Projekte sind z. B. die behandelten Reorganisationsvorhaben, ISO 9000-Zertifizierung, Standardsoftware-Einführung, Aufbau einer Prozeßkostenrechnung usw. Werden in diesen Projekten unterschiedliche Methoden und Tools verwendet, so müssen die Modelle in dem Process Warehouse inhaltlich konsolidiert und technisch ineinander überführt werden. Das Prozeßwissen steht dann in einheitlicher und konsistenter Form für weitere Projekte und als transparentes Organisationshandbuch zur Verfügung. Durch Internet- und Intranet-Techniken kann es auch in einer weltweiten Unternehmungsorganisation aktuell verteilt werden.

Da das Prozeßwissen eine Domäne des operativ arbeitenden Mitarbeiters ist, sollte seine Erfassung und Pflege möglichst dezentral vom Mitarbeiter durchgeführt werden. Hierbei braucht kein ausgeprägtes Methodenwissen vorhanden zu sein, da der Schwerpunkt auf der inhaltlichen Erfassung liegt.

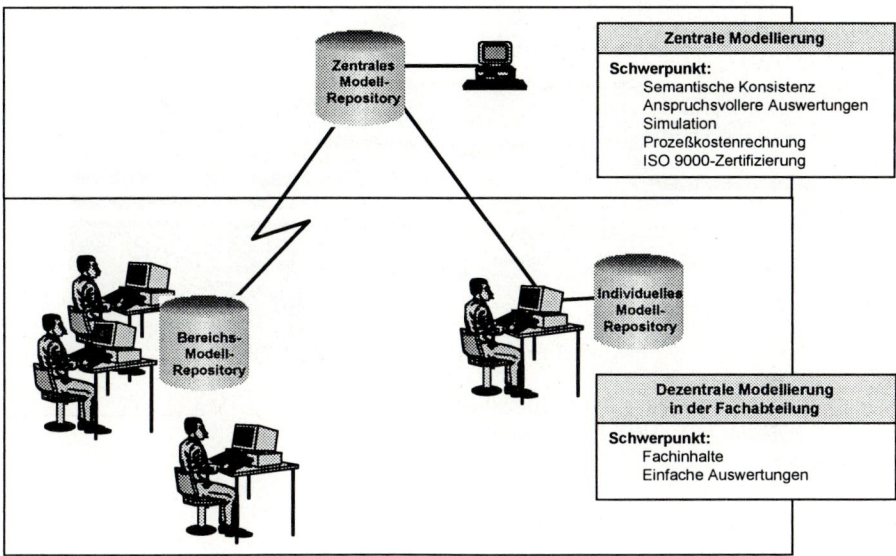

Abb. 35a Zentrale und dezentrale Modellierung in einer Client/Server-Umgebung
  (Quelle: IDS, ARIS-Easy Design 1997)

Die erfaßten Daten werden dann auf einer übergeordneten zentralen Ebene konsolidiert und methodisch überarbeitet. Hier können dann auch anspruchsvollere Auswertungen wie Simulation, Prozeßkostenrechnung usw. angesiedelt sein. Abb. 35a zeigt die Client/Server-Architektur dieses Process-Warehouse-Gedankens.

Die rein grafische Prozeßdarstellung einer EPK enthält lediglich einen kleinen Teil des Wissens über einen Geschäftsprozeß. Hinzu kommen noch Organisations-, Kosten- und Zeitdaten, die in anderer Form, z. B. Tabellen, erfaßt sind. In Abb. 35b ist ein Geschäftsprozeß neben seiner bildhaften EPK-Darstellung deshalb um multimediale Elemente wie Videos, Grafiken, Bilder, Tabellen ergänzt.

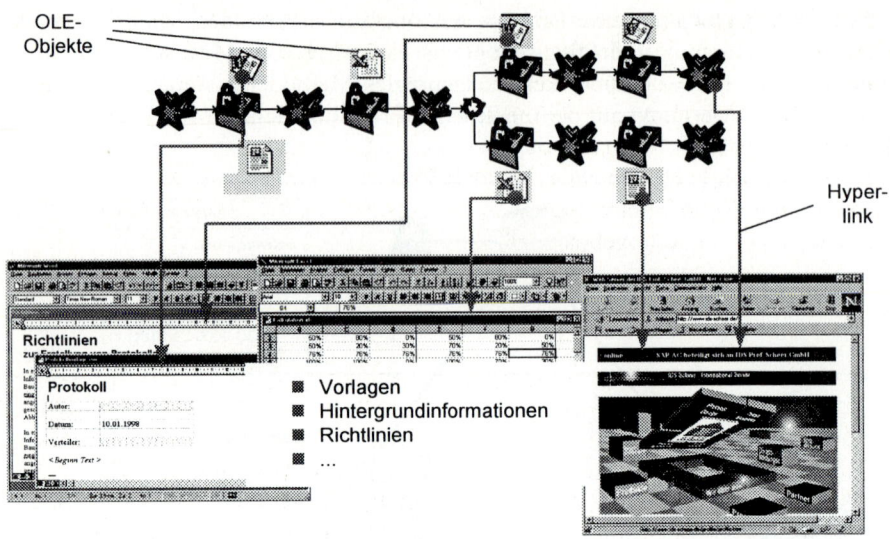

Abb. 35b Prozeßdarstellung mit multimedialen Elementen
(Quelle: IDS, ARIS-Easy Design 1997)

D.II Planung und Steuerung der Geschäftsprozesse

Nach der Gestaltung eines Geschäftsprozeßtyps ist quasi eine Schablone definiert, nach der die einzelnen Geschäftsprozesse (Prozeßinstanzen) ablaufen können. Um die laufenden Geschäftsprozesse planen und steuern zu können, müssen dem Prozeßverantwortlichen geeignete Informationen zur Verfügung stehen.

Die Planung und Steuerung von Prozessen ist wiederum im Bereich der Produktion geläufig. Hier werden seit Jahrzehnten EDV-gestützte Systeme zur Produktionsplanung und -steuerung (PPS) eingesetzt. Sie folgen einem Stufenplanungskonzept, indem zunächst im Rahmen einer längerfristigen Planung die Material- und Kapazitätsbedarfe der prognostizierten Kundenaufträge ermittelt werden und dann in der kurzfristigen Steuerung die Fertigungsaufträge terminiert und bezüglich der Arbeitsgangreihenfolge optimiert werden *(vgl. dazu im einzelnen Scheer, Wirtschaftsinformatik 1997).*

Derartige Planungs- und Steuerungssysteme sind im Bürobereich noch ungebräuchlich. Es lassen sich aber wiederum Grundgedanken übertragen, ohne dabei eine mechanistische Arbeitswelt im Büro zu unterstellen.

Zur Planung der Büroabläufe für die längerfristige Bereitstellung von Personal, Räumen und Ressourcen können Prognosen über die zu erstellenden Leistungen dienen, die über den Zusammenhang zu den benötigten Prozeßtypen die Anzahl der auszuführenden Geschäftsprozesse angeben.

Prozesse „steuern" heißt im Bürobereich, daß der Prozeßverantwortliche dem Kunden Auskunft über den Status seines Prozesses geben kann, die Ressourcen optimal einsetzt sowie Prozeßdurchlaufzeiten und Prozeßqualitäten laufend kontrolliert. Durch Änderungen von Prozeßprioritäten, Ressourcenzuteilungen und Bearbeitungsreihenfolgen kann der Prozeßeigner in den Prozeßablauf eingreifen, um die Prozeßziele zu erreichen. Mit dem Prozeßmonitoring, der Zeit- und Kapazitätssteuerung sowie einem Führungsinformationssystem (EIS) werden ihm dazu geeignete Instrumente angeboten.

D.II.1 Prozeßmonitoring

Bei dem Prozeßmonitoring werden den an der Ausführung des Geschäftsprozesses beteiligten und berechtigten Mitarbeitern aktuelle Statusinformationen über die laufenden Geschäftsprozesse gegeben. Abb. 36 zeigt im linken Fenster den auf der Gestaltungsebene definierten Geschäftsprozeß und in dem rechten Fenster den daraus abgeleiteten Instanzenprozeß. Obwohl die Struktur der Prozesse übereinstimmt, ergeben sich Unterschiede. Das Zeichen einer Bearbeitungsmappe an der Funktion „Materialstamm Einkaufsdaten pflegen" zeigt an, daß diese Funktion gerade in Bearbeitung ist. Die vorhergehenden Funktionen sind bereits ausgeführt worden, so daß nicht nur die Rollen der Organisationseinheiten bekannt sind, sondern die konkreten Mitarbeiter. Die noch nicht begonnenen Funktionen sind farblich abgesetzt und dort sind auch lediglich die Rollen der Bearbeiter bekannt.

Neben dem Bearbeitungsstatus können „mitlaufend" die bereits angefallenen Prozeßzeiten und Prozeßkosten angezeigt werden. Damit stehen dem Geschäftsprozeßverantwortlichen transparente Informationen zur Verfügung, um auf Kundenanfragen Auskunft geben zu können oder auf den weiteren Ablauf Einfluß nehmen zu können.

D.II.2 Zeit- und Kapazitätssteuerung

Die Geschäftsprozesse bilden Vorgangsnetze im Sinne der Netzplantechnik. Werden den Funktionen erwartete oder geplante Zeitwerte zugeordnet, so kann das Vorgangsnetz bezüglich der bekannten Kennzahlen der Netzplantechnik wie früheste und späteste Starttermine sowie früheste und späteste Endtermine der Vorgänge und damit auch des gesamten Prozesses berechnet werden.

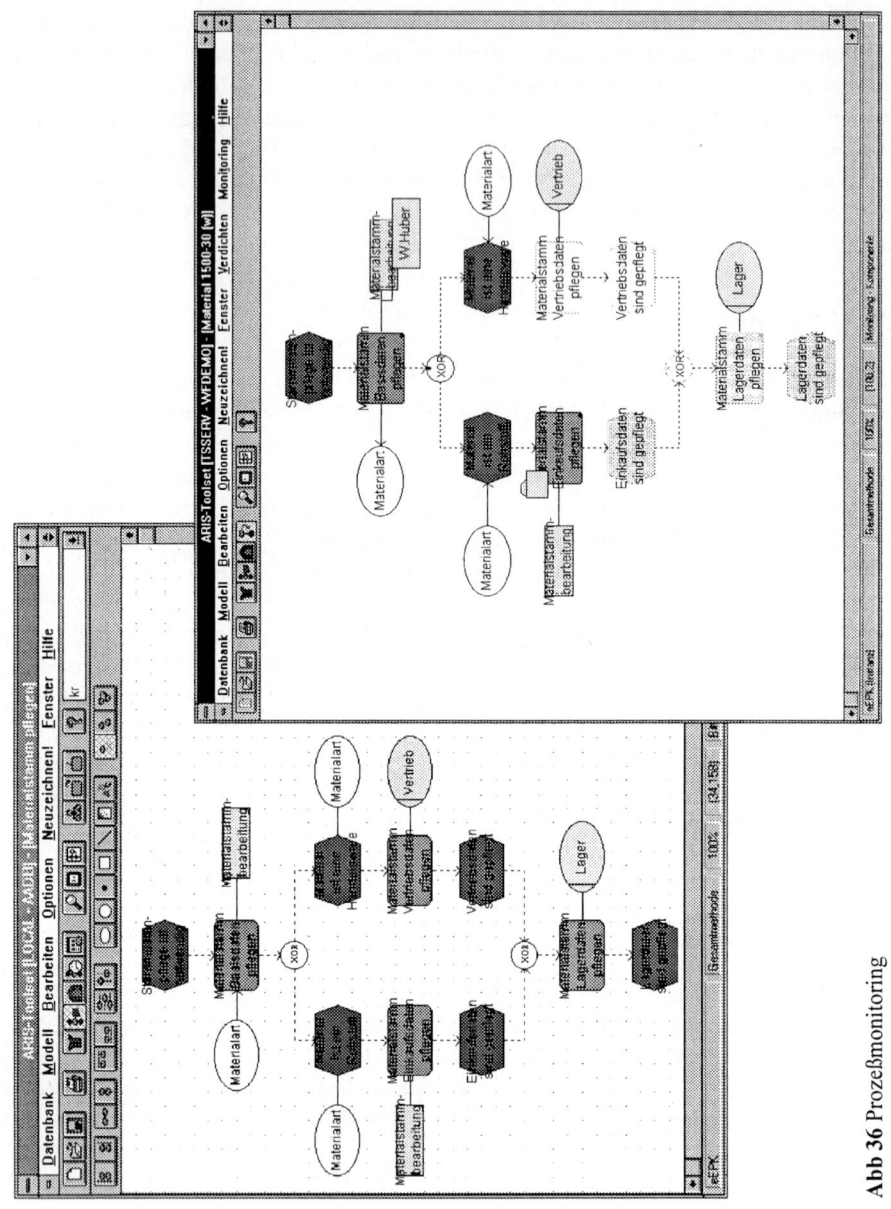

Abb 36 Prozeßmonitoring

In Abb. 37 ist das Ergebnis einer solchen Berechnung angegeben und grafisch als Gantt-Diagramm dargestellt. Das Beispiel bezieht sich auf das Vorgehensmodell für den Prozeß einer Software-Einführung. Pro Funktion des Prozeßmodells wird in dem Gantt-Diagramm eine Zeile angelegt. Die Balkenlänge zeigt die Funktionsdauer an. Die zeitliche Einordnung der Funktionen wird unter Berücksichtigung des Kontrollflusses sowie unter Beachtung der den Funktionen zugeordneten Abstandszeiten, die Funktion Sollkonzepterstellung B startet eine Woche später als die Funktion Sollkonzepterstellung A, errechnet.

Durch die Zuordnung von Organisationseinheiten und maschinellen Ressourcen zu den Funktionen können auch die Kapazitätsbelastungen dargestellt werden. Jede Zeile des Gantt-Diagramms repräsentiert dann eine Ressource und zeigt über die Zeit deren Belastung. In Abb. 38 ist auch dazu ein Beispiel angegeben. Hieraus können dann Kapazitätsübersichten in Form von Stäbchendiagrammen erzeugt werden.

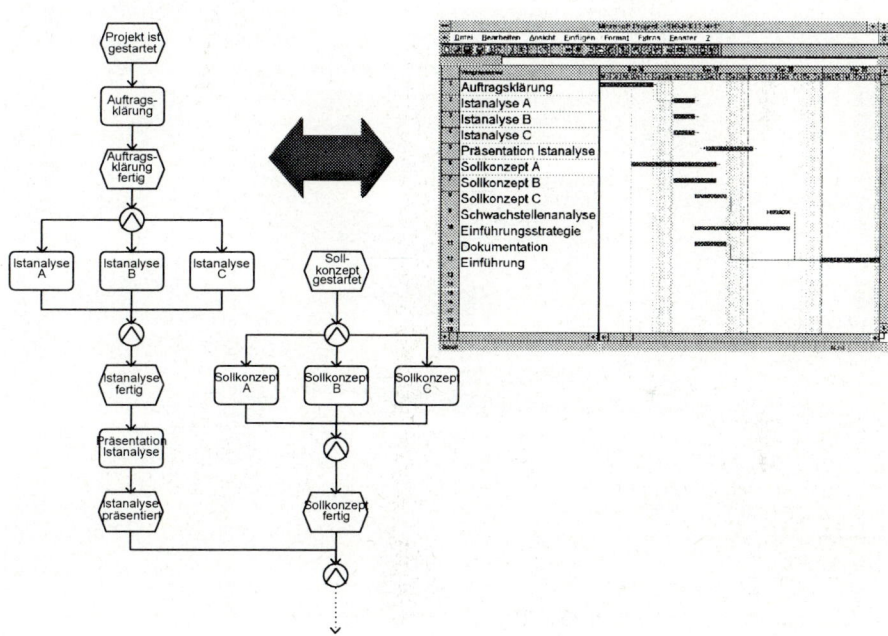

Abb. 37 Zeitplanung für einen Geschäftsprozeß
(Vorgehensmodell für eine Software-Einführung)

In den weitverbreiteten DV-Systemen zur Produktionsplanung und -steuerung werden vielfältige algorithmische Planungshilfen angeboten. Bei Engpaßsituationen können Algorithmen eingesetzt werden, die z. B. Überstunden und Zusatzschichten einplanen, Arbeitsgänge auf Ausweichkapazitäten verlagern und Arbeitsgänge unterschiedlicher Aufträge (Prozesse) heuristisch nach Prioritätskennziffern einplanen.

Die Zeit- und Kapazitätssteuerung gewinnt auch außerhalb der Produktion zunehmende Bedeutung. Für ihre Anwendung sollte weniger ihr traditionelles Einsatzfeld bedeutend sein als ihr Nutzen für den Geschäftsprozeßverantwortlichen. Deshalb kann ihr Einsatz in einer Klinik, in der teure Ressourcen im Operationssaal zum Einsatz kommen, sehr nützlich sein. Im Handel wird durch die Flexibilisierung von Ladenöffnungszeiten und Arbeitszeiten der Mitarbeiter die Personalsteuerung (Workmanagement) zu einem immer wichtigeren Problem. Selbst in der Öffentlichen Verwaltung können saisonale Schwankungen des Arbeitsanfalls (z. B. bei der Bearbeitung von Lohnsteuerjahresausgleichsanträgen) Zeit- und Kapazitätsplanungen sinnvoll machen, um eine gleichmäßige Auslastung der Mitarbeiter bei gleichzeitig kundenfreundlichen Bearbeitungszeiten zu erhalten.

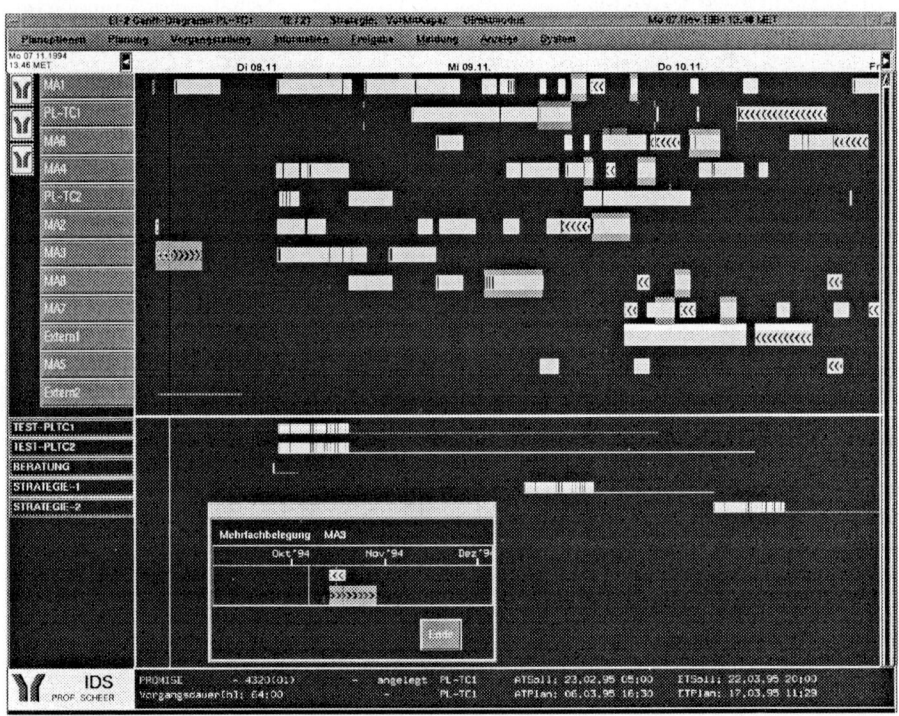

Abb. 38 Kapazitätsplanung eines Geschäftsprozesses

D.II.3 Executive Information System (EIS)

Aus einem Anstieg der Anzahl verfügbarer Informationen, kann nicht automatisch geschlossen werden, daß die Qualität der unternehmerischen Entscheidung verbessert wird. Oftmals wird mit dem verfügbaren Information Overload genau das Gegenteil erreicht: In den Zahlenfriedhöfen sehen die Entscheidungsträger „vor lauter Bäumen den Wald nicht mehr". Aus der Informationsfülle sind deshalb die entscheidungsrelevanten Teile herauszufiltern sowie personen- und aufgabenbezogen aufzubereiten. Executive Information Systeme (EIS) übernehmen diese Aufgabe und informieren das Management in verdichteter Form über unternehmensinterne und externe Sachverhalte und ermöglichen eine Beobachtung, Überwachung, Analyse und Planung der Geschäftsprozesse. Die endbenutzerorientierte Ausrichtung dieser Systeme erlaubt grundsätzlich eine direkte Nutzung durch das Management, also den Business Process Owner selbst. Wesentliche Leistungsmerkmale von EIS-Systemen sind (*vgl. Back-Hock, Executive-Information-System-Generatoren und –Anwendungen 1991 , S. 40-41*):

– Automatisiertes Zusammenführen von Daten aus unterschiedlichen Quellen,
– benutzerfreundliche Bedienung,
– Informationsabruf nach unterschiedlichen Sichten und Verdichtungsstufen (Drill-Down-Technik),
– Unterstützung von Konsolidierungstechniken,
– Anwenderorientierte Reporting-Funktionalität inklusive Exception Reporting und Unterstützung bei der Erstellung von grafischen Auswertungen,
– Ergänzungsfunktionen (Drucken, Datenverwaltung, Elektronische Post zur Versendung von Berichten mit Kommentierungen).

Ein datentechnisches Konzept für EIS-Systeme stellt der Ansatz des Data Warehouse (*vgl. Inmon, Data Warehouse 1993*) dar. Dem Data Warehouse-Konzept liegt eine strikte Trennung von operativen und entscheidungsunterstützenden Daten und Systemen zugrunde. In den operativen Datenbanken werden nur noch die aktuellen Werte gehalten, während die historischen Daten in dem Data Warehouse abgelegt sind. Durch den Zugriff auf die Data-Warehouse-Datenbanken entfallen die Wartezeiten bei umfangreichen Abfragen und die Performance der operativen Systeme wird nicht gestört. Nachteile des Data Warehouse sind dagegen der höhere Aufwand für die redundante Datenhaltung und Integration der Daten beim Aktualisieren des Data Warehouse sowie die zwischen den Aktualisierungszeitpunkten im Data Warehouse herrschende Inaktualität der Daten (*vgl. Scheer, Data Warehouse 1996, S. 75*).

Ausgangsbasis für das Data Warehouse Konzept sind die speziellen Anforderungen von EIS-Systemen an Datenbanksysteme. Die Kombination von zwei Dimensionen, wie zum Beispiel Zeit und Produkte, ist durch die Tabellenform abbildbar. Anspruchsvollere Funktionen zur Datenanalyse, wie zum Beispiel

– Statistische Analysen über verschiedene Bereiche der Datenbank hinweg,
– Anwendung komplexer statistischer Verfahren,
– Erstellung von Berichten mit Daten aus mehreren Datenbankbereichen,

sprengen den Rahmen der Basismanipulationen, für die relationale Datenbanksysteme konzipiert sind (*vgl. Engels, OLAP 1995, S. 99*).

Die von Codd , dem geistigen Vater des relationalen Datenbankmodells, propagierten OLAP-Datenbanken (Online Analytical Processing) unterstützen durch die Speicherung von mehrdimensionalen Kennzahleninformationen komplexe Datenanalysen und ermöglichen eine Online-Analyse durch die Entscheidungsträger (*vgl. Codd, OLAP 1993; Jahnke/Groffmann/Kruppa, OLAP 1996*). OLAP läßt sich somit als Teilaspekt in das umfassendere Data-Warehouse-Konzept einordnen.

Kennzeichnend für OLAP ist, daß eine Informationsanalyse aus mehreren Sichten vorgenommen wird. So werden z. B. Kostenanalysen aus Sicht der Region, der Zeit und der Geschäftsprozesse vorgenommen. In OLAP sind Mengen gleichartiger Bezugsobjekte (Regionen, Zeit, Prozesse usw.) in Dimensionen angeordnet, die die Achsen eines multidimensionalen Raumes bilden. Beispielsweise könnte eine Ad-Hoc-Anfrage an die OLAP-Datenbank wie folgt lauten: Wie hoch sind die Kosten über alle Prozesse in einer Region für die Monate 1 bis 3? Die Auswertung des gleichen Datenbestandes aus einer anderen Perspektive könnte lauten: Wie hoch sind die Kosten für einen Prozeß über alle Regionen im letzten Quartal?

Informationen aus den laufenden Geschäftsprozessen können für die Business Process Owner mit EIS-Systemen verdichtet werden. Das EIS-Auswertungssystem kann bereits aus der Logik der Prozeßmodelle, insbesondere deren Datensicht, vorkonfiguriert werden. Als Berichts- und Auswertungsdimensionen in EIS-Systemen werden häufig folgende Segmentierungsstrukturen in Kombination verwendet (*vgl. Muksch/Holthuis/Reiser, Data Warehouse-Konzept 1996, S. 424; Zell, Führungsinformationssysteme 1997, S. 293*):

– Organisationsstruktur: In Organisationsplänen festgelegte Gliederung nach rechtlichen Einheiten, Geschäfts-, Prozeß-, Funktionsbereichen, Abteilungen, Kostenstellen usw.,

– Produktstruktur: Differenzierung nach Artikeln, Produktgruppen, Sparten usw.,

– Regionalstruktur: Differenzierung nach Land, Gebiet, Region, Bezirk,

– Struktur nach Kunden/Absatzwegen: Differenzierung nach Kundengruppen, Kundentypen, Absatzwegen, Vertriebskanälen,

– Zeitstruktur: Differenzierung nach Berichtsfrequenz (monatlich, quartalsweise, jährlich) und Berichtszeitraum (Monat, Quartal, Jahr),

– Betriebswirtschaftliche Kenngrößen und Kennzahlen: Differenzierung zum Beispiel nach Umsatz, Deckungsbeitrag, Gewinn, Prozeßkosten usw. (*vgl. Reichmann, Controlling mit Kennzahlen 1997*),

– Datenkategorien: Differenzierung nach Prognose, Plan, Soll, Ist, Abweichungen.

Als Informationsquellen für ein EIS-System können auch Ergebnisse der Ebene I verwendet werden, insbesondere der Benchmarking- und Simulationsstudien. Wichtige Quellen sind auch das Prozeßmonitoring sowie die Zeit- und Kapazitätssteuerung der Ebene II, die auf Informationen über die Ausführung der Prozesse der Ebene III basieren.

Der Einsatz von intelligenten Suchstrategien (Data Mining) ermöglicht dem Business Process Owner eine zielgerichtete Navigation zu untersuchungsrelevanten Prozessen. Ziel von Data Mining-Konzepten ist es, in großen und strukturierten Datenbeständen interessante aber schwer aufzuspürende Zusammenhänge (Muster) zu identifizieren und sie dem Anwender als relevantes Wissen zu präsentieren (*vgl. Hagedorn/Bissantz/Mertens, Data Mining 1997, vgl. auch Petersohn, Klassifikation bei Entscheidungsproblemen 1997*).

Auf die Durchsicht von Auswertungen, die größtenteils nur den planmäßigen Verlauf der Geschäftsprozesse dokumentieren kann dann weitgehend verzichtet werden.

In Abb. 39 wird ein Exception Reporting für das Geschäftsprozeßmanagement dargestellt (*vgl. Kraemer, Kostenmanagement 1993*). Dadurch ist ein schneller und verdichteter Überblick über die Problembereiche des Unternehmens gewährleistet. Die verwendeten Schattierungen visualisieren, für welche Prozesse die sofortige Einleitung von Gegensteuerungsmaßnahmen (dunkelgrau) empfohlen wird, welche Prozesse in den Folgeperioden weiterhin beobachtet werden sollen (hellgrau) und welche Prozesse keine weitere Untersuchungsrelevanz besitzen (weiß). Die Detailanalyse der identifizierten Prozesse kann Anregungen zur weiteren Prozeßverbesserung liefern.

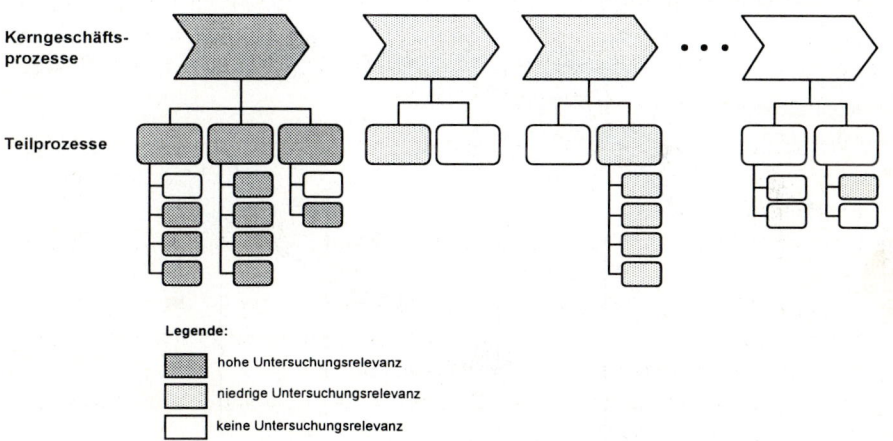

Abb. 39 Exception Reporting für das Geschäftsprozeßmanagement

D.II.4   Continuous Process Improvement - Adaptive Geschäftsprozeßgestaltung

Die Gestaltung von Geschäftsprozessen ist kein einmaliger Vorgang in einer Unternehmung, sondern ständige Aufgabe der Geschäftsprozeßverantwortlichen. Das japanische Managementparadigma Kaizen (übersetzt mit „langsame, nie endende Vervollkommnung", *vgl. Sebestyén, Management-„Geheimnis" Kaizen 1994, S. 17)* verdeutlicht die Notwendigkeit ständiger Anpassung und Verbesserung der Geschäftsprozesse.

Neben der kontinuierlichen oder evolutionären Geschäftsprozeßverbesserung wird mit dem Konzept BPR nach Hammer/Champy (*vgl. Hammer/Champy, Business Reengineering 1995*) ein mehr revolutionärer Ansatz verfolgt. Die Unternehmung soll sich bei der Gestaltung der Prozesse so verhalten, als ob sie auf der grünen Wiese neu beginnen könnte.

Beide Ansätze haben ihre Berechtigung. Falls eine besondere Situation für eine Unternehmung besteht, grundsätzlicher über innovative Strukturen nachzudenken, dann kann dieses zu einem BPR-Projekt führen. Aber auch nach dessen Abschluß bleiben Prozesse in Bewegung: neue Organisationskonzepte können aufkommen, neue Best-Practice-Fälle als Referenzmodelle verfügbar sein, neue Technologien erfunden werden oder Erfahrungen mit den gerade eingeführten Prozessen gewonnen werden, die insgesamt zur neuen Prozeßanpassung führen. Die gängige Sprechweise „turbulentes Umfeld" beschreibt die Anpassungsanforderungen an eine Unternehmung plastisch.

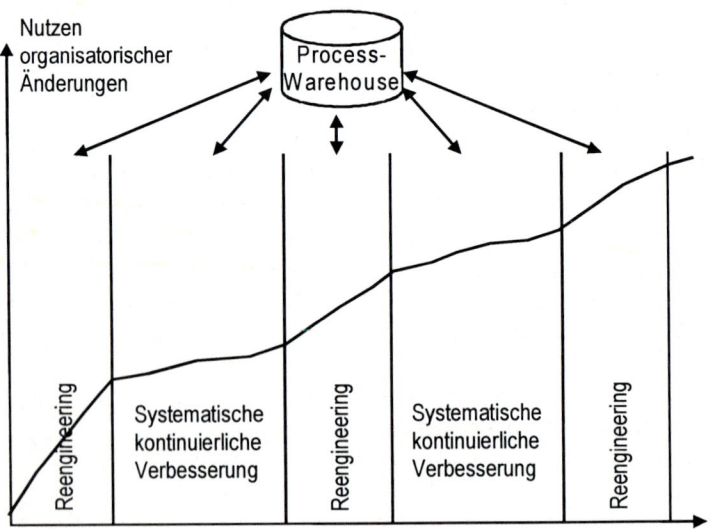

Abb. 40 Reengineering und kontinuierliche Verbesserung

Die Planung und Steuerung der Geschäftsprozesse macht Anlässe für Reorganisationen sichtbar. Die Gestaltungs- und Steuerungsebenen greifen damit ineinander, wie es der Regelkreis in HOBE (vgl. Abb. 24) zeigt. Abb. 40 *(in Anlehnung an Imai, Kaizen 1992, S. 51)* zeigt das Abwechseln von größeren Reorganisationsphasen und der kontinuierlichen Verbesserung.

Häufig wird in Unternehmungen die Einführung oder Umstellung größerer DV-Konzepte, z. B. die Einführung einer integrierten Standardsoftware-Lösung, zum Anlaß einer größeren Reorganisation genommen. Dadurch wird vermieden, daß neue Technologie auf veraltete Abläufe angewendet wird, und es wird erreicht, daß eine verschlankte Organisation die Systemeinführung vereinfacht sowie in dieser Phase die erhöhte Bereitschaft der Mitarbeiter zur Reorganisation genutzt wird.

Zur Prozeßverbesserung können z. B. folgende Prozeßänderungen erforderlich werden:

− Änderung einer Funktionsausführung,
− Zusammenfassung mehrerer Funktionen,
− Änderung des Kontrollflusses,
− Änderung von organisatorischen Zuständigkeiten,
− Änderung der verwendeten Daten,
− Änderung der DV-Systeme.

Ein Geschäftsprozeß wird dann als robust bezeichnet, wenn er bei Änderungen des Unternehmungsumfeldes nicht oder nur wenig verändert werden muß. Ist eine Änderung erforderlich, dann hängen die Änderungskosten davon ab, ob der Prozeß leicht oder schwierig adaptierbar ist. Robustheit und Adaptierbarkeit sind bei der Geschäftsprozeßgestaltung zu beachten, wenn auch nur schwierig dafür geeignete Maße definiert werden können.

Sowohl während der Reengineering-Phasen als auch während der kontinuierlichen Verbesserung sollten die Geschäftsprozesse transparent dokumentiert sein. Nur so können auch die bei der Gestaltung der Prozesse gezeigten Bewertungsmöglichkeiten genutzt werden. In Abb. 40 ist dieses durch den behandelten Begriff „Process Warehouse" zum Ausdruck gebracht. Es enthält das Organisationswissen der Unternehmung über die eigenen Prozesse und das Wissen über Referenzprozesse. Dabei können neben dem gerade aktuellen Prozeßmodell auch Modelle der Vergangenheit erfaßt sein sowie Modelle für zukünftige Organisationsentwicklungen.

Abb. 41 zeigt grafisch einen solchen Modellentwicklungspfad. Werden auch die Modelle der Vergangenheit gespeichert, können Erfolge und Mißerfolge von Reorganisationsmaßnahmen durch bewertete Modellvergleiche ermittelt werden.

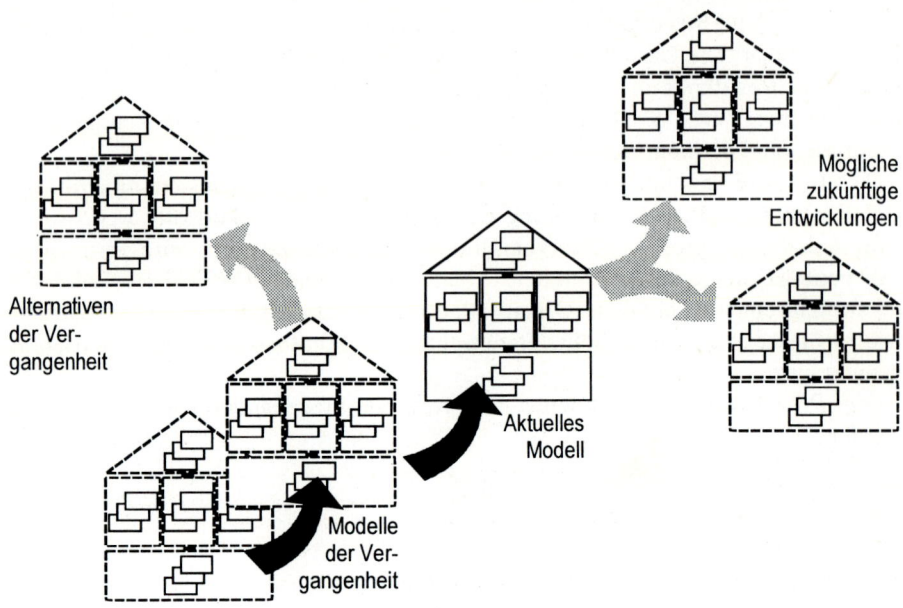

Abb. 41 Modellvarianten
    (in Anlehnung an Allweyer, Adaptive Geschäftsprozesse 1998, S. 186)

Die Speicherung von relevanten Modellversionen erfordert eine Versionsverwaltung. In Abb. 42 ist dazu das Meta-Modell skizziert. Sowohl die Modelle als auch die einzelnen Modellelemente, aus denen ein Modell zusammengesetzt ist, erhalten durch die Assoziation mit der Klasse ZEIT einen Zeitstempel. Die Daten sind dann jeweils in den Datenobjekten MODELLVERSION bzw. MODELLELEMENTVERSION gespeichert. Eine Modellversion wird dann aus den ihr zugeordneten Versionen der Modellelemente zusammengesetzt. Der Ausdruck Modellelement steht stellvertretend für die vielfältigen Aspekte wie Funktionen, Daten, Organisationseinheiten, Leistungen und deren Beziehungen, aus denen ein konkretes Prozeßmodell zusammengesetzt ist.

Durch die *:*-Assoziation zwischen den Versionen von Modell und Modellelement ist es auch möglich, einer Modellversion mehrere Versionen des gleichen Modellelements zuzuordnen, damit kleinere Änderungen an Modellelementen nicht automatisch zu neuen Modellversionen führen. Bei einer unternehmensweiten Betrachtung besteht ein Modell aus mehreren Hundert oder Tausend Elementen. Die Versionsverwaltung von Modellen ist deshalb mit erheblichem Aufwand verbunden, ermöglicht dem Geschäftsprozeßverantwortlichen aber ein transparentes Geschäftsprozeßmanagement und ist Bestandteil eines Organizational Memory der Unternehmung.

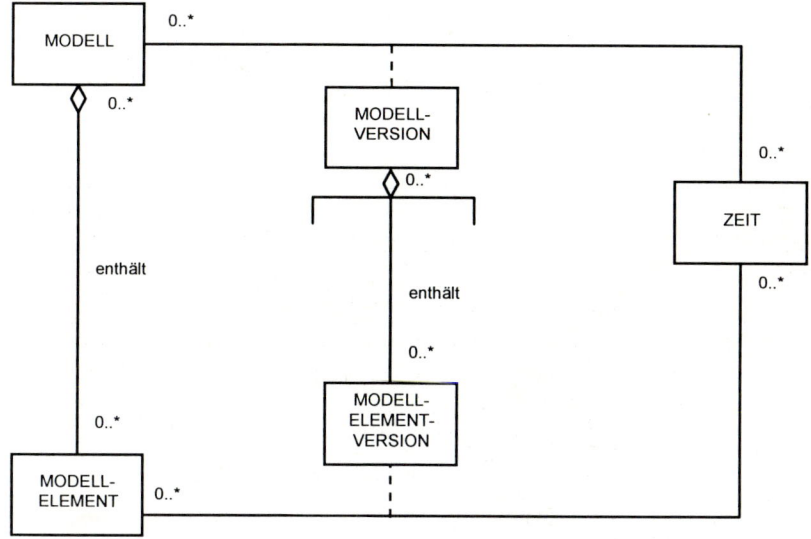

Abb. 42 Meta-Modell zur Verwaltung von Modellversionen

D.III Workflowsteuerung

Die Ebenen Geschäftsprozeßgestaltung und Geschäftsprozeßplanung und -steu-
erung sind mehr an den betriebswirtschaftlich ausgerichteten Manager von Geschäftsprozessen gerichtet. Mit der Workflowsteuerung werden dagegen die betriebswirtschaftlichen Geschäftsprozesse in Werkzeuge der Informationstechnik
umgesetzt.

Der gesamte Ablauf eines Geschäftsprozesses wird in der Regel nicht von einem einzelnen Anwendungssoftware-System betreut. Häufig werden verschiedene
Systeme für Vertrieb, Beschaffung, Fertigung oder Rechnungswesen eingesetzt.
Auch bei integrierter Standard-Anwendungssoftware bleiben Lücken, die von
eigenentwickelten Systemen oder Standardsoftware eines anderen Herstellers
gefüllt werden müssen. Keines dieser einzelnen Systeme ist dann in der Lage,
Auskunft über den gesamten Prozeß, z. B. alle Bearbeitungsstatus eines Auftrages,
zu geben. Damit liegt es nahe, die Verantwortung für die gesamte Ablaufsteuerung nicht auf mehrere Systeme zu verteilen, sondern einer eigenen Systemebene
zuzuordnen. Diese Ebene wird als „Workflow" bezeichnet.

Workflow-Systeme übernehmen es, die zu bearbeitenden Objekte (Dokumente)
von einem Arbeitsplatz zu einem anderen weiterzureichen oder besser, von dem
Computersystem eines Arbeitsplatzes zu dem System des nächsten Arbeitsschrittes elektronisch weiterzusenden. Hierzu ist eine detaillierte, auf den einzelnen
Vorgangstyp bezogene Beschreibung des Ablaufs sowie der beteiligten Bearbeiter
erforderlich.

Der Dokumentenfluß ist in Abb. 24 durch eine „Mappe" gekennzeichnet, die von einem Arbeitsplatz zum nächsten transportiert wird. Die Mappe enthält elektronische Verweise auf die zur Bearbeitung benötigten Daten und die aufzurufenden Funktionsbausteine.

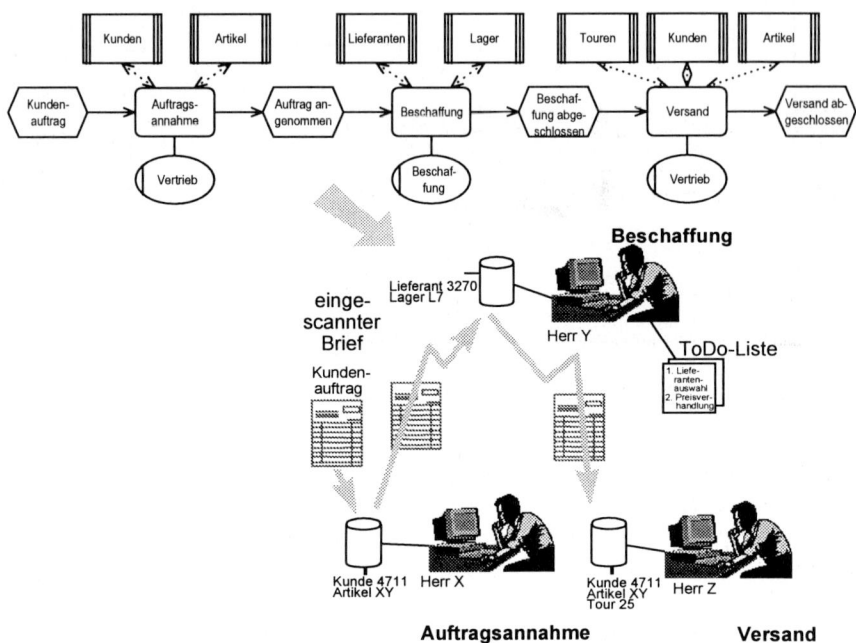

Abb. 43 Vom Geschäftsprozeßmodell zum konkreten Ablauf

Abb. 43 zeigt, wie aus einem auf der Gestaltungsebene definierten Ablauf ein konkreter Prozeß der Ausführungsebene abgeleitet wird. Anstelle allgemeiner Bezeichnungen der Organisationseinheiten sind konkrete Sachbearbeiter getreten, anstelle des allgemeinen Auftragsbegriffes wird ein auf den konkreten Kunden bezogener Auftrag definiert. Das Workflow-System übernimmt nach Abschluß eines Arbeitsschrittes das Dokument aus einem elektronischen Postausgangskorb des Sachbearbeiters und transportiert es in den elektronischen Eingangskorb des nächsten Bearbeiters. Stehen mehrere Bearbeiter zur Verfügung, dann kann der Vorgang in mehrere Eingangskörbe eingestellt werden. Sobald dann ein Sachbearbeiter die Bearbeitung beginnt, wird der Vorgang aus den anderen Eingangskörben gelöscht *(vgl. hierzu Hagemeyer/Rolles/Schmidt/Scheer, Arbeitsverteilungsverfahren 1998)*. Abb. 44 zeigt dazu die Oberfläche eines Workflow-Systems mit den Icons für Eingangs-, Ausgangs- und Zwischenablagekörbe.

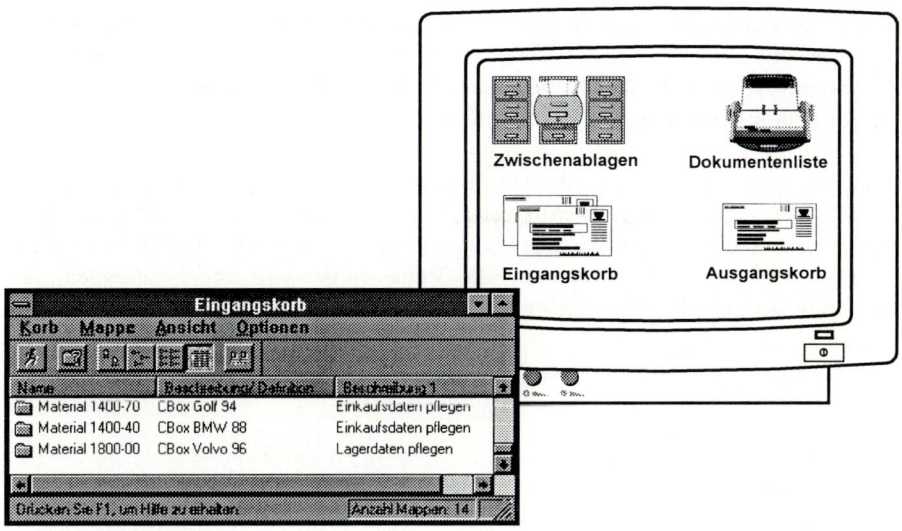

Abb. 44 Benutzersicht der Workflowsteuerung über Ablagekörbe

Das Workflow-System kennt Bearbeitungsstatus, Ausführungszeiten und Bearbeiter aller konkreten Geschäftsprozesse. Es meldet die Daten für Kosten- und Zeitauswertungen zurück und stellt die Prozeßinformationen für das Prozeßmonitoring bereit. Es ist deshalb auch die Grundlage für die Prozeßsteuerung der Ebene II.

Die Prozeßdarstellung des Workflow-Systems dient auch zur Benutzerführung der Sachbearbeiter. Dies erhöht ihre Einsicht in die organisatorischen Zusammenhänge der Geschäftsprozesse. Dazu hilft die EPK-Darstellung, wie sie bereits beim Prozeßmonitoring eingeführt wurde (vgl. Abb. 36 rechtes Fenster). Die Konkretisierung betrifft die Angaben individueller Bearbeiter sowie die Auswahl eines bestimmten Weges aus alternativen Möglichkeiten, die in der generellen Geschäftsprozeßbeschreibung vorgesehen sind. Der Sachbearbeiter sieht also genau, wie er in den Ablauf eingebettet ist, wer sein Vorgänger bei der Bearbeitung war und wer sein Nachfolger ist. So sieht er auch, daß für ihn in dem Beispiel nur der linke Zweig des Geschäftsprozesses relevant ist, da der Kontrollfluß des rechten Zweigs gelöscht ist. Da eine Konkretisierung auf den einzelnen Sachbearbeiter bei der nachfolgenden Tätigkeit noch nicht stattgefunden hat, ist hier lediglich der Abteilungsname angegeben. Erst nach Beendigung einer Tätigkeit wird der Bearbeiter des nächsten Arbeitsschritts aufgrund der aktuellen Kapazitätssituation bestimmt.

Bei der Vorgangssteuerung können Prozesse mit wohldefinierter Ablaufstruktur und Prozesse mit nur grob bestimmter Ablauffolge unterschieden werden. Bei vielen operativen und sich wiederholenden Vorgängen wie Auftragsabwicklung oder Darlehensbearbeitung in einer Bank liegen die Funktionen, ihre Reihenfolge, Ablaufverzweigungen und Organisationseinheiten von vornherein fest, d. h. der

Prozeß ist wohl-strukturiert und kann z. B. mit Hilfe der EPK-Methode beschrieben werden.

Andere Prozesse können dagegen nur teilweise beschrieben werden, da sich Funktionen erst während der Bearbeitung ergeben, die Reihenfolge der Bearbeitungsschritte ad hoc festgelegt wird und auch die auszuführenden Organisationseinheiten erst aufgrund von Ad-Hoc-Bedarfen bekannt werden. In diesem Fall wird der Prozeß als schwach-strukturiert bezeichnet und kann nur unvollkommen modelliert werden. Beispielsweise können lediglich die Funktionen in Form einer To-Do-Liste vorgegeben werden - die Reihenfolge wird aber von einem Arbeitsteam während der Ausführung festgelegt und dabei auch die auszuführende Person zugeordnet.

Bei einem Ad-Hoc-Workflow legt ein Mitarbeiter seinen Nachfolger selbständig fest.

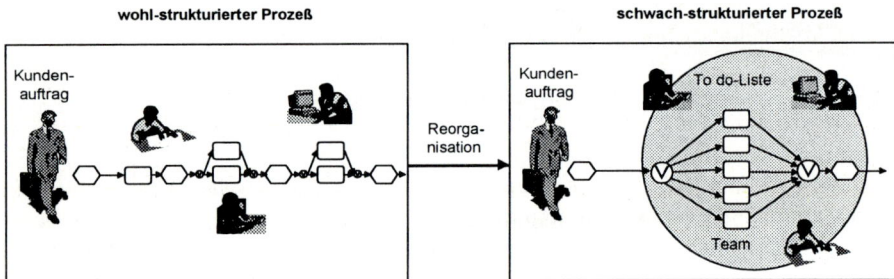

Abb. 45 Prozeßstruktur vor und nach Einführung eines Teamkonzepts

Auf den ersten Blick sind Workflow-Systeme nur zur Steuerung wohl-strukturierter Prozesse geeignet. Schwächer strukturierte Prozesse werden dagegen von Groupware-Systemen unterstützt, die lediglich Werkzeuge wie Electronic Mail, Video Conferencing, Shared Application usw. anbieten *(vgl. hierzu Schwabe/Krcmar, CSCW-Werkzeuge 1996)*, aber keine logischen Prozeßkenntnisse benötigen.

In der Realität wird aber immer eine Mischung aus beiden Strukturierungsformen vorliegen. So sehen auch Workflow-Systeme "Ausnahmebehandlungen" vor, d. h. die Ablaufsteuerung kann während der Bearbeitung ad hoc geändert werden. Diese Funktionalität kann dann mit Groupware-Werkzeugen verknüpft werden, so daß sich Workflow und Groupware ergänzen, in Zukunft wohl sogar verschmelzen werden. In Abb. 45 ist ein Prozeß zunächst wohl-strukturiert dargestellt und dann, nach Einführung einer Teamorganisation, als schwach-strukturierter Ablauf, in dem lediglich eine To-Do-Liste vorgegeben ist. Eine differenzierte Abstufung der Strukturiertheit von Workflow-Prozessen ist in Abb. 46 angegeben.

Collaborative		Semi-strukturiert		Strukturiert	
Ad-hoc-Workflow	Team-basiertes Workflow	Integrierte Teamaktivität	Integrierte „chained activity"	Ad-hoc-Ausnahmen	Standard-Workflow
Interaktiver Informationsaustausch zwischen Individuen	Zusammenarbeit im Team mit einem Verantwortlichen	Team-basiertes Workflow innerhalb eines strukturierten Vorgangs	Eine Aktivitätenreihe ohne feste Abfolge als Teil eines strukturierten Workflows	Ausnahme-behandlung für einzelne Aktivitäten	Vollkommen strukturiertes Workflow mit wiederkehrender gleicher Abfolge

flexibel ⟵   ⟶ strukturiert

Abb. 46 Abstufungsgrade der Strukturierbarkeit von Workflow-Prozessen
(nach Vos, Groupware 1997, S. 40)

Durch die Entwicklung von Schnittstellenstandards durch die Workflow Management Coalition (WfMC), eine Vereinigung von Workflow-Anbietern, können auch unterschiedliche Workflow-Systeme durch Application Programming Interfaces (API) miteinander verbunden werden. Weiterhin werden Standards für Schnittstellen zu der Prozeßmodellierung (Gestaltungsebene I), der Prozeßsteuerung (Ebene II) und der Anwendungsebene IV erarbeitet. Diese sind nach dem Referenzmodell der Abb. 47 gegliedert.

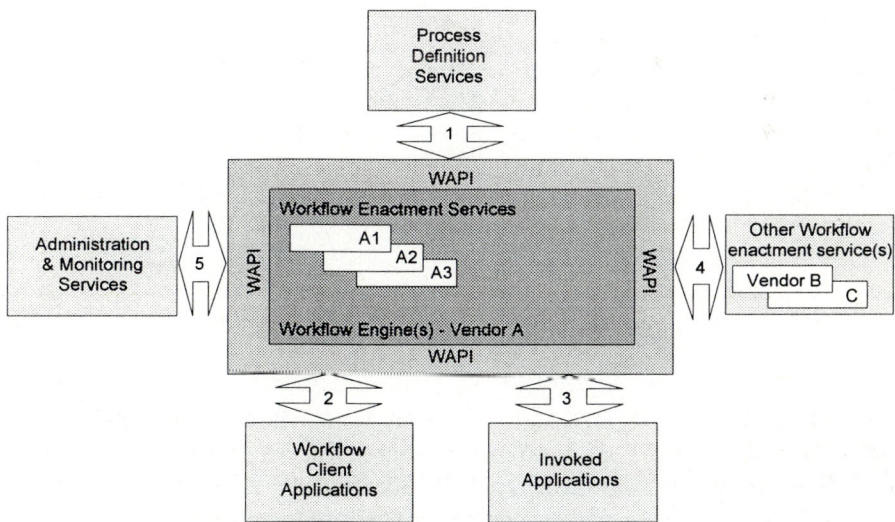

Legende: WAPI = Workflow Application Programming Interface

Abb. 47 Referenzmodell der Workflow Management Coalition
(aus Hollingsworth, Workflow Reference Model 1995, o. S.)

Obwohl derartige Standards in der Regel nur Minimallösungen sind, da sie sich häufig an dem kleinsten gemeinsamen Nenner der beteiligten Interessenvertreter orientieren, sind sie zur Weiterentwicklung einer offenen prozeßorientierten Software-Architektur hilfreich. Für praktische Anwendungen ist aber die Entwicklung individueller Schnittstellen zwischen den beteiligten Systemen häufig noch der erfolgreichste Weg.

Um Workflow-Systeme direkt aus der Prozeßmodellierungsebene I versorgen zu können, müssen die einzelnen Instanzen gemäß den Modellschablonen generiert werden. Weiter müssen die Instanzendaten verwaltet werden können. Bei Ausnahmehandlungen müssen die Instanzenmodelle auch verändert werden können.

Üblicherweise werden Instanzen von Anwendungssystemen verwaltet. Ein Workflow-System versteht sich aber als ein anwendungsunabhängiges, übergeordnetes Steuerungskonzept. Da Instanzendaten wie Start- und Endeinformationen eines Vorgangs ohne anwendungsbezogene Zusätze wie „Start der Auftragsbearbeitung" oder „Start Fertigungsvorgang" erfaßt werden, werden sie deshalb mit den Modellen der Ebene I im ARIS-Repository verwaltet.

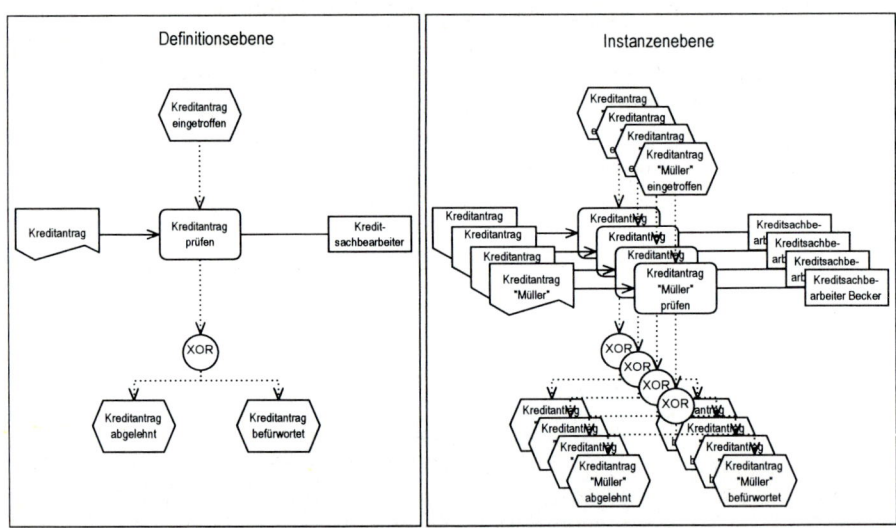

Abb. 48 Typ und Instanzen eines Geschäftsprozesses

Abb. 48 gibt ein Beispiel für einen Ausschnitt des Geschäftsprozesses einer Kreditbearbeitung auf der Typ- und Instanzenebene. Auf der Meta-Ebene bekommt dann jedes Typ-Objekt ein Instanzenobjekt über eine 1:*-Assoziation zugeordnet (vgl. Abb. 49). Auf die genauere Einbettung von Instanzenmodellen in das ARIS-Konzept (insbesondere in die Meta- und Meta²-Struktur des Repository) wird im Gliederungspunkt E.II „Modellierungsebenen" noch weiter eingegangen.

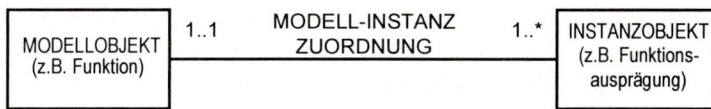

Abb. 49 Assoziation zwischen Typ- und Instanzenobjekt auf der Meta-Ebene

D.IV Anwendungssysteme

Das Workflow-System ruft über CALL-Befehle Anwendungen der HOBE-Ebene IV auf. Der Benutzer braucht also das Anwendungssystem nicht zu kennen. Sobald er aus dem Eingangskorb einen Bearbeitungsfall aktiviert, startet das Workfow-System das benötigte Anwendungssystem, und die Benutzermaske erscheint mit den für den Fall zutreffenden Daten. Diese werden durch Datenbankhinweise, die zusammen mit den Hinweisen auf die Bearbeitungsprogramme in der elektronischen Vorgangsmappe gespeichert sind, gefüllt.

Um Programme von einem Workflow-System steuern zu können, müssen sie eine entsprechend feine Granularität der Module besitzen, und die Module müssen von außen durch das Workflow-System ansprechbar sein.

Zunächst wird kurz auf die Möglichkeiten der prozeßorientierten Steuerung bei klassischer Standardsoftware eingegangen. Anschließend werden immer wichtiger werdende objektorientierte Ansätze betrachtet, die zu Componentware führen. Die Einbettung von Framework-Konzepten in den HOBE-Ansatz, die neben Software-Komponenten auch Architekturwissen wiederverwendbar machen, zeigt die Richtungsweisung des Ansatzes.

D.IV.1 Klassische Standardsoftware

Als klassische Standardsoftware werden transaktionsgetriebene, integrierte betriebswirtschaftliche Anwendungssysteme bezeichnet. Da diese häufig auch programmtechnisch integriert sind und eine fest programmierte Ablaufsteuerung beinhalten, sind sie nur bedingt für den workflow-gesteuerten HOBE-Ansatz geeignet.

Sofern die Systeme aber modular aufgebaut sind und z. B. eine Schnittstelle zum „Remote Procedure Call" anbieten, kann das Workflow-System den Aufruf dieser Module oder Transaktionen übernehmen. Beispielsweise bietet das SAP-System R/3 eine solche Schnittstelle mit dem SAP-Remote Function Call (RFC) an.

Bei dem Einsatz eines unabhängigen Workflow-Systems zur Standardsoftware-Steuerung wird aber die Standardsoftware in ihre Bearbeitungsfunktionalität und in den vom Workflow übernommenen Kontrollfluß zerlegt, so daß der Hersteller nicht mehr für die Integrität der gesamten Lösung verantwortlich sein kann.

Um Gedanken der Flexibilisierung durch Workflow-Systeme in ihre Architektur aufnehmen zu können, setzen deshalb Standardsoftware-Systeme eigenentwickelte Workflow-Systeme zur Ablaufsteuerung ein. Diese sind aber häufig sehr eng mit dem System verbunden und erfüllen deshalb nicht die Forderung nach einer auch heterogene Systeme umfassenden Prozeßsteuerung.

Sofern Standardsoftware durch semantische Modelle dokumentiert ist und die Modelle mit dem System-Repository verknüpft sind, kann die Standardsoftware über die Modelle konfiguriert werden.

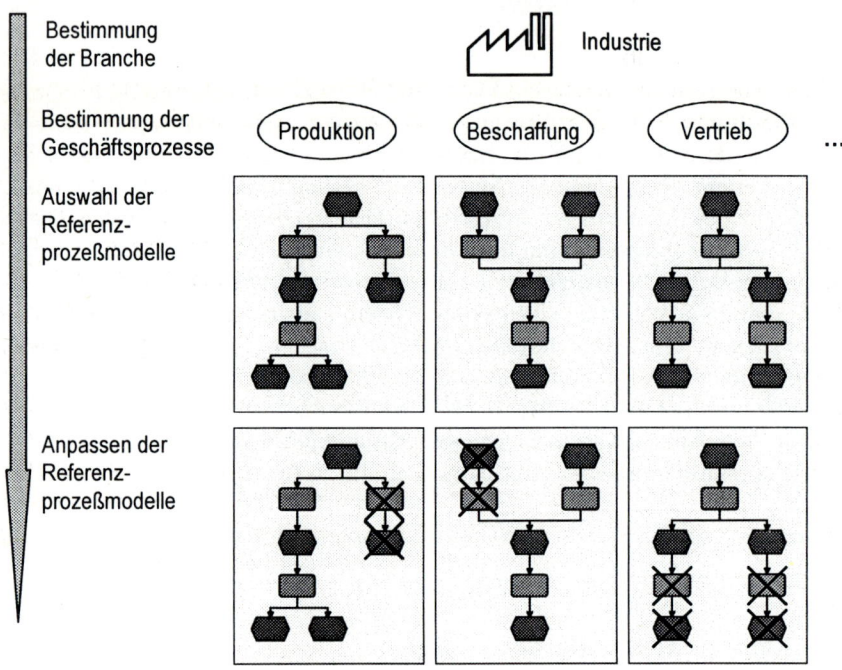

Abb. 50 Individualisieren von Referenzmodellen

Durch Redlining können z. B. nicht benötigte Funktionen eines vom Software-System angebotenen Geschäftsprozesses ausgeblendet werden. Abb. 50 zeigt schematisch den Ablauf der modellgestützten Konfiguration des SAP R/3-Systems. Zunächst wird das Referenzmodell des zutreffenden Wirtschaftszweiges bestimmt, also z. B. Handel, Banken, Industrie usw. In dem Beispiel wird der Branchenmandant „Industrie" gewählt. Innerhalb der Branchenlösung werden bestimmte Geschäftsprozesse ausgewählt, im Beispiel die Prozesse Produktion, Beschaffung und Vertrieb. Aus den Prozessen, die als EPK dargestellt sind, können nun die nicht benötigten Funktionen und die davon abhängigen Ereignisse gestrichen werden, um die kundenindividuellen Geschäftsprozesse zu erhalten. Beim Redlining können dem Modell Regeln hinterlegt werden, um betriebswirtschaftliche Plausibilitäten und Abhängigkeiten zu beachten. Wird z. B. die Funktion „Einlagerung" gestrichen, so muß gleichzeitig die Funktion „Auslagerung" gelöscht werden.

Die Anpassungsinformationen werden direkt an das Konfigurationsmanagement des Systems übertragen.

Pro betriebswirtschaftliche Funktion bestehen weitere Einstellmöglichkeiten. Beispielsweise kann sich eine Funktion „Bestellauftrag anlegen" auf einen Abrufauftrag, ein Streckengeschäft, einen Lagerauftrag oder einen Niederlassungsauftrag beziehen. Entsprechend muß die Funktion detaillierter spezifiziert werden. Dazu bietet das SAP R/3-System mit dem Implementation Management Guide (IMG) eine weitere computergestützte Hilfe an.

Ähnlich wie die Nutzung von Prozeßmodellen können auch die weiteren Modelltypen wie Datenmodelle, Funktionsmodelle und Organisationsmodelle zur Konfiguration von Standardsoftware genutzt werden. Beispielsweise können Informationsobjekte aus dem Datenmodell der Standardsoftware gestrichen oder hinzugefügt werden, Attribute gelöscht oder in ihrer Stellenlänge geändert werden usw. Diese Informationen werden dann ebenfalls an das System weitergegeben und passen dort automatisch die Benutzermasken an. Zu weiteren Beispielen vgl. *Scheer, ARIS - Modellierungsmethoden, Metamodelle, Anwendungen 1998.*

Das direkte Zusammenspiel zwischen Modellierungstool, den semantischen Modellen und dem Anwendungssystem verändert auch die Implementierungsstrategie von Standardsoftware. Während früher weitgehend einem strengen Phasenkonzept gefolgt wurde, indem zunächst eine Ist-Erhebung mit Schwachstellenanalyse durchgeführt wurde, dann ein standardsoftware-unabhängiges Sollkonzept entwickelt wurde und darauf aufbauend ein an das ausgewählte Standardsystem angepaßtes Sollkonzept erarbeitet wurde, das anschließend durch Customizing-Techniken implementiert wurde, können diese Phasen immer mehr parallel im Dialog abgewickelt werden. Mitarbeiter der Fachbereiche und des Implementierungsteams arbeiten dann eng zusammen. So können Fach- und Implementierungsfragen gemeinsam behandelt werden.

In Abb. 51 ist dazu ein Beispiel angegeben. Die vier dargestellten Bildschirmfenster sind aus Gründen besserer Lesbarkeit getrennt dargestellt; bei einer realen Anwendung können die Fenster auf einem Bildschirm angeordnet sein, so daß der Benutzer alle Informationen gleichzeitig zur Verfügung hat.

Im rechten oberen Fenster ist der betrachtete Ausschnitt des Geschäftsprozeßmodells im ARIS-Modellierungstool angegeben. Es zeigt an, daß ein Teil des Ablaufs der Standardsoftware ausgeblendet werden kann, dafür aber ein zusätzlicher Prozeßzweig eingefügt werden muß, der nicht in der Standardsoftware enthalten ist.

Von der Funktion „Anfrage anlegen" wird gefragt, durch welche Benutzermaske sie im SAP R/3-System dargestellt wird und dazu aus dem Prozeßmodell als Modellierungstools durch einfaches Anklicken der Funktion (bzw. einfacher Befehlaufrufe) in das SAP R/3-System verzweigt. Die Bildschirmmaske ist in der linken unteren Hälfte angegeben.

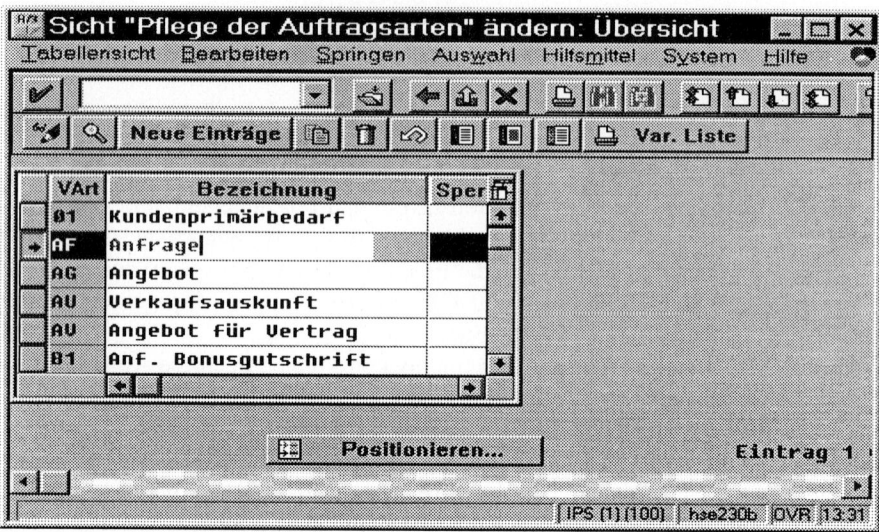

Customizing: Einstellung der Auftragsarten

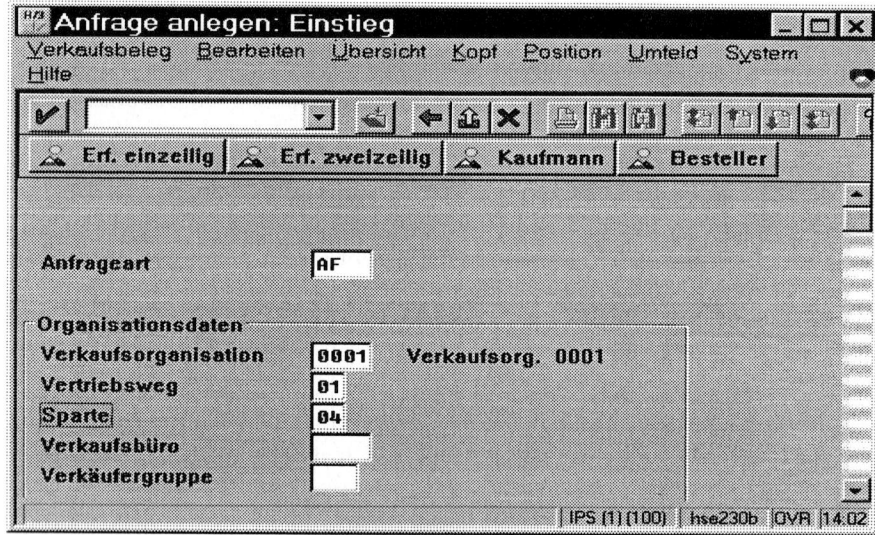

Funktion 'Anfrage anlegen' im Mandanten

Abb. 51 Interaktive fachliche Geschäftsprozeßgestaltung und
Customizing von Standardsoftware

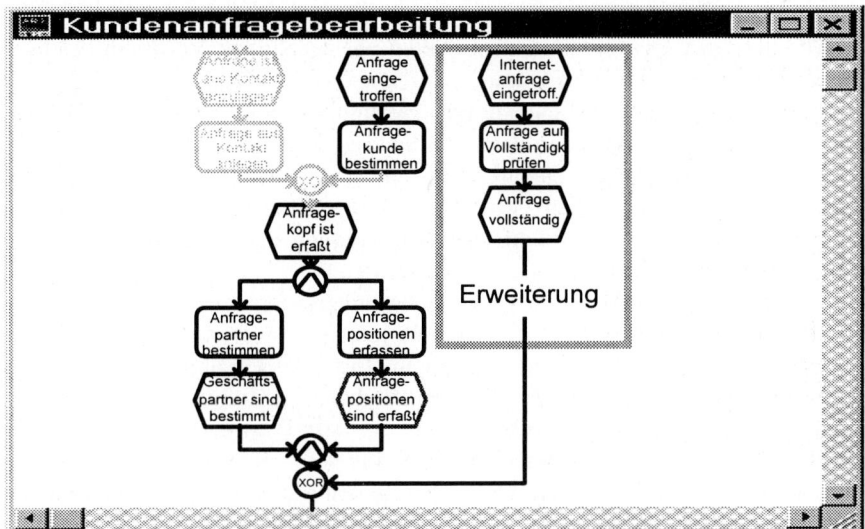

Prozeßmodell

Prozeß: Kundenanfragebearbeitung						
Funktion	Ist/Soll	Offene Punkte	Schnittstelle	Verantwortlicher	Datum	Aufwand
1. Auftragskunde bestimmen	Anfragekunden werden in Zukunft mit ISO-Ländercodes gesucht	CPD-Kunde notwendig?	Kundenstamm (intern)	C. Reiter	29. Mai	Standard
2. Anfragegeschäftspartner bestimmen	Zwischenabnehmer als neuer Partnerrollentyp im Customizing einstellen	keine	Kundenstamm (intern)	P. Müller	29. Mai	Standard
3. Anfrageposition erfassen	Positionstyp AFN im Standard benutzen	keine	Materialstamm (intern)	P. Müller, C. Reiter	30. Mai	Standard

Dokumentation der Ergebnisse

Bezüglich der Customizing-Möglichkeiten der Funktion wird das Customizing-Tool IMG aktiviert. Es zeigt im linken oberen Fenster die zur Verfügung stehenden Einstellmöglichkeiten der Funktion.

Diskussionsergebnisse, Entscheidungen bezüglich der Einstellmöglichkeiten, offene Fragen usw. werden dann der Funktion im Modellierungs-Tool hinterlegt, vgl. rechtes unteres Fenster. Dadurch entsteht eine genaue Dokumentation der fachlichen und DV-technischen Geschäftsprozeßgestaltung. Die Dokumentation kann später zur Klärung von Rückfragen, Übertragung der Erfahrungen auf Folgeprojekte und zur Projektkontrolle genutzt werden.

Der hohe Wartungsaufwand physisch hoch integrierter Systeme, ihre schwerfällige Release-Politik auf Basis des Gesamtsystems und der hohe Aufwand für Schulungs- und Dokumentationsunterlagen auf Basis des Gesamtsystems machen es notwendig, diese Systeme in kleinere Einheiten (Module, Komponenten, Agenten, Business Objects) zu zerlegen. Die Release-Politik kann dann auf der Basis dieser Komponenten erfolgen, die Systeme sind wegen ihrer losen Kopplung einfacher zu warten und die Dokumentationen auf Basis der Komponenten einfacher zu pflegen.

Die Zerlegung eines Software-Systems in Module ist nicht neu. Ein Modul bietet seinem Benutzer eine definierte Schnittstelle an, über die es ausschließlich mit ihm kommuniziert. Die interne Implementierung des Moduls ist dem Benutzer nicht bekannt (Information Hiding).

Ein Nachteil des Modulkonzepts ist, daß es nur dann in mehreren Zusammenhängen eingesetzt werden kann, wenn es in exakt gleicher Form verwendet wird. Sobald ein Modul für verschiedene Anwendungen geändert werden muß, erfordert dieses Eingriffe in den Programmcode, oder es entstehen sogar verschiedene Versionen. Dieses macht Modulkonzepte unübersichtlich und begrenzt das Prinzip der Wiederverwendung.

Objektorientierte Ansätze werden dagegen auf der Typebene definiert, so daß von einem Objekttyp bei Änderungen Subtypen angelegt werden können, ohne daß der Ausgangsobjekttyp geändert werden muß. Der Subtyp definiert dann lediglich das Delta zu dem Ausgangsobjekttyp. Dieses erhöht die Flexibilität des Systementwurfs und die Wiederverwendbarkeit der Entwurfskonstrukte.

Der Trend zur Notwendigkeit, monolithische Software-Systeme in kleinere Einheiten zu zerlegen, trifft sich mehr und mehr mit den herangereiften Möglichkeiten objektorientierter Ansätze. Das Schlagwort zur Realisierung dieser Gedanken ist Componentware.

D.IV.2 Componentware

Grundgedanke von Componentware ist es, Software-Systeme aus Standard-Komponenten zusammenzusetzen, die auch von unterschiedlichen Herstellern entwickelt worden sein können. Die Komponenten sind durch Nachrichtenaustausch lose miteinander gekoppelt. Die Programmentwicklung verlagert sich dann vom Programmieren zum Design der Lösung und Montage der Komponenten.

Der Komponentengedanke ist eng mit Prinzipien objektorientierter Ansätze verbunden. Objektorientierte Konzepte sind nicht neu, erhalten aber erst in den letzten Jahren zunehmend praktische Bedeutung. Neue Anwendungssoftware wird heute überwiegend in Objekttechnologien entwickelt. Damit trifft sich die Zerlegung klassischer Standardsoftware in Objektstrukturen als Top-Down-Ansatz mit dem Bottom-Up-Ansatz neu entwickelter Systeme.

D.IV.2.1 Objekte

Der objektorientierte Ansatz beruht auf dem Gedanken, Objekte mit ihren Datenbeschreibungen und den auf sie anzuwendenden Methoden (Funktionen) zu kapseln. Der Benutzer kann über Nachrichten Methoden aktivieren und darüber auf Daten zugreifen. Die Implementierung der Methoden bleibt dem Benutzer verborgen.

Systeme werden auf der Typebene entworfen, d. h. ähnliche Objekte werden zu Klassen zusammengefaßt. Im folgenden wird nicht zwischen den Begriffen „Objekt" (Instanzebene) und „Klassen" (Typebene) unterschieden, sondern generell von Objekten gesprochen - der Bezug ergibt sich jeweils aus dem Kontext. Eine weitere Eigenschaft von Objekten ist die Vererbung, d. h. Methoden und Attribute übergeordneter Klassen vererben sich über die Generalisierung/Spezialisierung-Operation auf untergeordnete Klassen. Sie können dort auch überschrieben und ergänzt werden. Durch die Vererbung wird das Prinzip der Wiederverwendbarkeit unterstützt.

Die Eigenschaften objektorientierter Methoden können detaillierter beschrieben werden. Für die folgende Ausführung ist aber diese erste Charakteristik ausreichend. Abb. 52 zeigt für das in Abschnitt B.I eingeführte Beispiel „Auftragsbearbeitung" die Objekte mit ihren Namen, Attributen und Methoden sowie den Nachrichtenaustausch mit Angabe der anzusprechenden Methode des Zielobjektes, die zu übertragenden Daten sowie die als Antwort erhaltenen Daten. Gegenüber der Abb. 5, in der der Informationsfluß bereits dargestellt wurde, sind die den Datenaustausch auslösenden Funktionen differenzierter angegeben.

Dem Nachrichtenfluß ist der Kontrollfluß des betriebswirtschaftlichen Geschäftsprozesses nicht unbedingt zu entnehmen, da die Reihenfolge der Funktionsausführung innerhalb der Objekte nicht angegeben ist. Es wird noch einmal in Erinnerung gerufen, daß in einem Geschäftsprozeß mehrere Flüsse enthalten sind, z. B. Funktionsfluß, Leistungsfluß, Informations- und Organisationsfluß. Die Workflowsteuerung betont den Funktionsfluß, während der objektorientierte Ansatz den Nachrichtenfluß zwischen Informationsobjekten betrachtet.

Auf dem objektorientierten Ansatz bauen Programmiersprachen auf (Java, C++, Smalltalk, usw.). Für Objekte können Objektbibliotheken angelegt werden, um bei Programmentwicklungen bereits ausgetestete Objekte wiederverwenden zu können.

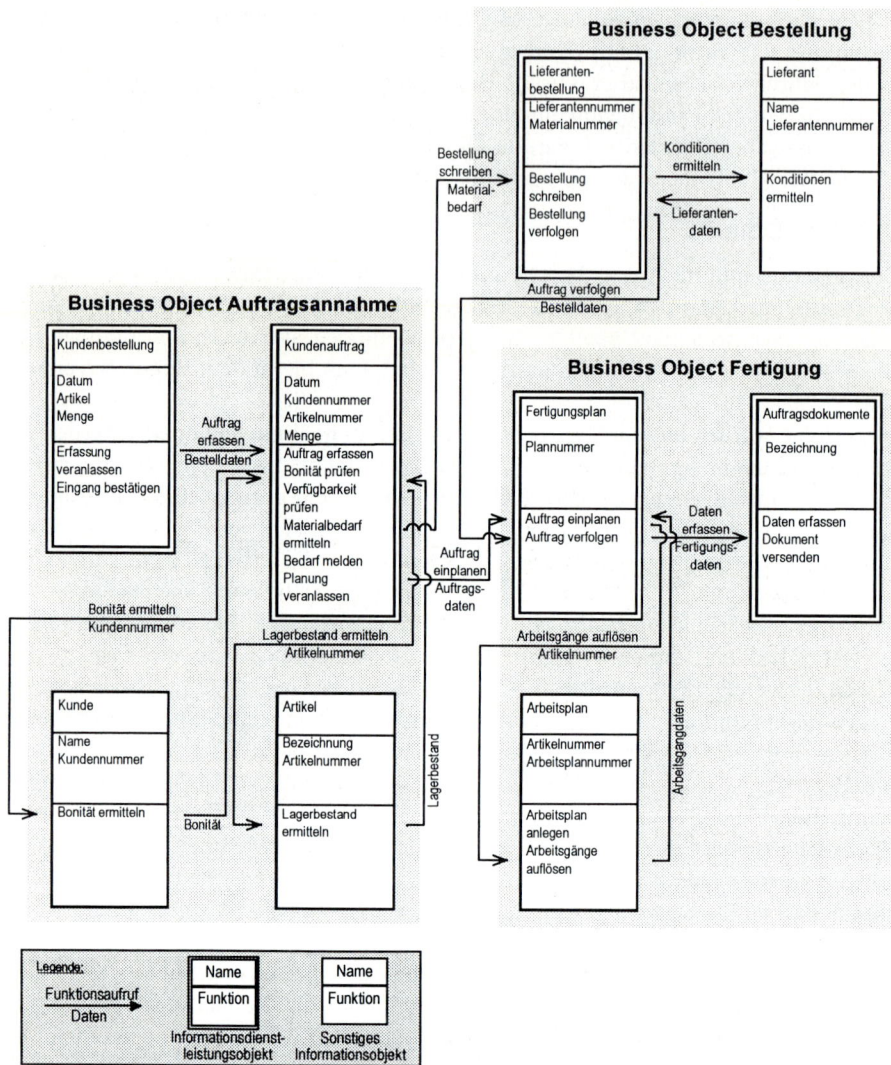

Abb. 52 Objektorientierte Darstellung des Beispiels „Auftragsbearbeitung"

Die alleinige Verfolgung der angesprochenen Prinzipien durch die Verwendung einer objektorientierten Programmiersprache garantiert aber noch keinen Produktivitätsgewinn gegenüber klassischen Modulkonzepten *(vgl. Pree, Komponentenbasierte Softwareentwicklung 1997, S. 5)*. Insbesondere die feine Granularität der Objekte macht umfassende Systeme unübersichtlich. Die einzelnen Objekte sind auch zu fein, um in einer sinnvollen Workflowsteuerung aufgerufen zu werden. Deswegen werden Objekte zu größeren Einheiten, sogenannten „Business Objects" zusammengefaßt, in denen auch bereits Anwendungswissen über das Zusammenspielen der internen Objekte enthalten ist.

D.IV.2.2 Business Objects

Die Granularität der Objekte des aus der Programmierung stammenden objektorientierten Ansatzes ist für eine montagebezogene Software-Entwicklung zu fein. Hier müssen gröbere Logikbausteine definiert werden. So sieht z. B. der objektorientierte Ansatz UML die Bildung sogenannter „Packages" vor. Die anwendungsbezogene Sicht, die ein gröberes Objekt nach Anwendungsfunktionalität definiert, wird durch den Begriff „Business Object" verdeutlicht. Ein Business Object umfaßt einen Geschäftsablauf mit den benötigten Daten und auf sie anzuwendenden Funktionen. Ein Business Object beinhaltet dann mehrere Objekte des vorher beschriebenen klassischen objektorientierten Ansatzes. Vom objektorientierten Ansatz werden Eigenschaften wie Kapselung, Wiederverwendbarkeit durch Vererbung und lose Kopplung durch Nachrichtenaustausch übernommen *(zu Business Objects vgl. Casanave, Business-Object Architectures and Standards 1997; Fingar, Blueprint for Business Objects 1996; Fingar/Read/Stickeleather, Next Generation Computing 1996; Burt, OMG BOMSIG Survey1995).*

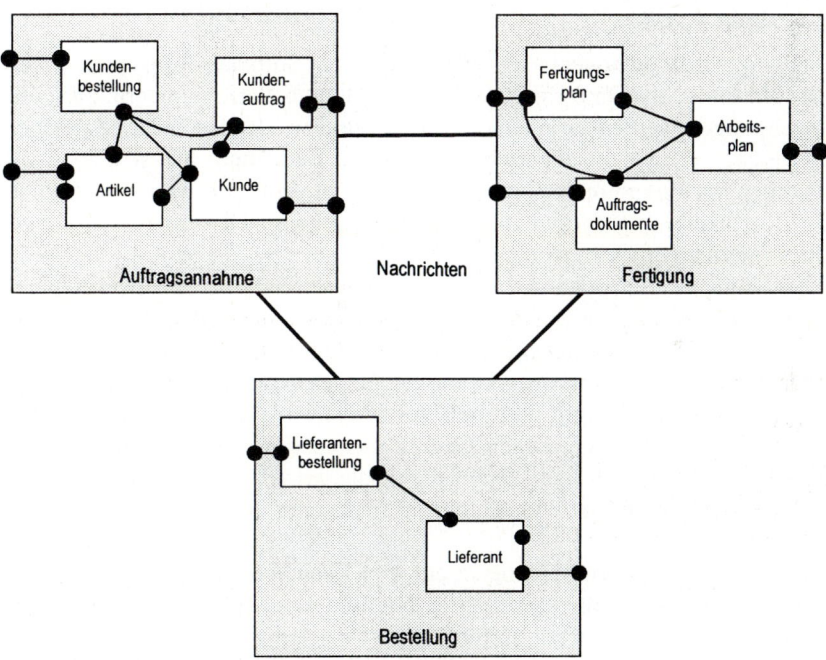

Abb. 53 Business Objects des Beispiels „Auftragsbearbeitung"

Aus dem Beispiel der Auftragsbearbeitung in Abb. 52 sind drei Business Objects für Auftragsannahme, Bestellung und Fertigung gebildet und in Abb. 53 in einer für Business Objects typischen Darstellung angegeben. Die Schnittstellen der einzelnen Objekte, die von außen angesprochen werden, werden an das äußere Business Object weitergereicht. Dieses ist durch Punkte am äußeren Objektrand gekennzeichnet. Die lediglich innerhalb des Business Object verwendeten Schnittstellen bleiben dagegen an den Rändern der inneren Objekte.

Auch bei Business Objects ist die Granularität nicht vorgegeben, sondern muß nach sinnvollen anwendungsbezogenen Arbeitseinheiten gebildet werden. Kriterien dafür sind enger inhaltlicher organisatorischer Zusammenhang, hohe interne Kommunikation bei geringer externer Kommunikation, hohe geschlossene Wiederverwendbarkeit und Performance.

Business Objects müssen nicht notwendigerweise aus streng objektorientierten Einzelobjekten gebildet werden, sondern können insbesondere bei einer Top-Down-Zerlegung eines existierenden Systems auch aus konventionellen Programmteilen bestehen. Wichtig ist nur, daß sich das Business Object selbst nach objektorientierten Grundsätzen verhält. Dieser Ansatz wird z. B. von dem Konzept der Business Objects des SAP-Systems R/3 verfolgt. Hier sind bisher 170 Business Objects gebildet worden (*vgl. SAP, White Paper Business Objects 1997*), die im Business Object Repository (BOR) gespeichert sind. Ihre interne Struktur ist in der (noch) nicht objektorientierten 4GL-Sprache ABAP programmiert.

D.IV.2.3 Java Applets

Der Gedanke von Componentware wird auch von Software-Konzepten unterstützt, die auf einfachen Hardware Clients, sogenannten Netzcomputern, basieren. Die Anwendungen werden in einem Netzwerk (Inter- oder Intranet) gespeichert und bei Bedarf vom Client abgerufen. Besondere Bedeutung haben hierbei die Möglichkeiten der Programmiersprache Java erreicht. Mit Hilfe von Java Applets kann die Bearbeitung plattformunabhängig in der inzwischen verbreiteten Umgebung eines Internet Browser erfolgen.

Zur Erstellung eines Applet in Java wird der Quellcode auf einem beliebigen System mit Hilfe einer Java-Entwicklungsumgebung erstellt. Auf dem Entwicklungssystem wird dann das fertige Programm compiliert. Als Resultat entsteht dabei statt eines ausführbaren Programms lediglich ein sogenannter „Bytecode". Dieser ist plattformunabhängig und muß vor seiner Ausführung nochmals interpretiert werden, um den technischen Gegebenheiten des Client-Systems zu entsprechen. Dies erfolgt nach dem Laden durch die Java Virtual Machine (JVM), die den Bytecode auf die individuellen Anforderungen des Client-Systems umsetzt.

Die Anwendung der Java-Sprache ist auf drei Ebenen möglich. Als JavaScript werden die Befehle als Quellcode direkt in den Text einer HTML-Seite eingebunden. Der zur Verfügung stehende Befehlssatz ist nur teilweise mit Java identisch, beide basieren jedoch auf C⁺⁺. Mit JavaScript können allerdings nur kleinere Anwendungen realisiert werden, wie z. B. das Überprüfen eingegebener Werte auf ihre Gültigkeit oder das Anzeigen einer Laufschrift in der Statuszeile des Browser. JavaScript erlaubt keine direkte Kommunikation zwischen Client und Server.

In der zweiten Stufe wird der Bytecode eines Applet zusätzlich zu der geladenen HTML-Seite zum Client übertragen. Dort wird der Bytecode verifiziert und interpretiert. Anschließend wird das Applet ausgeführt. Applets können allerdings nur innerhalb der Browser-Umgebung aufgerufen werden, ohne diese sind sie nicht ablauffähig. Innerhalb von Applets kann jedoch eine weitere Kommunikation zwischen Server und Client erfolgen. Somit kann z. B. gemeinsam mit dem Applet ein Dokument vom Server geladen werden, das dann innerhalb des Applet bearbeitet wird, bevor es beim Beenden zurück an den Server geschickt wird.

Applications sind dagegen unabhängig von der Browser-Umgebung einsetzbar. Sie benötigen lediglich eine Java Virtual Machine zur Umsetzung des Bytecode. Mit ihnen ist die Entwicklung eigenständiger Anwendungen möglich, deren Bausteine je nach Bedarf über ein Netzwerk auf den Client-Rechner geladen werden.

Sowohl Applets als auch Applications sind geeignet, den Gedanken von Componentware zu unterstützen. Es müssen keine überflüssigen Module installiert und gepflegt werden. Das System wird kundenindividuell nach Bedarf zusammengestellt.

Das Konzept kann in den HOBE-Rahmen eingefügt werden (vgl. Abb. 54).

Auf der Modellierungsebene werden die Prozesse beschrieben, die auf der dritten Ebene durch das Workflow-System gesteuert werden. Die Anwendungen der Ebene IV können auf weltweit verteilten Application Server als Bytecode zur Verfügung stehen. Beim Abruf einer Arbeitsmappe zum Bearbeiten eines Vorgangs generiert das Workflow-System eine dem jeweiligen Bearbeitungsschritt entsprechende Web-Seite, in die der Aufruf des Applet mit der Angabe des Application Server eingebunden ist. Der Bearbeiter führt dann im Dialog mit dem Applet seine Funktion durch; anschließend werden die Daten zur Weiterleitung an das Workflow-System zurückübertragen. Zu den Daten gehören auch Informationen über den Zeitpunkt und die Dauer der Bearbeitung, die das Workflow-System aggregiert und als Rückmeldung für die Prozeßsteuerung bereitstellt. Dabei spielt die Hardware keine Rolle, alle an einem Vorgang beteiligten Rechner können unter einem anderen Betriebssystem laufen.

Mittels einer im Browser dargestellten Oberfläche werden die für die Abarbeitung notwendigen Applets einschließlich des zu bearbeitenden Objekts geladen. Der Benutzer kann dann die Funktionen dezentral durchführen. Alle Methoden sind auf dem Client unmittelbar verfügbar. Nach der Bearbeitung wird das transformierte Objekt zurück an den Server geschickt, wo es der weiteren Bearbeitung zugeleitet werden kann.

Während der Abarbeitung eines Vorgangs hat ein Workflow Server jederzeit die Kontrolle über die abgerufenen Seiten und die bearbeiteten Daten. Ein Supervisor kann jederzeit Informationen über Zeit und Dauer der Bearbeitung abrufen. Ebenso kann der Status eines Vorgangs jederzeit abgefragt werden. Es besteht allerdings keine Möglichkeit, auf gerade in Bearbeitung befindliche Objekte zuzugreifen *(vgl. Binas-Holz, Java Programmierbuch 1996, s. bes. S. 98 ff., Goldammer, HTML-Script ruft Java Applet 1996; van Hoff/Shaio/Starbuck, Java-Applets 1996).*

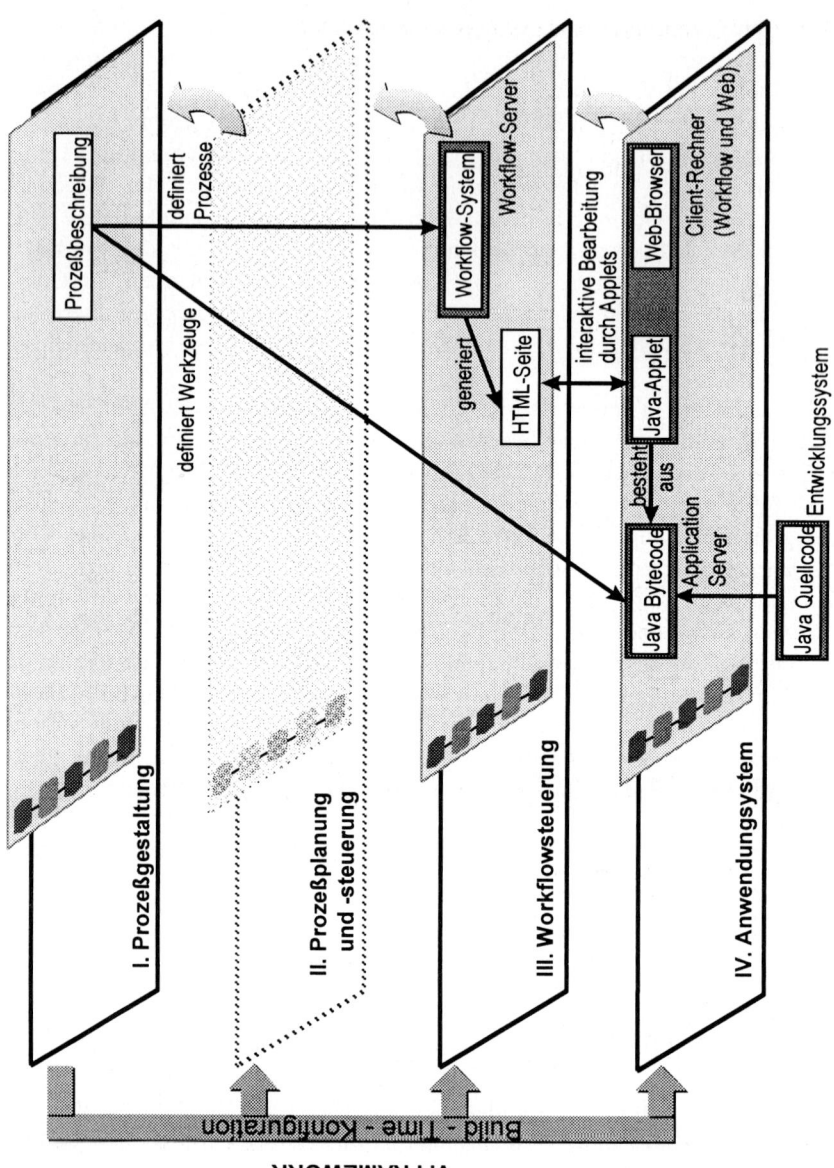

Abb. 54 Einbindung von Applets in das ARIS - House of Business Engineering

D.IV.2.4 *Standardisierungsbestrebungen*

Um Anwendungssysteme auch aus heterogenen Bausteinen montieren zu können, müssen standardisierte Schnittstellen insbesondere zur Kommunikation in Client/Server-Umgebungen verfügbar sein. Hierzu sind einmal Ansätze von Organisationen wie der OMG (Object Management Group) und OAG (Open Application Group) und andererseits auch Industriestandards großer Hersteller wie Microsoft oder SAP vorhanden.

Die OMG ist ein herstellerübergreifendes Konsortium mit 1998 mehr als 800 Mitgliedern. Mit der Object Management Architecture (OMA) stellt sie ein Rahmenkonzept bereit, um die Verteilung und Zusammenarbeit objektorientierter Software-Bausteine in vernetzten, heterogenen Systemen zu unterstützen (vgl. Abb. 55).

Herzstück der Architektur ist der Object Request Broker (ORB), der den Nachrichtenaustausch zwischen den Objekten auf vernetzten heterogenen Plattformen übernimmt. Dazu ist mit der Common Object Request Broker Architecture (CORBA) ein Standard definiert.

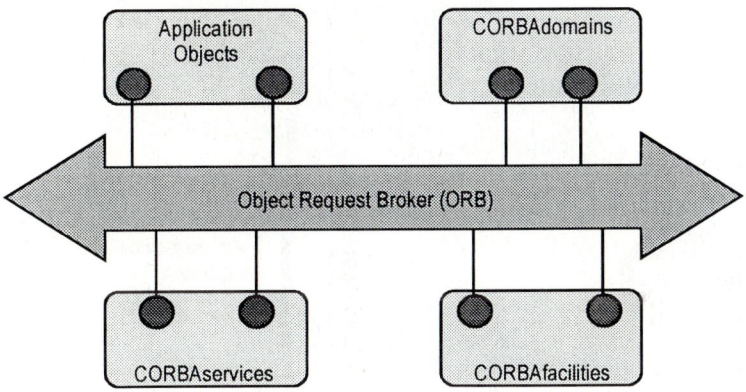

Abb. 55 Object Management Architecture
  (aus OMG, Common Business Objects 1996, S. 3 f.)

CORBA ist somit ein Standard für die Interaktion zwischen Client- und Server-Objekten. Ein Client-Objekt kann ohne Wissen über den Standort des Server-Objektes einen Methodenaufruf starten. Dieser Aufruf wird dann von dem ORB ausgeführt.

Der CORBA-Standard ist von der OMG lediglich als Konzept beschrieben und muß von Herstellern implementiert werden. Eine Implementierung ist z. B. ORBIX® von IONA Technologies Ltd.

Die Application Objects enthalten die eigentlichen Anwendungsobjekte und sind nicht weiter standardisiert. Allerdings bestehen Bestrebungen, sogenannte „Common Business Objects" (CBO) zu definieren (vgl. weiter unten).

Die CORBAservices stellen Basisdienste wie Konsistenzprüfungen bereit.

Die CORBAfacilities stellen Standardfunktionen zur Verfügung, die in vielen Anwendungen vorkommen, um die Entwicklungsarbeit des Anwenders zu verringern. Sie sind vergleichbar mit einer allgemein nutzbaren Klassenbibliothek.

CORBAdomains bieten branchenspezifische Funktionen an, z. B. für CAD-Systeme.

Von Microsoft sind ebenfalls Standards zur objektorientierten Verbindung von Komponenten entwickelt worden. Mit COM (Component Object Model) für Einplatzsysteme und DCOM (Distributed COM) für verteilte Systeme liegt ein Ansatz zur Kommunikation zwischen Objekten vor, zu dem auch Schnittstellen zum CORBA-Standard erarbeitet werden.

Auch von der SAP ist für die Kommunikation zwischen Business Objects mit den BAPI (Business Application Programming Interface) ein Ansatz entwickelt worden. Die BAPI werden als Methoden der SAP-Business Objects implementiert und ermöglichen den offenen Zugriff auf Funktionen eines Business Object. In Abb. 56 ist der Aufbau der SAP-Business Objects dargestellt.

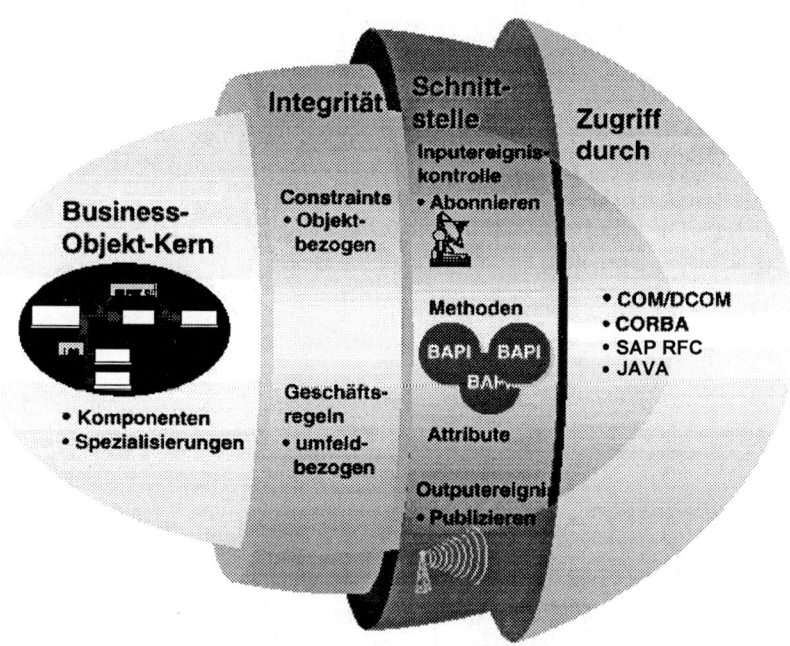

Abb. 56 SAP-Business Objekt
  (aus SAP, White Paper Business Objects 1997, S. 9)

Der innere Kern enthält die Anwendungslogik. Die zweite Schicht enthält Regeln zur Integritätssicherung. Die dritte Schicht enthält die Objektmethoden, Attribute sowie die Input- und Output-Ereignisse. Hier sind auch die BAPI definiert. Nach außen werden Zugriffe über die Standards COM/DCOM, CORBA, das SAP-eigene RFC sowie JAVA unterstützt.

In einer Ausweitung des Konzepts werden Business Objects zu noch größeren Paketen gebündelt, die als Business Components bezeichnet werden. In einem ersten Schritt wird das gesamte R/3-System in drei Komponenten gegliedert (HR, LO, FI/CO) sowie rund 10 neuentwickelte Komponenten eingefügt (z. B. Business Engineer, Business Information Warehouse). Die Kommunikation zwischen diesen Komponenten wird wie zwischen selbständigen R/3-Systemen und zwischen R/3 und R/2-Systemen durch das ALE-Konzept (Application Link Enabling) ermöglicht (vgl. Abb. 57). Das ALE-Konzept wird auch von der Open Application Group (OAG) unterstützt, so daß es als genereller Standard weiterentwickelt wird. Es dient auch zur Kommunikation mit Internet-Anwendungen. Sowohl BAPI als auch ALE-Messages sind Methoden, um auf Business Objects bzw. Komponenten zuzugreifen. Sie unterscheiden sich vor allem bezüglich ihrer Granularität. Während eine ALE-Message eine komplexe Anwendung, z. B. eine gesamte Auftragsbearbeitung über Internet anstoßen kann, beziehen sich BAPI auf feinere Methoden, wie z. B. eine Verfügbarkeitsprüfung *(vgl. Zencke, BAPI 1997)*. ALE-Messages können asynchron bearbeitet werden, während BAPI synchron ablaufen.

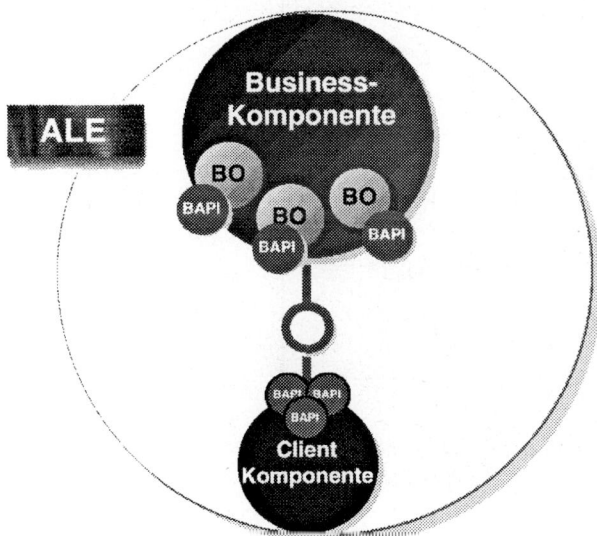

Abb. 57 Business-Komponenten
(aus SAP, White Paper Business Frameworks 1996, S. 15)

Von der OMG sind inzwischen auch Aktivitäten zur Standardisierung von Business Objects entfaltet worden. Dabei wird auf den Arbeiten zu CORBA aufgebaut. In dem 1996 herausgegebenen „Request for Proposal 4" (RFP-4) wurden Vorschläge der Industrie für CBO angefordert. Dieses sollen Basisanwendungen sein, aus denen dann anwendungsspezifische Objekte gebildet werden können. In Abb. 58 ist die Einbettung der CBO gezeigt. Ein CBO kann z. B. ein Objekt zur Verkaufsabwicklung oder Finanzbuchführung sein. Die bekanntgewordenen Vorschläge beziehen sich auf Währungsumrechnungen (von der IBM eingereicht) oder Workflow-Anwendungen. Die Beschreibung der Objekte muß bestimmten Konventionen folgen *(vgl. OMG, Common Business Objects 1996, S. 17 f.):*

– Name des CBO,
– Attribute der Objekte,
– Beziehungen zwischen den CBO,
– Bedingungen bezüglich der CBO und deren Beziehungen,
– Regeln des Geschäftsprozesses in Verbindung mit den CBO und deren Beziehungen,
– Schnittstellen und Methoden der CBO, spezifiziert in OMG IDL.

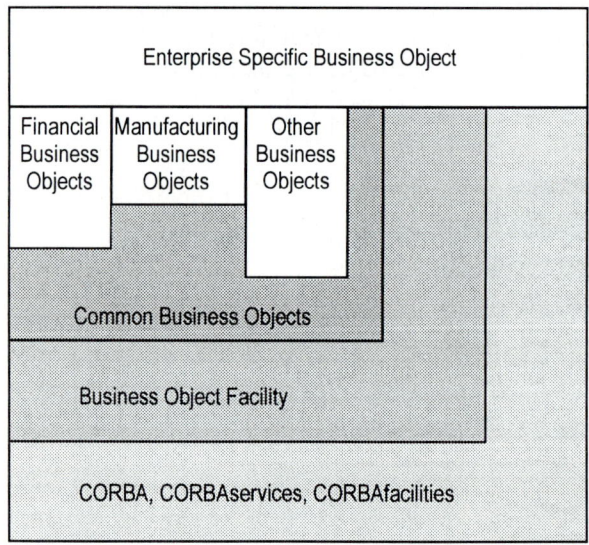

Abb. 58 Einbettung der Common Business Objects
    (aus OMG, Common Business Objects 1996, S. 21)

Mit diesen Aktivitäten wird der Weg zu einer neuen, montageorientierten Software-Erstellung immer realistischer. Mit dem Framework-Konzept wird dazu ein weiterer wesentlicher Beitrag geliefert.

D.V Frameworks

D.V.1 Das Framework-Konzept

Während der objektorientierte Ansatz das Modulkonzept verbessert hat, weil er durch das Vererbungsprinzip leichter Änderungen zuläßt, ohne daß neue Modulvarianten entstehen, geht das Framework-Konzept noch weiter. Es enthält eine Sammlung von Komponenten und fügt sie zu einem bestimmten Anwendungsfall zusammen (vgl. Abb. 59). Auf den ersten Blick entspricht diese Beschreibung der des bereits behandelten Business Object. Als Ergänzung kommt aber hinzu, daß Infrastrukturkomponenten wie Workflow-Systeme, Modellierungs-Tools und Middleware mitgeliefert werden und die Business Objects innerhalb des Framework bereits zu einer Anwendung verknüpft sind. Weiter tritt anstelle des objektorientierten Vererbungsprinzips das Prinzip der Komposition.

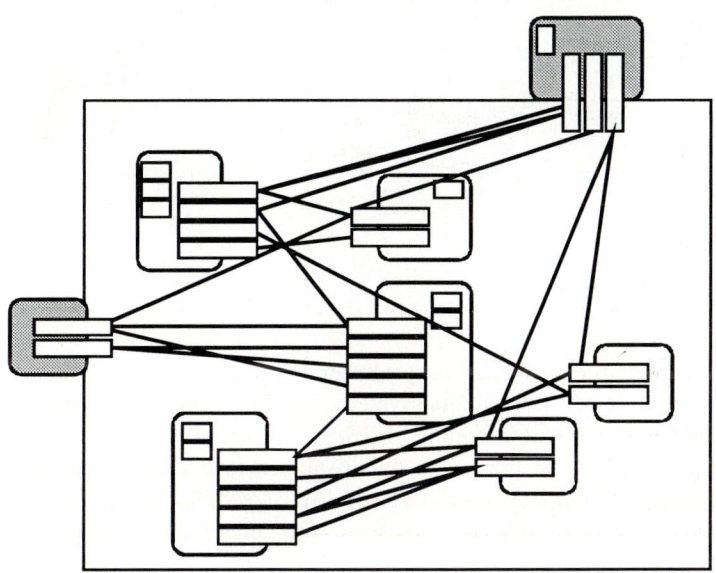

Abb. 59 Framework mit austauschbaren Komponenten
(aus Pree, Komponentenbasierte Softwareentwicklung 1997, S. 7)

Bei einem Framework können Komponenten als austauschbar definiert werden, sogenannte „Hot Spots", um sie von Anwendern entsprechend ihren Anforderungen durch eigene Komponenten auszutauschen; diese Komponenten sind in Abb. 59 grau hinterlegt. Die nicht veränderbaren Komponenten werden als „Frozen Spots" bezeichnet. Die Anpassung von Frameworks durch Komponentenaustausch wird als Komposition bezeichnet und ist eine Alternative zur objektorientierten Anpassung durch Definition von Subklassen mit Vererbung. Ein Framework ist damit ein unvollkommenes Anwendungssystem, das durch Austausch von Komponenten auf den Benutzer ausgerichtet wird. Neben der Wiederverwendbarkeit von Komponenten wird auch das Architekturwissen zur Verknüpfung der Komponenten wiederverwendbar gemacht.

Bei Framework-Produkten wird mit den Frameworks somit insbesondere die Einbeziehung von Middleware, die zwischen Anwendungssoftware und dem Betriebssystem sowie Hardware vermittelt, betont.

Die bereits mehrfach genutzte Analogie zwischen einem industriellen Produktionssystem und einem Informationssystem zeigt sich besonders bei einem workflow- und framework-getriebenen Informationssystem.

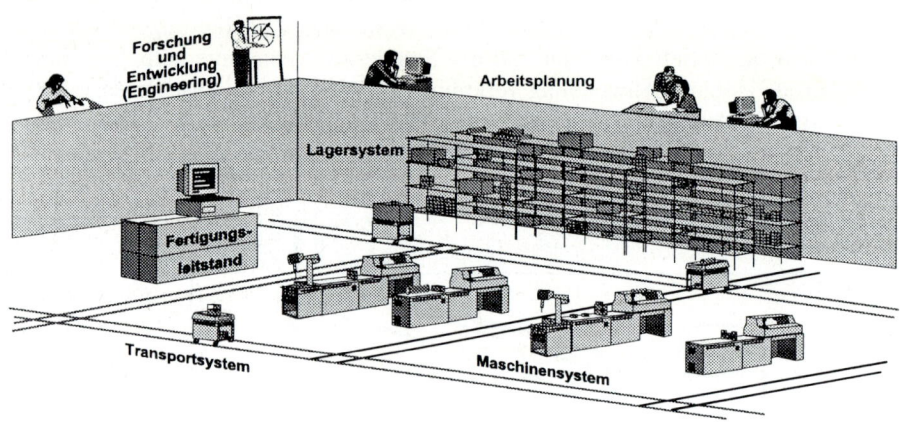

Abb. 60 Industrielles Produktionssystem

Abb. 60 zeigt ein industrielles Produktionssystem und Abb. 61 im analogen Aufbau ein workflow-gesteuertes Informationssystem. Im Engineering werden die herzustellenden Produkte konstruiert und beschrieben; die Arbeitsplanung legt die benötigten Fertigungsprozesse in Form von Arbeitsplänen fest. Dieses entspricht für das Informationssystem der Ebene I des HOBE-Ansatzes. Das Produktionssystem wird von einem Leitstand gesteuert, der wiederum der Ebene II des HOBE-Ansatzes entspricht.

Das Transportsystem vermittelt zwischen dem Lagersystem, in dem die zu bearbeitenden Objekte gespeichert sind und dem Maschinensystem, das die Bearbeitungsfunktionen ausführt. Der Ablauf wird dabei von dem Arbeitsplan gesteuert. Das Transportsystem entspricht dem Workflow-System der Ebene III des HOBE-Ansatzes und die Lagerung und Funktionsausführung der Ebene IV mit der Datenbank und den Business Objects.

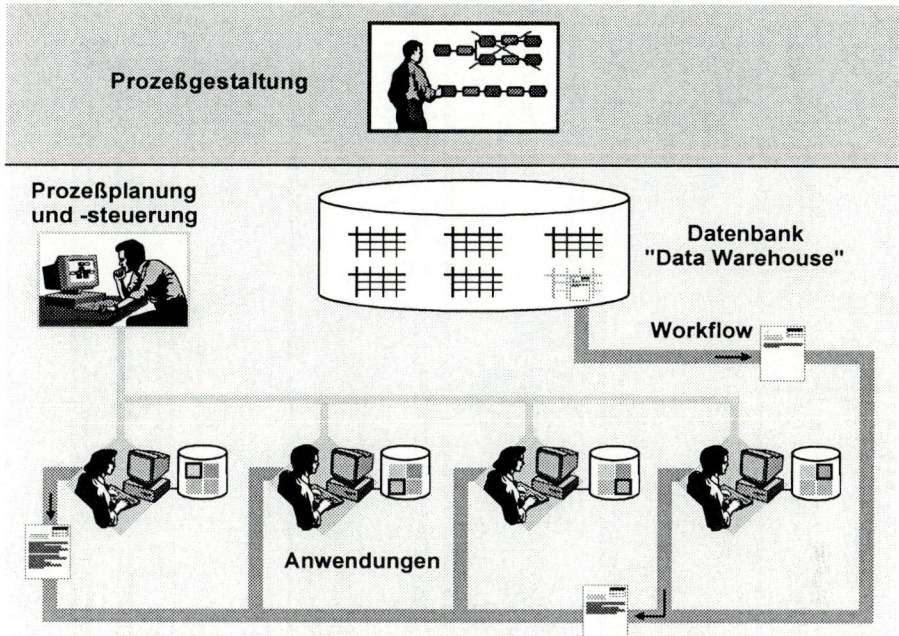

Abb. 61 Workflow-getriebenes Informationssystem

Die analogen Beziehungen zwischen den Abbildungen sind somit deutlich geworden. Bei Informationssystemen wird durch das HOBE-Konzept das Gesamtsystem
in Lagersystem (Datenspeicherung), Transportsystem (Workflow-System) und
Funktionsausführung (Business Objects) strukturiert. Die Ebenen I und II werden
durch die Produkt- und Prozeßmodellierung sowie die Prozeßplanung und
-steuerung abgedeckt. Die stärkere Strukturierung von Informationssystemen in
Subsysteme vereinfacht ihren Aufbau und ihre Steuerung sowie ihre flexiblere
Anpassung.

D.V.2 Realisierungsansätze

Realisierungsansätze, die den Begriff „Framework" verwenden, sind zur Zeit noch
unterschiedlich weit ausgebildet. Trotzdem zeigen sie die zukünftige Bedeutung
dieses Konzepts.

D.V.2.1 ARIS-Framework

Das ARIS-Framework richtet sich an dem HOBE-Ansatz aus und ist als Prototyp
von der IDS entwickelt worden. Auf der Prozeßgestaltungsebene stellt es mit dem
ARIS-Toolset Modellierungs- und Analysewerkzeuge bereit.

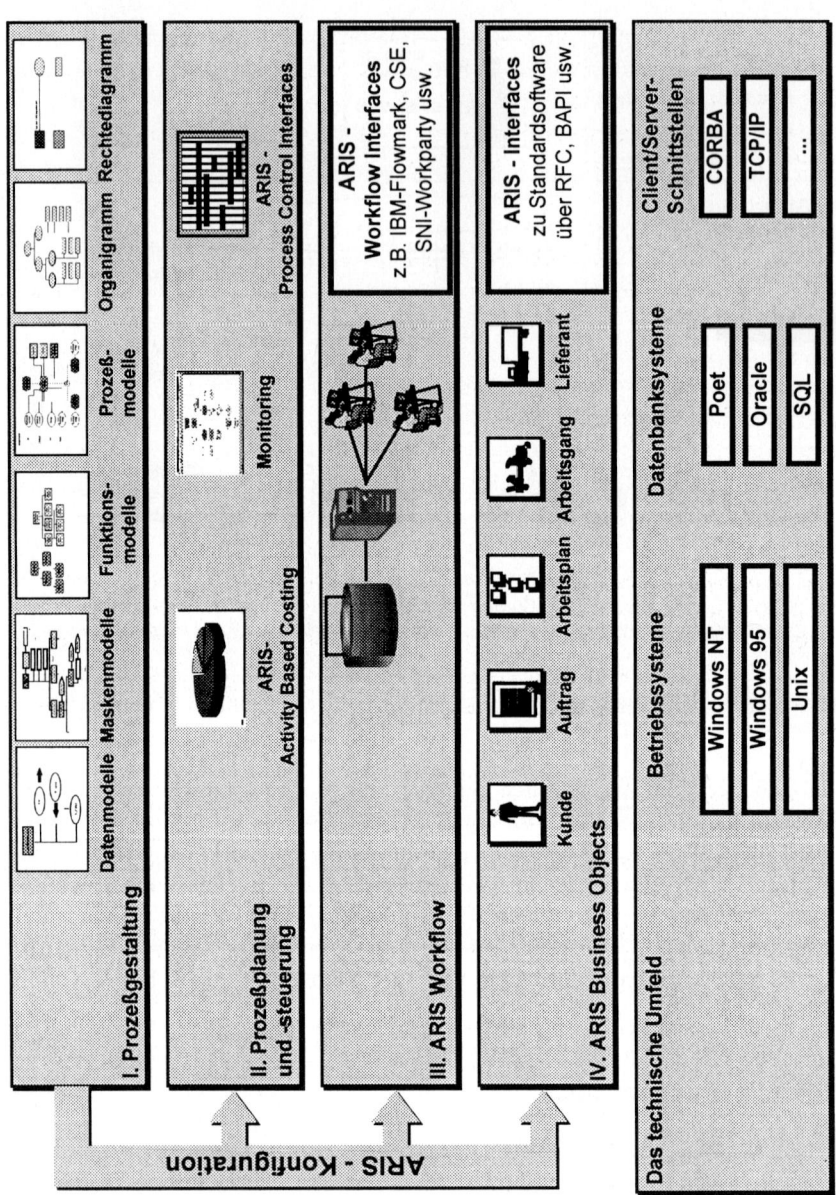

Abb. 62 Architektur des ARIS-Framework

Zur Geschäftsprozeßplanung und -steuerung bestehen eigene integrierte Produkte zur Prozeßkostenrechnung, Monitoring und Zeit- und Kapazitätssteuerung sowie Schnittstellen zu externen Produkten, z. B. MS-Project.

Auf der Workflow-Ebene wird mit dem ARIS-Workflow ein integriertes eigenes Produkt zum Prototyping angeboten, gleichzeitig bestehen Schnittstellen zu rund 10 weiteren Workflow-Systemen.

Auf der Anwendungssystem-Ebene sind generische Business Objects für Logistiklösungen verfügbar, zusätzlich bestehen Schnittstellen zum Aufruf von Standardsoftware, z. B. das SAP R/3-System über RFC und soweit bereits verfügbar, BAPI.

Das Anwendungswissen ist in Referenzmodellen der Ebene I enthalten, aus denen die anderen Ebenen inhaltlich gefüllt werden. Die auf der Ebene IV entwickelten generischen Business Objects können durch das Customizing aus den Referenzmodellen auf unterschiedliche Anwendungsfälle ausgerichtet werden.

In Abb. 62 ist die Architektur des ARIS-Framework dargestellt. Die Business Objects werden von einem Objektmanager auf dem Application Server verwaltet. Ihm sind die Daten über eine neutrale Schnittstelle zu relationalen Datenbanken zugeordnet. Über ein CORBA-Gateway bestehen Schnittstellen zu externen Systemen. Dabei können diese Systeme ereignisgesteuert aufgerufen werden. Der Ablauf innerhalb der Business Objects, zwischen den Business Objects und zu externen Systemen wird über das ARIS-Workflow gesteuert.

Die Window Clients sind über CORBA-Schnittstellen mit dem Application Server verbunden.

Die Business Objects können über die Modellierungsebene konfiguriert werden. Dazu dienen im wesentlichen die Modelltypen der Ebene I.

Über Datenmodelle werden Attribute einem Business Object hinzugefügt oder unterdrückt. Über Maskenmodelle werden die Benutzermasken eines Business Object aufgebaut. Über Funktionsmodelle können Funktionen eines Business Object ausgewählt werden. Prozeßmodelle konfigurieren die Zuordnung zwischen Funktionen und Modulen und steuern den Ablauf innerhalb und zwischen den Business Objects. Über Organigramme und Rechtediagramme werden Funktions- und Datenrechte eingestellt. Die genaueren Modellierungsmethoden und Konfigurationsmöglichkeiten sind in *Scheer, ARIS - Modellierungsmethoden, Metamodelle, Anwendungen 1998* dargestellt.

D.V.2.2 SAP-Framework

Die SAP Business Objects und Komponenten der Abb. 56 und Abb. 57 zeigen bereits Kernpunkte des SAP-Framework-Konzepts. Insgesamt besteht es aus dem SAP-Referenzmodell, in dem die Geschäftsprozesse durch EPK definiert sind, der Integrationstechnik ALE, dem SAP-Business Workflow, der BAPI-Schnittstellentechnik für Business Objects und den Business Objects selbst *(vgl. SAP, White Paper Business Framework 1996, S. 15)*.

Obwohl in dieser Aufzählung nicht direkt genannt, ist auch der SAP-Business Engineer (BE) mit seinen Konfigurationsmöglichkeiten dem Framework-Konzept hinzuzurechnen. Eine Übersicht über den BE gibt Abb. 63 *(vgl. SAP, White Paper Business Framework 1996, S. 9; Schröder, Business Engineer 1997)*. Obwohl die einzelnen Komponenten (BE, Workflow, Datamodelling usw.) zunächst eigenständig entwickelt worden sind, zeigt sich ein konzeptioneller Trend zur Integration. Das SAP-Framework dient zur Integration von Software-Lösungen, die nicht nur Software der SAP enthält, sondern auch von Partnern. Dieses ist Voraussetzung, um vollständige Branchenlösungen anzubieten. Gleichzeitig können Anwender durch Nutzung des Framework als Werkzeugkasten eigene Zusätze zum SAP R/3-System innerhalb der SAP R/3-Technologie entwickeln.

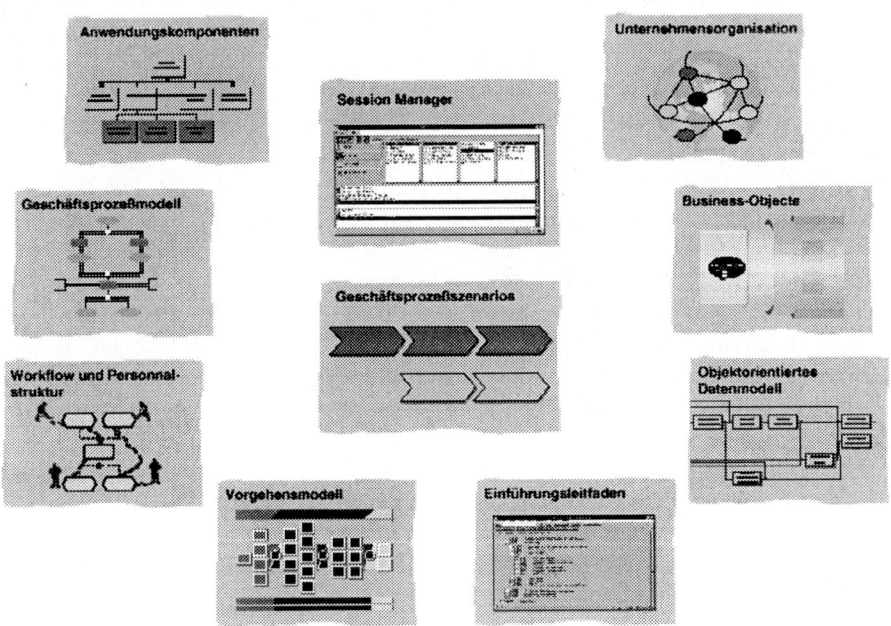

Abb. 63 Bestandteile des SAP-Business Engineer
(aus SAP, White Paper Business Framework 1996, S. 9)

D.V.2.3 SNI-ComUnity

Von Siemens-Nixdorf ist ein Framework entwickelt worden, das aus dem Workflow-System Workparty, dem Konfigurations-Tool ComUnity und Business Objects für Anwendungen im Industriebereich besteht. Durch Anbindung der ARIS-Modellierungsprodukte der Ebenen I und (später) auch II wird eine Konzeption erreicht, die weitgehend dem HOBE-Konzept entspricht. Die Architektur der technischen Plattformen zeigt Abb. 64. Sie ist insbesondere durch eine große Verwendung von Microsoft-Standards gekennzeichnet.

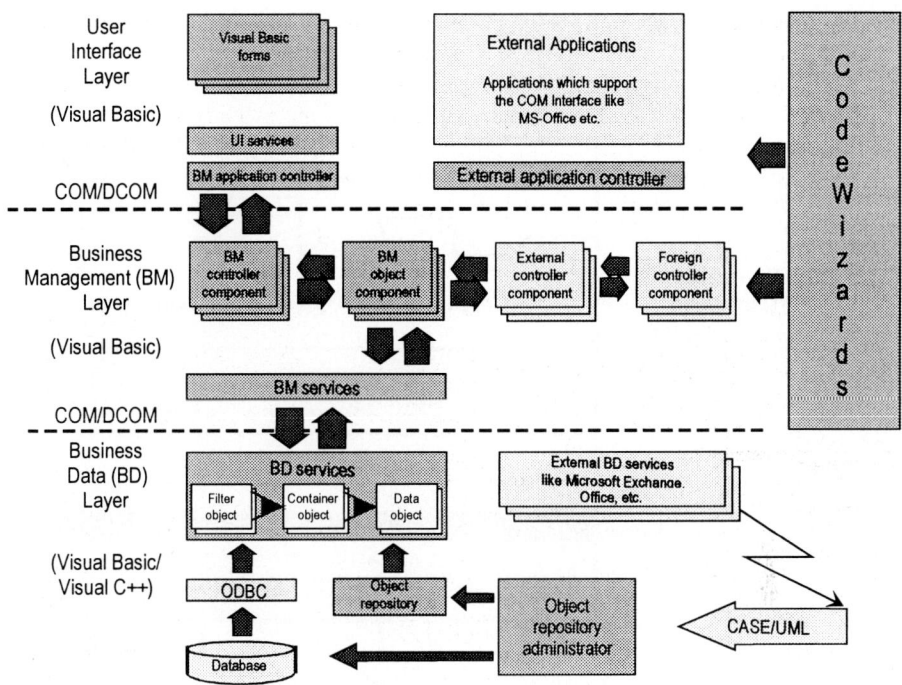

Abb. 64 Architektur des SNI-Framework ComUnity
(aus Siemens Nixdorf, ComUnity 1997)

D.V.2.4 IBM-San Francisco

Mit dem San Francisco-Framework will die IBM insbesondere kleineren Software-Häusern eine schnellere und kostengünstigere Entwicklung von Anwendungen ermöglichen. Es besteht aus den in Abb. 65 dargestellten Schichten, wobei der
Anwendungsentwickler die oberste Schicht ausfüllt und dabei Zugriff zu den
anderen Schichten besitzt. Die Java Virtual Machine macht die Anwendungssoftware von technischen System- und Hardware-Plattformen unabhängig.

Der Base Enabling-Layer wird in die drei Kategorien Kernel Services, Base
Object Model Classes und Utilities eingeteilt.

– Die Kernel Services basieren auf den von der OMG definierten Object Services. Allerdings wurden sie in Java programmiert und teilweise in ihrer Funkti-
   onsweise den Fähigkeiten von Java bzw. den Anforderungen von IBM angepaßt.
– Die Base Object Model Classes enthalten Mechanismen zur Speicherung oder
   Identifikation von Objekten.
– Die Utilities bieten Funktionen zur Konflikt-Kontrolle, grundlegende GUI
   (Graphical User Interface) -Teile und Session Management. Diese Funktionen
   sind zwar teilweise schon in den Betriebssystemen enthalten, stellen aber de-

ren Integration sicher und bieten ein einheitliches „Look and Feel" für die Benutzer.

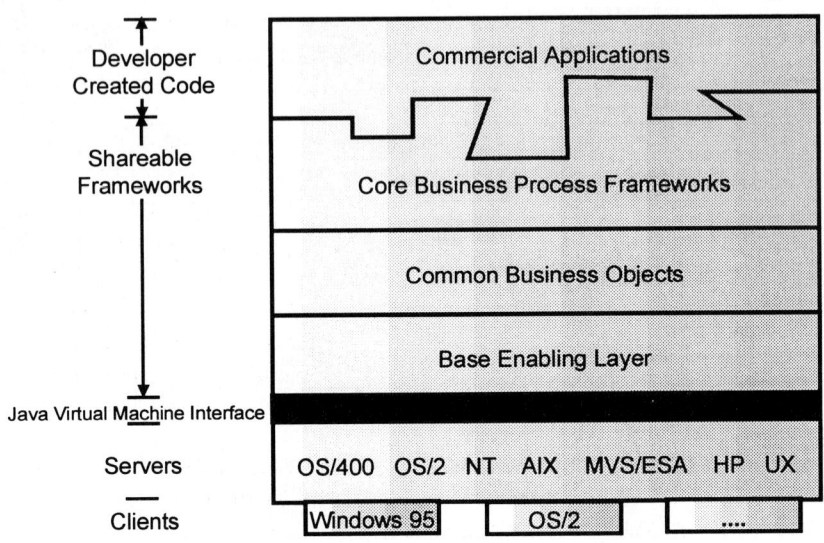

Abb. 65 IBM-San Francisco-Project
      (aus IBM Shareable Frameworks 1996, o. S.)

Die CBO sind für viele Branchen gültig und müssen vom Software-Entwickler nur noch durch individuelle Funktionen oder Verhaltensweisen, die für das einzelne Unternehmen gelten, ergänzt werden. Sie umfassen z. B. Adressenverwaltung, Zahlungsbedingungen, Kalenderfunktionen und Funktionen zum Datenaustausch, z. B. EDI. Diese CBO sind vergleichbar mit den CBO der OMG. Dieses erklärt auch das Interesse der IBM, CBO bei der OMG zur Zertifizierung einzureichen.

In den Core Business Process Frameworks werden Objekte zum Auftragsmanagement, zur Lagerführung und für das betriebliche Rechnungswesen bereitgestellt. Nach Schätzungen von IBM werden die CBO und Core Business Process Frameworks etwa 40 % einer typischen Anwendung ausmachen, die nur noch mit den Benutzerschnittstellen, den länder- und industriespezifischen Besonderheiten, Geschäftsregeln und zusätzlichen individuellen Anwendungsfunktionen ergänzt werden müssen.

D.V.3 Konsequenzen für die Software-Industrie

Mit den Möglichkeiten von Componentware und Frameworks wird sich die Erstellung von Software ändern. Genauso wie sich bei der Hardware ein Trend von der vertikalen Produktion ganzer Systeme durch einen Hersteller in eine horizontale Fertigung von Prozessoren, Peripherie, Betriebssystemen usw. aufgelöst hat, die dann vom Hersteller zusammenmontiert werden, wird sich dieses bei der Anwendungssoftware vollziehen. Bei der Hardware war die Voraussetzung die Entwicklung von Standards für Prozessoren, Betriebs- und Datenbanksysteme sowie Kommunikationsnetzwerke.

Bei der Anwendungssoftware sind darüber hinaus Standards für Komponenten und Frameworks zu etablieren. Diese Standards ermöglichen es, daß Komponenten unterschiedlicher Hersteller in unterschiedlichen Frameworks eingepaßt werden können.

Die Software-Industrie wird in Zukunft ihre bisherige große Fertigungstiefe abbauen und sich in Hersteller von Gesamtlösungen, die Komponenten in (ihre) Frameworks montieren, und Komponentenhersteller aufteilen. Dazwischen werden Subsystemhersteller Zwischenprodukte erstellen.

Die Komponenten werden von den Montierern nach dem Grundsatz „best of breed" ausgewählt und ausgetauscht. Damit wird das betriebswirtschaftliche Wissen und seine Darstellung in montagegeeigneter Form immer wichtiger. Die Gestaltungsebene des HOBE-Konzepts mit ihren Modellierungsmethoden sowie den Integrations- und Customizing-Verbindungen zu Workflow und Business Objects wird damit zum Angelpunkt der Software-Entwicklung.

Ähnlich wie in der Automobilindustrie die Hersteller von Autos über die Entwicklungskompetenz (also das Engineering), die Logistik und die Montagekompetenz verfügen, werden die Anbieter von Gesamtlösungen über die Inhalte und Modellierungstechniken der Ebene I sowie das Beherrschen von Frameworks verfügen müssen. Weiterhin müssen sie den Markt von Komponentenherstellern beobachten, bewerten und Hersteller-Zuliefer-Verhältnisse aufbauen können. Dazu muß der Anbieter von Gesamtlösungen weltweite Beratungs- und Servicekompetenzen aufbauen. Dieses erfordert große Unternehmensstrukturen. Er garantiert gegenüber dem Kunden die Integrität der Gesamtlösung. Die Herstellung von einzelnen Komponenten und Subsystemen kann dann auch von kleineren Software-Anbietern übernommen werden.

Allerdings sollten die Möglichkeiten eines Marktes für Componentware, aus dem sich die großen Lösungsanbieter flexibel bedienen können, auch nicht überschätzt werden. Insbesondere erscheint das Bild eines Legobaukastens, aus dem Anwendungen frei zusammengesetzt werden können, nicht zutreffend. Legosteine sind einander gleich und können deshalb entsprechend einem Montageplan ohne Wissen über die innere Struktur der Steine zusammengesetzt werden - es genügt das Wissen über die genormten Steckkontakte und ihre genormte äußere Abmessung.

Software-Komponenten enthalten dagegen Anwendungswissen und dieses ist bei den Komponenten verschieden. Es genügt zur Montage deshalb nicht nur das Wissen der technischen Schnittstellen, sondern es ist tiefes Wissen über die Anwendungslogik erforderlich, um festzustellen, ob eine Komponente zur Montage geeignet ist. Die umfassende fachliche Dokumentation der Komponenten ist deshalb eine Grundvoraussetzung zur Montagegerechtigkeit einer Komponente. Bei Komponenten mit kompliziertem Anwendungsinhalt ist eine enge Zusammenarbeit zwischen Lösungs- und Komponentenhersteller erforderlich. Dieses ist auch in der Industrie, z. B. bei der Flugzeug- und Automobilindustrie, zu den Zulieferern der Fall. Der Austausch der Produktinformationen und die enge Entwicklungszusammenarbeit wird dort als Simultaneous Engineering bezeichnet *(vgl. Scheer, Wirtschaftsinformatik 1997)*. Viele Erfahrungen und Vorgehensweisen des Simultaneous Engineering können auf die Software-Industrie übertragen werden.

Im Gegensatz zur Fertigungsindustrie ist aber der Know-How-Schutz des Komponentenherstellers in der Software-Industrie geringer. Während ein Automobilzulieferer seine Kompetenz sowohl im Forschungs- und Entwicklungsbereich als auch in der Fertigung durch sein Verfahrens-Know-How und die Maschinenressourcen besitzt, und er die Komponenten ständig neu fertigen muß, besitzt in der Software-Industrie der Komponentenhersteller lediglich das Entwicklungs-Know-How. Dieses kann aber bei einer engen Zusammenarbeit leicht an den Lösungsanbieter übertragen werden, so daß dieser die Komponenten leicht nachentwickeln kann.

Eine umfassende Neuorientierung der Software-Industrie durch Componentware setzt demnach auch wirksame Schutzmechanismen und eine auf Vertrauen ausgerichtete Kultur der Zusammenarbeit zwischen Komponentenherstellern und Lösungsanbietern voraus.

E Modellierungsprinzipien in ARIS

Das Manipulieren von Elementen zur Beschreibung von Geschäftsprozessen in den von ARIS definierten Sichten und Phasen und mit den dort zugelassenen Begriffen und Methoden wird als Modellierung in ARIS bezeichnet. Modellieren ist ein kreativer Vorgang und kann deshalb nicht vollständig durch Regeln gesteuert werden. Die Beachtung einiger Grundsätze macht es aber möglich, Modelle, die von Dritten angefertigt worden sind, leichter einzuordnen und zu verstehen. Auch können Qualitätskriterien aufgestellt werden, die bei der Modellierung beachtet werden sollten.

Nach den Ausführungen zu Grundsätzen ordnungsmäßiger Modellierung werden Fragen der Modellierungsebenen (Instanzen-, Typ-, Meta- und Meta^2-Ebene), Granularität und Detaillierung sowie Modellvarianten behandelt.

E.I Grundsätze ordnungsmäßiger Modellierung

Der Ausdruck „Grundsätze ordnungsmäßiger Modellierung (GOM)" (*vgl. Becker/ Rosemann/Schütte, Grundsätze ordnungsgemäßer Modellierung 1995; Galler, Vom Geschäftsprozeßmodell zum Workflow-Modell 1997, S. 124 f.; Reiter/Wilhelm/Geib, Multiperspektivische Informationsmodellierung 1997*) ist dem Ausdruck „Grundsätze ordnungsmäßiger Buchführung" nachempfunden. Er soll sowohl der Forderung möglichst vieler Freiheitsgrade beim Modellieren als auch der nachvollziehbaren Qualitätssicherung Rechnung tragen (*vgl. auch Maier, Qualität von Datenmodellen 1996*).

In das ARIS-Konzept und in die darauf aufbauenden ARIS-Werkzeuge werden folgende Regeln, die in einem vom BMBF geförderten Forschungsprojekt weiterentwickelt werden, (*Projekt „GoM", Fördergebiet Softwaretechnologie; Az.: 523-4001-01 IS 604 A*) aufgenommen:

– **Grundsatz der Richtigkeit**: Ein Modell ist richtig, wenn es syntaktisch und semantisch korrekt ist. Die syntaktische Richtigkeit eines Modells ist gegeben, sobald ein Modell vollständig und konsistent gegenüber dem zugrundeliegenden Meta-Modell ist. „Die semantische Richtigkeit eines Modells läßt sich an der Struktur- und Verhaltenstreue des Modells gegenüber dem zugrundeliegenden Objektsystem bemessen" (*vgl. Rosemann, Komplexitätsmanagement in Prozeßmodellen 1996, S. 94*). Diese Überprüfung ist aber in der Praxis nur mit erheblichem Aufwand, z. B. mittels Simulationsstudien, durchzuführen. In dem ARIS-Toolset steht ein Simulations-Tool zur Verfügung. Zur syntaktischen Überprüfung von Modellen wurde in das ARIS-Toolset eine Vielzahl von Regeln implementiert, die z. B. sicherstellen, daß jeder Vorgang von einem Ereignis angestoßen wird und zu einem Ereignis führt usw.

- **Grundsatz der Relevanz**: Es sollen nur jene Ausschnitte des Objektsystems der Realwelt abgebildet werden, die dem Modellierungszweck entsprechen. Im Sinne einer Kosten-Nutzen-Betrachtung sollte ein Modell nicht mehr Informationen als notwendig enthalten.
- **Grundsatz der Wirtschaftlichkeit**: Wesentliche Einflußfaktoren der Wirtschaftlichkeit sind der Erstellungsaufwand des Modells und der Nutzen des Verwendungszweckes sowie die Verwendungsdauer.
- **Grundsatz der Klarheit**: Unter Klarheit wird die Eigenschaft eines Modells verstanden, die es für die Modelladressaten verständlich und verwendbar erscheinen läßt. Sie betrifft die Pragmatik, die die Beziehung zwischen Modell und Modellnutzer darstellt (*vgl. Rosemann, Komplexitätsmanagement in Prozeßmodellen 1996, S. 99 f.*). Da Modelle eine Vielzahl von Informationen vereinen, die sowohl technische als auch organisatorische Aspekte beinhalten, sind sie i. d. R. nur für Spezialisten innerhalb eines kürzeren Zeitraumes verständlich. Werden Modelle dagegen in Teilsichten zerlegt und bearbeitet, ergibt sich für die einzelnen Sichten ein leichterer Modellzugang.
- **Grundsatz der Vergleichbarkeit**: Modelle, die unter Verwendung einer einheitlichen Rahmenkonzeption und Modellierungssprache erstellt wurden, sind dann vergleichbar, wenn zu ihrer Erstellung eine konventionsgerechte Objektbenennung, dieselben Modellierungskonstrukte sowie äquivalente Detaillierungsgrade verwendet wurden (*vgl. Rosemann, Komplexitätsmanagement in Prozeßmodellen 1996, S. 102 f.*). Bei Modellen, die mit unterschiedlichen Modellierungssprachen erstellt wurden, müssen die Meta-Modelle, auf denen die Modelle basieren, vergleichbar sein.
- **Grundsatz des systematischen Aufbaus**: Dieser Grundsatz fordert die Integrationsfähigkeit von Modellen, welche in unterschiedlichen Sichten entwickelt wurden. Dazu ist ein sichtenübergreifendes Meta-Modell erforderlich, wie es z. B. das ARIS-Informationsmodell bereitstellt.

E.II Modellierungsebenen

Das ARIS-Konzept wurde auf der anwendungsunabhängigen Meta-Ebene entwickelt (vgl. Abb. 12). Da die auf dieser Ebene zugelassenen Begriffe auch für darunterliegende Anwendungstypen und Ausprägungen gelten, überträgt sich somit das ARIS-Konzept automatisch auf die tieferen Modellierungsebenen.

In Abb. 66 ist für die ARIS-Sichten auf Fachkonzeptebene ein Beispiel angegeben, das für jede Sicht einen typischen Begriff angibt, der zu dem Begriff der darunterliegenden Abstraktionsebene die Klassen-Element-Beziehung aufweist.

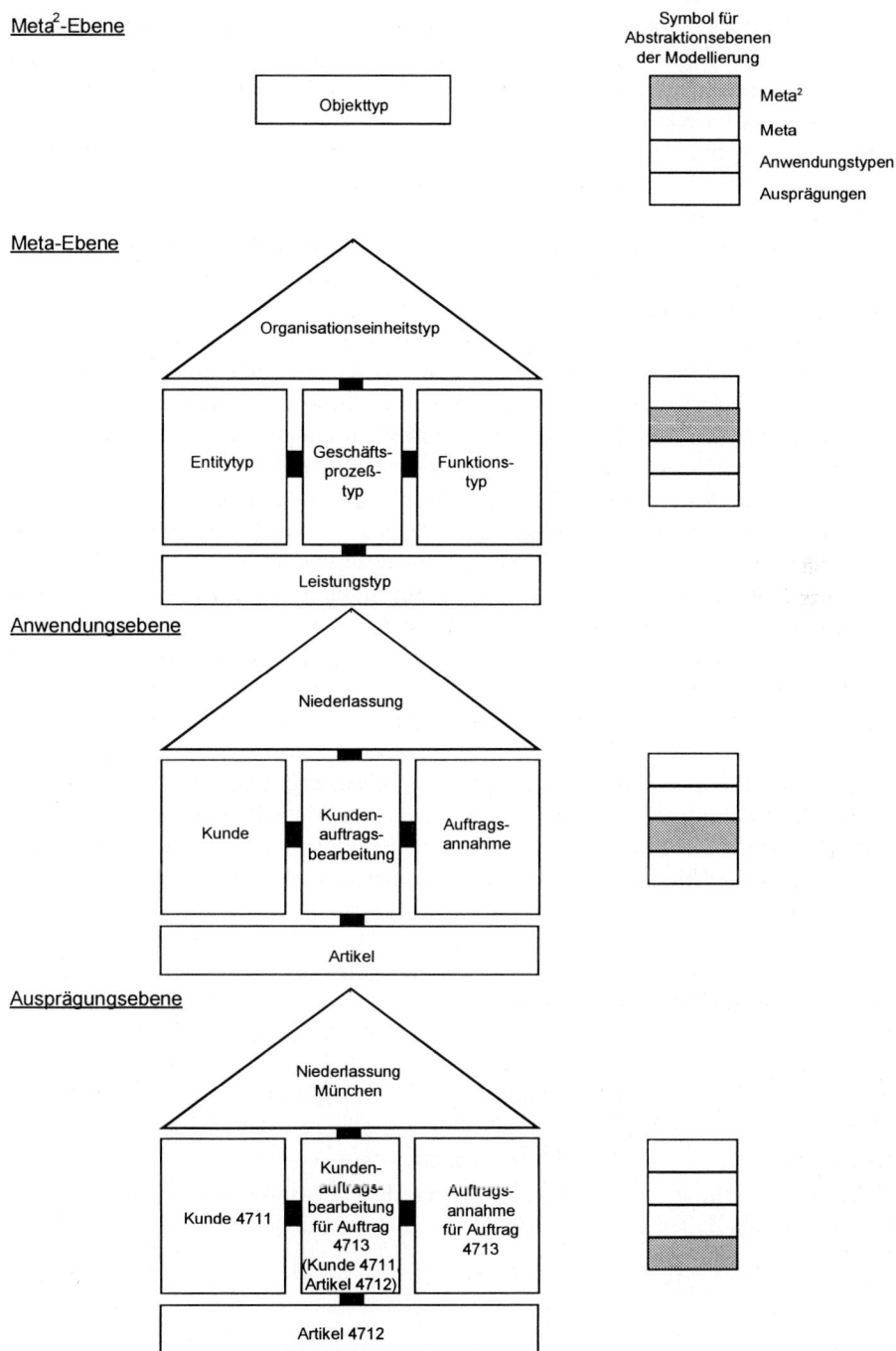

Abb. 66 ARIS-Modellierungsebenen

Auf der Meta^2-Ebene wird lediglich ein allgemeiner Begriff „Objekttyp" definiert. Diese Klasse enthält die Begriffe der Meta-Ebene als Elemente. Auf der Meta-Ebene wird das ARIS-Informationsmodell entwickelt, d. h. es werden die grundsätzlichen zur Geschäftsprozeßbeschreibung einzusetzenden Begriffsklassen mit ihren Beziehungen festgelegt. Auf der Anwendungsebene werden konkrete Anwendungen modelliert. Auf dieser Beschreibungsebene werden üblicherweise betriebswirtschaftliche Informationssysteme entwickelt, so daß die hier verwendeten Modellierungsmethoden eine besondere Bedeutung besitzen. Auf der Ausprägungsebene werden dann die einzelnen Ausprägungen modelliert. Diese Prozesse werden zur Run-Time ausgeführt.

Anhand eines Symbols kann für jedes Modell die entsprechende Abstraktionsebene grafisch angezeigt werden (vgl. rechte Seite in Abb. 66).

Normalerweise werden zur Build-Time eines Geschäftsprozesses die Modelle auf der Typebene erstellt. Damit sind die Modelle unempfindlich gegenüber Instanzenänderungen, z. B. Aufnahme neuer Artikel im Datenmodell oder Kündigung einzelner Mitarbeiter im Organisationsmodell. Steht aber fest, daß in einem Geschäftsprozeßtyp immer bestimmte Instanzen verwendet werden, so können diese auch bei der Build-Time-Modellierung angesetzt werden. Dieses gilt z. B., wenn eine Funktion nur von einem ganz bestimmten Spezialisten ausgeführt werden kann, oder immer eine ganz bestimmte Datenausprägung verwendet wird, oder ein Modell sich auf eine ganz bestimmte Organisationseinheit bezieht und nicht nur auf deren Typ. Aus diesem Grund können auch Modelle mit Mischungen aus Ausprägungs- und Typebene auftreten.

Zum tieferen Verständnis der Beschreibungsebenen wird das konkrete Modellverwaltungsprinzip skizziert, das dem ARIS-Toolset zugrunde liegt.

Alle Modelle im ARIS-Toolset werden auf der Meta^2-Ebene gespeichert und verwaltet. Dadurch wird eine Methodenunabhängigkeit erreicht, da alle methoden- und sichtenspezifischen Begriffe Instanzen dieses generellen Objekttyps sind. Neue Modellierungsmethoden können deshalb (weitgehend) ohne Programmänderungen in das ARIS-Toolset eingestellt werden.

Die Klasse OBJEKTTYP der Meta^2-Ebene enthält somit als Ausprägungen Modellierungsobjekte wie Funktionstyp, Entitytyp, Organisationseinheitstyp, Leistungstyp usw. der Meta-Ebene (vgl. Abb. 67). Auf alle Modellierungsobjekte können die gleichen Operationen wie Anlegen, Löschen, grafische Darstellung, grafische Verschiebung, Hierarchisierung usw. angewendet werden, so daß diese Operationen auf die Klasse OBJEKTTYP definiert werden. In Abb. 68 ist die Klasse OBJEKTTYP als Tabelle dargestellt. Werden neue Modellierungsobjekte durch neue Methoden eingeführt, so werden diese als neue Ausprägungen dieser Klasse, also als Zeilen der Objekttyptabelle, aufgenommen.

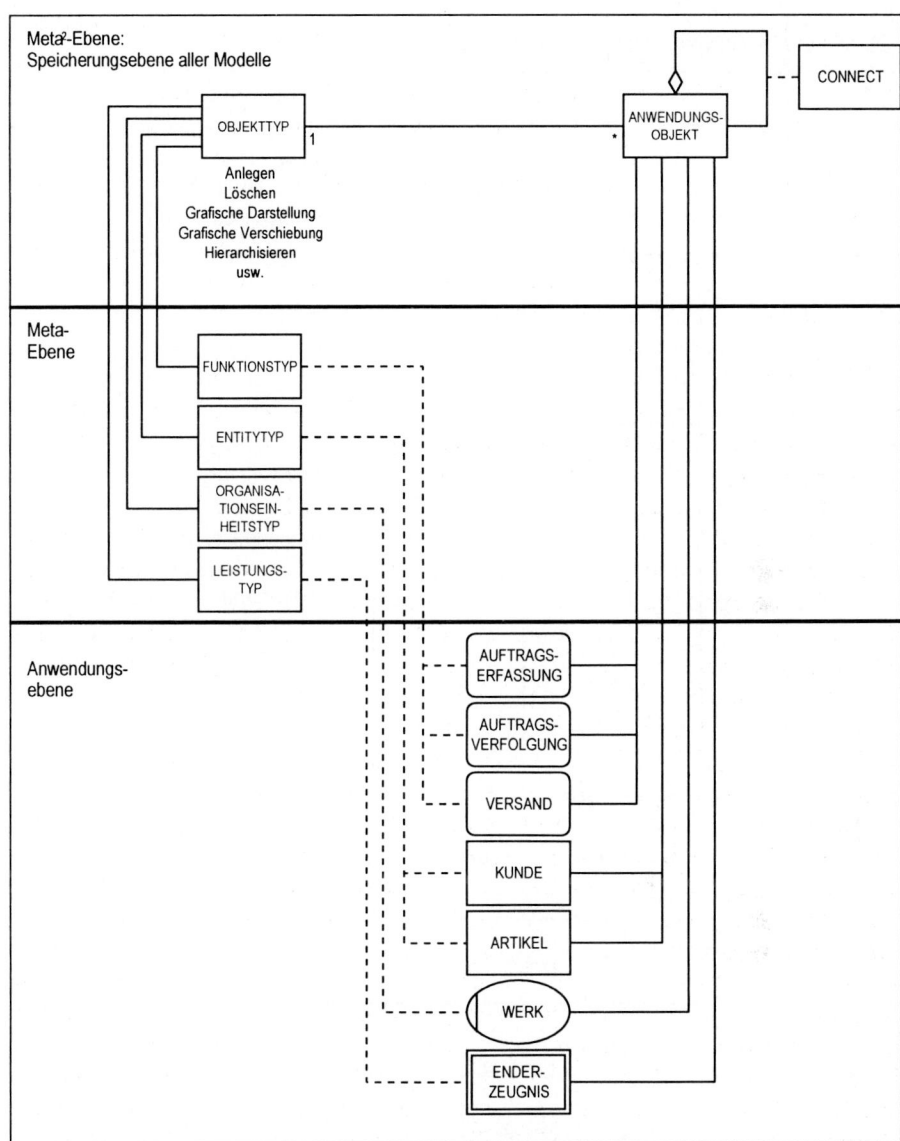

Abb. 67 Modellverwaltungsprinzip des ARIS-Toolset

Objekttyp	Objekttypnummer	Bezeichnung	Darstellungsart
	1	Funktionstyp	gerundetes Rechteck
	2	Entitytyp	einfach gerandetes Rechteck
	3	Organisations-einheitstyp	Oval
	4	Leistungstyp	doppelt gerandetes Rechteck

Abb. 68 Objekttyptabelle

Anwendungsobjekt	Anwendungs-objektnummer	Objekttyp-nummer	Bezeichnung
	1	1	Auftragserfassung
	2	1	Auftragsverfolgung
	3	1	Versand
	4	2	Kunde
	5	2	Artikel
	6	3	Werk
	7	4	Enderzeugnis

Abb. 69 Anwendungsobjekttabelle

Objekttyp	Objekttyp-nummer	Bezeichnung	Darstellung
	⋮ 4	Leistung	doppelt gerandetes Rechteck
	⋮ 10	Funktionsinstanz	gerundetes Rechteck
	11	Entityinstanz	einfaches Rechteck
	12	Organisationsinstanz	Oval
	13	Leistungsinstanz	doppelt gerandetes Rechteck

Abb. 70 Um Instanzentypen erweiterte Objekttyptabelle

Anwendungs-objekt	Anwendungs-objektnummer	Objekttyp-nummer	Bezeichnung
	7	4	Enderzeugnis
	:		
	10	4	Erzeugnis 4711
	11	4	Erzeugnis 4712
	12	2	Kunde M
	13	2	Kunde N

Abb. 71 Um Instanzen erweiterte Anwendungsobjekttabelle

Die Modelle der Anwendungsebene sind Ausprägungen der Modellierungsobjekte der Meta-Ebene. Dieses ist in Abb. 67 logisch durch die gestrichelten Linien angedeutet. Zur Speicherung wird auf der $Meta^2$-Ebene die Klasse ANWENDUNGSOBJEKT eingeführt, die alle Ausprägungen der Objekte der Meta-Ebene enthält und deshalb mit der Klasse OBJEKTTYP durch eine *:1-Assoziation verbunden ist. Die Speicherungsbeziehungen sind durch ausgezogene Linien gekennzeichnet. Die Modellkanten zwischen den Modellierungsobjekten werden durch die Assoziation CONNECT zwischen ANWENDUNGSOBJEKT erfaßt. Den Zusammenhang zeigt Abb. 69. Während die Klassennamen der Meta-Ebene Elemente der Klasse OBJEKTTYP sind, sind die Anwendungsobjekte Elemente der Meta-Klassen.

Werden in ARIS auch Instanzenmodelle verwaltet, z. B. für Workflow-Anwendungen, so werden die Interpretationen der ARIS-Meta- und -$Meta^2$-Modelle erweitert. Die Struktur des $Meta^2$-Modells in Abb. 67 ändert sich zwar nicht, aber die zugelassenen Instanzen. Das $Meta^2$-Modell nimmt in der Klasse OBJEKTTYP nun auch die verschiedenen Instanzenbeschreibungen der Anwendungsobjekte auf (vgl. Abb. 70) und in der Klasse ANWENDUNGSOBJEKTE die konkreten Instanzen dieser Anwendungsobjekte (vgl. Abb. 71). Damit werden in diesen Tabellen sowohl Anwendungstypen als auch ihre Ausprägungen erfaßt. Das gleiche gilt auch für die Assoziation CONNECT bezüglich der Modellkanten.

Alle Modelle werden im ARIS-Toolset somit logisch in wenigen großen Tabellen gespeichert. Implementiert sind diese Tabellen allerdings in einer objektorientierten Datenbank (POET), so daß dann zur Performance-Verbesserung auch feinere Zugriffsstrukturen (z. B. auf ganze Modelle) möglich sind.

E.III Granularitäts- und Detaillierungsgrade

Modelle können mit Begriffen unterschiedlicher Granularität gebildet werden, wie es das Beispiel in Abb. 72 für das Fachkonzept der Datenklassen und Assoziationen eines Anwendungsgebietes zeigt. Das Klassendiagramm wird zunächst zu Cluster-Begriffen und dann zum Vertriebsmodell verdichtet. Zwischen den drei Begriffsebenen bestehen jeweils 1:*-Part-Of-Assoziationen.

Mit welcher Granularität ein Modell angegeben ist, kann durch Kenntlichmachung eines Feldes in einer (drei)stufigen Pyramide angegeben werden (vgl. Abb. 72).

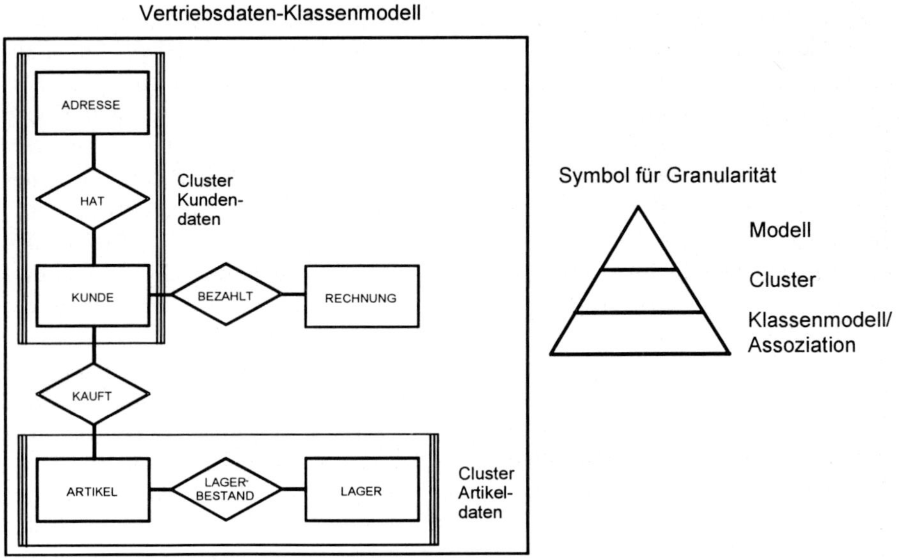

Abb. 72 Modellgranularität

Die Hierarchisierung von Modellen ist unabdingbar, wenn große Anwendungsgebiete beschrieben werden sollen. Abb. 73 zeigt ein Beispiel der Modellhierarchisierung des ARIS-Toolset aus dem Referenzmodell für die Vertriebslogistik der IDS Prof. Scheer GmbH.

Abb. 74 zeigt die Hauptgranularitätsstufen des Business Engineer BE des SAP R/3-Systems. Auf der Ebene der Business Scenarios werden die großen Funktionsbereiche (Vertrieb, Produktion usw.) einer Branche zusammengestellt; die Business Processes betrachten unterschiedliche Prozeßalternativen für einen Funktionsbereich, und innerhalb einer Prozeßalternative werden unterschiedliche Funktionsalternativen (Business Functions in einem Business Process) dargestellt.

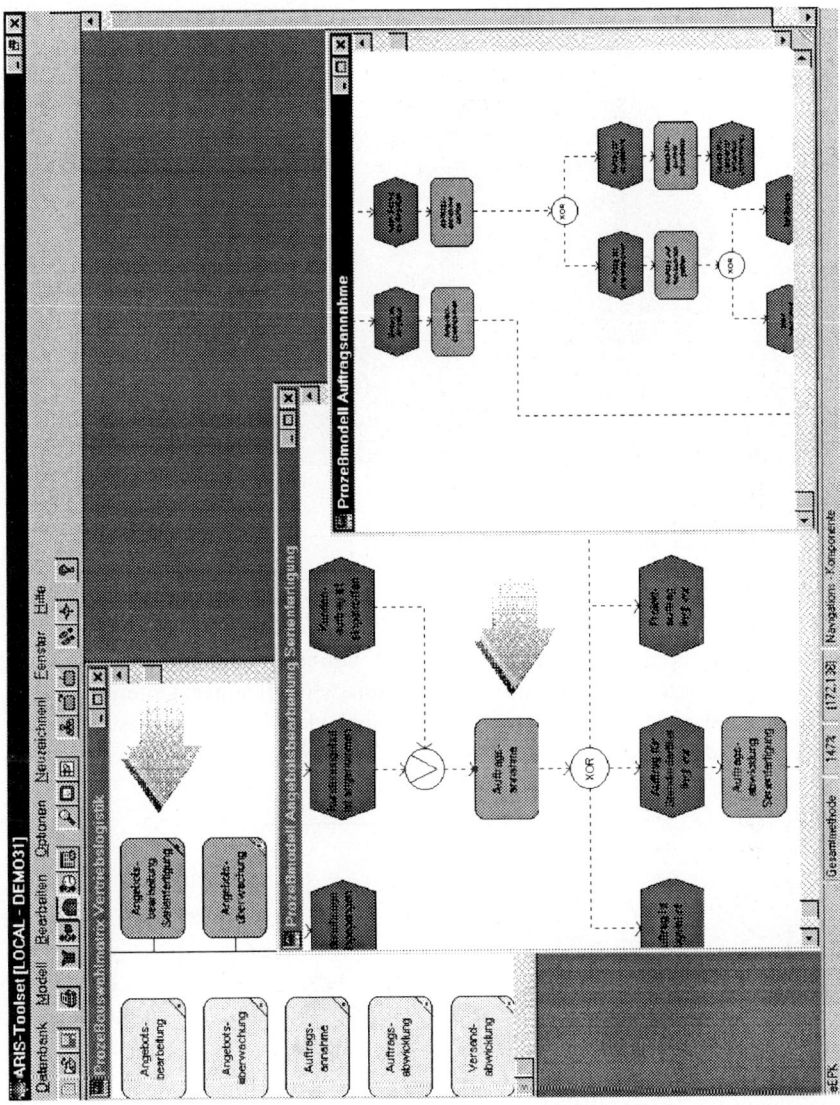

Abb. 73 ARIS-Beispiel für unterschiedliche Ebenen eines Referenzmodells

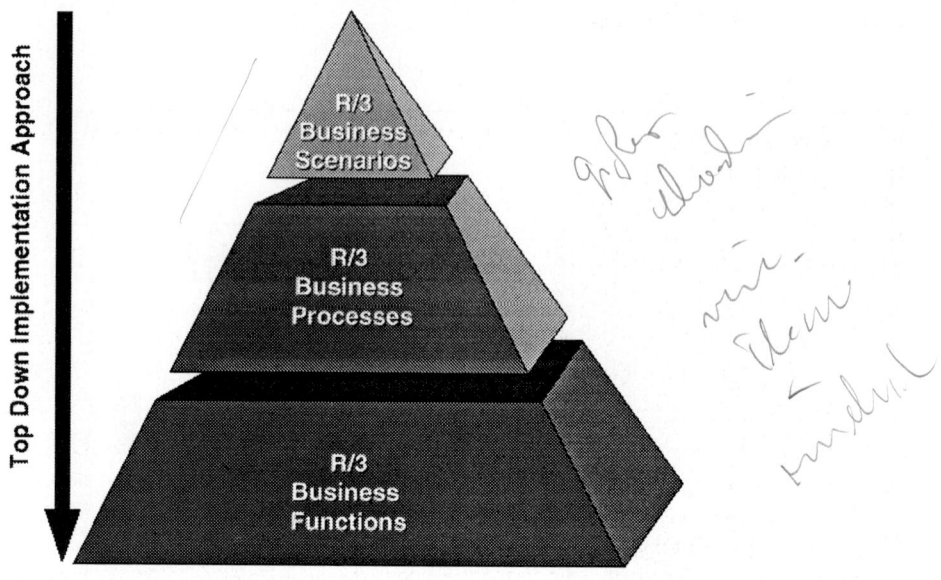

Abb. 74 SAP-Modellhierarchie
(aus Schröder, Business Engineer 1997)

Modelle können ferner unterschiedliche Teilbereiche eines Gesamtkomplexes beschreiben. Teilmodelle eines Gesamtmodells können sich nach betriebswirtschaftlichen Kriterien bilden lassen bis hin zum Modell einer Unternehmung. Dieser Tatbestand wird durch Angabe von Teilen oder der Gesamtlösung eines Puzzles zum Ausdruck gebracht (vgl. Abb. 75).

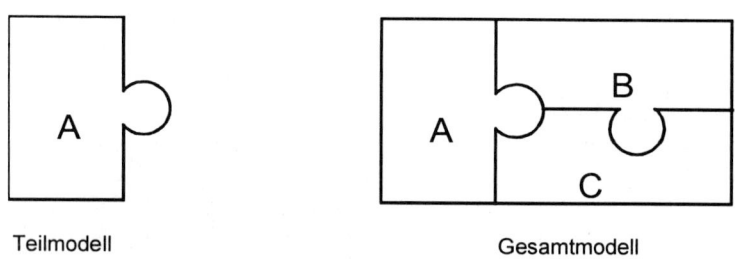

Abb. 75 Symbole für Teilmodell und Gesamtmodell

E.IV Modellvarianten

Bei der Behandlung von Modellversionen im Rahmen des CPI wurde bereits auf die Verwaltung von Modellvarianten hingewiesen. Modellversionen, die sich im Zeitablauf ergeben, wurden dabei durch einen Zeitstempel voneinander unterschieden. Aber auch zu einem Zeitpunkt können Varianten eines Modells bestehen, die für unterschiedliche Bedingungen eines Anwendungsfalles gebildet werden. Dabei gibt es zwei grundsätzliche Arten der Variantenbildung:

– Das Auswählen einer Variante aus einem vorhandenen Obermodell. Hier werden aus dem Obermodell neben den Objekten auch Beziehungswissen über das Zusammenspiel der Objekte übernommen.
– Das Konstruieren einer Variante aus generischen Bausteinen.

In dem 1991 am IWi entwickelten CIM-Analyzer wurden anhand betriebstypologischer Merkmale einer Unternehmung und Regelwissen aus einem umfassenden Funktionsbaum die für eine Unternehmung benötigten Funktionen ausgewählt. *(vgl. Jost, EDV-gestützte CIM-Rahmenplanung 1993, s. bes. S. 33 ff.)*

Einen erweiterten Ansatz verfolgt der BE des SAP-Systems R/3. Hier werden zunächst auf der Ebene der Industry-Scenarios (vgl. Abb. 74) die Funktionsbereiche anhand eines Frage-Antwort-Dialoges ermittelt. Anschließend wird anhand eines ähnlichen Dialoges die Prozeßalternative durch Ausblenden (Redlining) der nicht benötigten Konstrukte aus einem Oberprozeßmodell zusammengestellt. Nach dem gleichen Schema werden dann für Funktionsalternativen innerhalb des Prozesses die Parameterwerte bestimmt. Grundgedanken dieses Verfahrens waren bereits in dem früher von Nixdorf entwickelten System COMET vorhanden *(vgl. Scheer, EDV-orientierte Betriebswirtschaftslehre 1990, S. 147 f.)*.

Sowohl das Konzept des CIM-Analyzer als auch das des BE der SAP berücksichtigen Regelwissen. In ihnen ist im ersten Fall der Zusammenhang zwischen einem betriebstypologischen Merkmal (z. B. Serienfertigung) und den benötigten Funktionen (z. B. Lagerhaltung) erfaßt. Beim BE können über das Regelwissen Integritätsbedingungen formuliert werden und Zusammenhänge zwischen Funktionen (wenn Funktion A entfällt, dann entfällt auch Funktion C) zur Abkürzung des Auswahldialoges eingesetzt werden.

Einen konstruktivistischen Ansatz zur Variantenbildung verfolgt Remme *(vgl. Remme, Konstruktion von Geschäftsprozessen 1997; Remme, Organisationsplanung 1997; vgl auch Lang, Gestaltung von Geschäftsprozessen 1997)*, der als Prototyp in das ARIS-Toolset integriert ist. Er geht von dem Grundsatz aus, daß Organisationen durch Gestaltungsentscheidungen entstehen (vgl. Abb. 76).

Gestaltungsentscheidung	Organisatorische Konsequenzen
Umstellung der Produktion von kundenindividuellen Produkten auf Standardprodukte mit Varianten	Z. B. Entflechtung der Verrichtungen Konstruktion und Kundenauftragsbearbeitung, Entwicklung von Standardarbeitsplänen, Einführung eines Variantenverwaltungssystems
Rücknahme ausgedienter Endprodukte vom Kunden	Z. B. Einführung einer demontagegerechten Konstruktion, Bereitstellung von Entsorgungskapazitäten

Abb. 76 Beispiele für Gestaltungsentscheidungen und ihre Konsequenzen
(nach Remme, Konstruktion von Geschäftsprozessen 1997, S. 90)

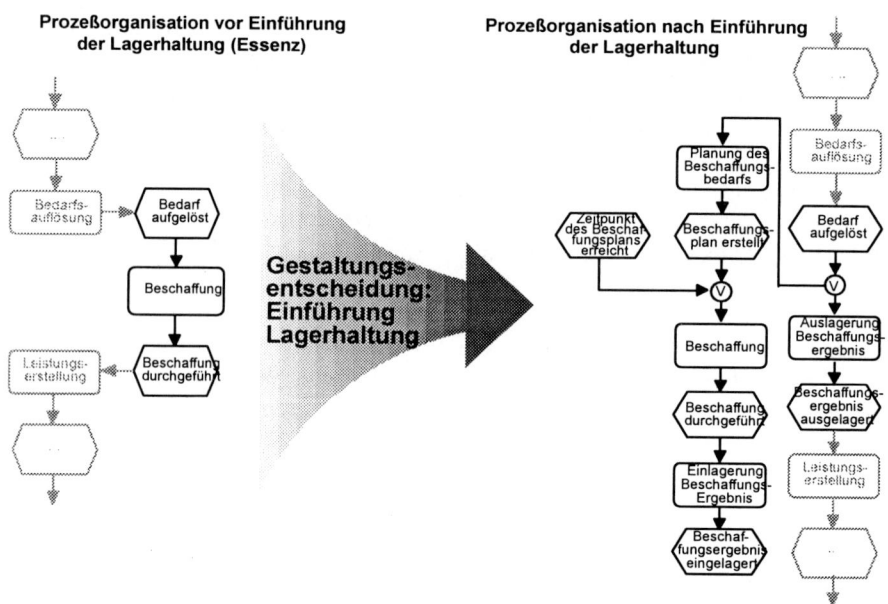

Abb. 77 Konsequenzen von Gestaltungsentscheidungen
(nach Remme, Organisationsplanung 1997, S. 13)

Eine Organisation, die lediglich eine Grundfunktionalität erfüllt und von noch keiner Gestaltungsentscheidung beeinflußt ist, wird Essenz genannt. Auf diese Essenz wirken nun Gestaltungsentscheidungen ein. Die organisatorischen Konsequenzen werden als generische Prozeßpartikel definiert. Ein Prozeßpartikel beschreibt die prozeßorientierten Konsequenzen für eine Unternehmensorganisation, wenn eine Unternehmung eine Gestaltungsentscheidung fällt. Durch fortlaufendes Montieren der Prozeßpartikel in die Ausgangssituation entsteht dann das anwendungsspezifische Prozeßmodell, wie es Abb. 77 für die Gestaltungsentscheidung „Einführung der Lagerhaltung" in die Essenz „Beschaffung" zeigt. Wie im Fall

der Montage einer vorgefertigten Baugruppe bei der Produktion, wird das Prozeßpartikel in der Essenz positioniert und dann mit dieser verbunden.

Ein bestimmtes ARIS-Modell kann zusammenfassend durch seine ARIS-
Betrachtungssicht (5 Sichten à 3 Phasen), seine Modellierungsebene (Meta^2, Meta,
Anwendungstyp, Anwendungsausprägung), seine Granularität, seinen Detaillie-
rungsgrad und seine Variantenbezeichnung charakterisiert werden.

F Vergleich von ARIS mit anderen Ansätzen

Bei den ersten beiden Auflagen dieses Buches waren nur wenige ausformulierte Architekturansätze für die Beschreibung von Informationssystemen vorhanden, mit denen ARIS verglichen werden konnte. Inzwischen hat die Beschäftigung mit Informationssystem-Architekturen in Theorie und Praxis zugenommen. Empirische Untersuchungen zum Informationsmanagement zeigen, daß die Bedeutung von Architekturdiskussionen auch in der Praxis erkannt wird (vgl. *Krcmar, Informationsmanagement 1997, S. 9 f.; Nüttgens, Koordiniert-dezentrales Informationsmanagement 1995, S. 69 f.).* Bei dem Vergleich von Architekturen hat sich die Analyse der Meta-Konzepte beim Methodenvergleich weitgehend durchgesetzt.

Obwohl ARIS als Besonderheit ein integriertes Konzept für

- Architektur,
- Methodenangebot und
- Werkzeugunterstützung

anbietet, kann der Vergleich auch mit solchen Ansätzen durchgeführt werden, die sich lediglich auf eine dieser Komponenten konzentrieren. Es wird aber noch einmal betont, daß gerade der integrierte Ansatz von ARIS für die praktische Umsetzung besonders wirksam ist. Eine isolierte Architektur- oder Methodendiskussion ohne Werkzeugunterstützung oder eine Grafikunterstützung ohne Methodenkonzept, wie sie von Grafik-Tools angeboten wird, sind zur wirksamen Praxisgestaltung nicht ausreichend.

Das ARIS-Konzept stellt einen Bezugsrahmen für Modellierungsmethoden bereit, ist aber selbst methodenoffen. Die in ARIS bisher eingeordneten Methoden sind deshalb auch nicht abschließend definiert, sondern werden ständig erweitert. Kriterium für die Mächtigkeit von ARIS ist also nicht nur, ob es eine bestimmte Methode bereits enthält, sondern auch, ob eine neue Methode in das Rahmenkonzept von ARIS logisch eingeordnet und somit in das Methodenangebot aufgenommen werden kann. In *Scheer, ARIS - Modellierungsmethoden, Metamodelle, Anwendungen 1998* werden ausführlich ARIS-geeignete Methoden diskutiert. Das dabei entwickelte Meta-Modell ist eine gute Basis für einen Vergleich mit anderen Methoden.

Ein Werkzeugvergleich soll hier nicht vorgenommen werden. Vielmehr kann auf die aufgeführte Literatur verwiesen werden. Darüber hinaus werden von Analysten des Software-Marktes vergleichende Studien veröffentlicht (*vgl. z. B. Long, Taxonomy of BPR Tools 1992; Finkeißen/Forschner/Häge, Werkzeuge zur Prozeßanalyse 1996*). Die bekanntesten Studien sind die der Gartner Group (vgl. Abb. 78), in denen das ARIS-Toolset unter dem Firmennamen des Herstellers „IDS Prof. Scheer", eingeordnet ist.

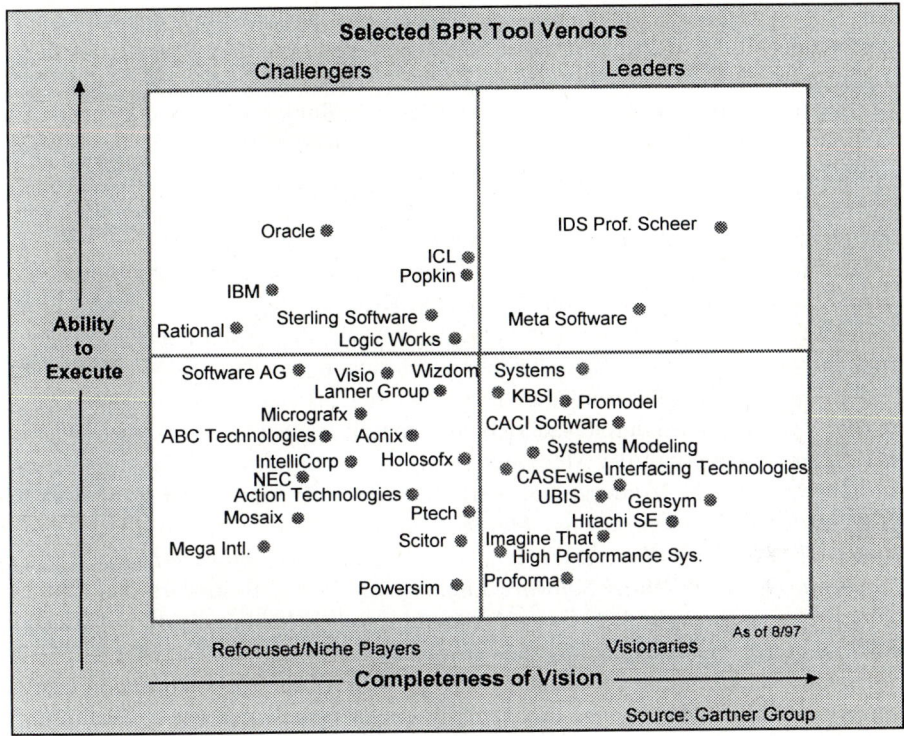

Abb. 78 Modellierungstools
(Quelle: Gartner-Group 1997)

Im folgenden werden einige ausgewählte Konzepte mit ARIS verglichen.

F.I Objektorientierte Modellierung

Obwohl objektorientierte Ansätze selten den Begriff „Architektur" verwenden, sollen sie wegen ihrer zunehmenden Bedeutung als erstes Konzept mit ARIS verglichen werden. Von den Eigenschaften objektorientierter Ansätze werden hier vor allem die Klassenbildung, die Kapselung von Methoden und Attributen sowie der Nachrichtenaustausch betrachtet.

Grundlage der objektorientierten Modellbildung ist die Systemtheorie, deren Ziel es ist, komplexe Systeme durch die Verwendung einheitlicher Prinzipien zu erfassen, zu deuten und zu beschreiben. Ein System besteht aus einer Menge von Komponenten (Teilsysteme oder Elemente), die über Beziehungen miteinander verbunden sind. Ziel der Modellierung eines Systems ist die Reduzierung der Komplexität des Betrachtungsgegenstandes durch Abstraktion. In der Systemtheorie wird zwischen der Systemstruktur und dem Systemverhalten unterschieden. Objektorientierte Modellierungsmethoden sind deshalb auch danach zu unterscheiden, ob sie nur die Struktur oder das Verhalten eines Systems abbilden wollen.

Bei der Strukturmodellierung steht die Klassenbildung im Vordergrund. Zu den Vertretern dieser Richtung zählen z. B. Coad, Yourdon, Rumbaugh und Shlaer und Mellor *(vgl. Coad/Yourdon, Object-Oriented Analysis 1991; Coad/Yourdon, Object-Oriented Design 1991; Rumbaugh u. a., Object Oriented Modeling and Design 1991; Shlaer/Mellor, Object Oriented Systems Analysis 1988).*

Die Findung geeigneter Klassen wird damit zur zentralen Aufgabe dieser Ansätze. Es fehlen aber entsprechende konkrete Hilfestellungen zur Klassenbildung. Bei diesen Ansätzen wird deshalb häufig Bezug auf die Erfahrungen der Datenmodellierung genommen, insbesondere Erfahrungen mit dem ERM. Nach dem Entwurf werden den Klassen Operationen (Methoden) zugeordnet, und das dynamische Verhalten wird durch Nachrichtenaustausch ergänzt.

Bei der Orientierung der Modellierung an dem Verhalten des Systems stehen die Operationen im Vordergrund. Vertreter dieser Richtung sind z. B. Meyer, Wirfs-Brock und Jacobson *(vgl. Meyer, Object-Oriented Software Construction 1988; Wirfs-Brock/Wilkerson/Wiener, Objektorientiertes Software-Design 1993; Jacobson, Object-Oriented Software Engineering 1996).* Besonders die von Jacobson u. a. entwickelte Use Case (Anwendungsfall)-Methode ist durch Aufnahme in das UML-Konzept hervorzuheben.

Bei der objektorientierten Modellierung bleibt trotz der Abstraktion von unwesentlichen Eigenschaften des Betrachtungsgegenstandes bei der Verknüpfung einer Klasse mit ihren Attributen, Methoden und Assoziationen eine hohe Semantik erhalten. Dieses soll ein intuitives Verstehen des Modells erleichtern. Andererseits werden dadurch größere Modelle sehr komplex, und sie sind auch dem geübten Betrachter nicht unmittelbar verständlich. Die gesamte Komplexitätsreduktion richtet sich allein auf das Fortlassen (Abstraktion) unwichtiger Elemente und Beziehungen des Systems.

Als ein erheblicher Nachteil des objektorientierten Ansatzes gilt, daß er über keine ausgefeilte Prozeßdarstellung verfügt. Prozeßverzweigungen, organisatorische Aspekte und Leistungsflüsse sind auch bei Methoden wie Use Case oder Interaktionsdiagrammen nur schwierig darstellbar *(vgl. Frank, Multiperspektivische Unternehmensmodellierung 1994, S. 136).*

Eine der EPK nahekommende Prozeßdarstellung sind State-Transition-Diagramme sowie Actions and object flow-Diagramme (vgl. Abb. 79 aus der Dokumentation der UML). Die Abbildung zeigt den Kontrollfluß zwischen den Funktionen, die Zuordnung von Funktionen zu Organisationseinheiten und den Fluß der Bearbeitungsobjekte, also im Beispiel den Auftrag.

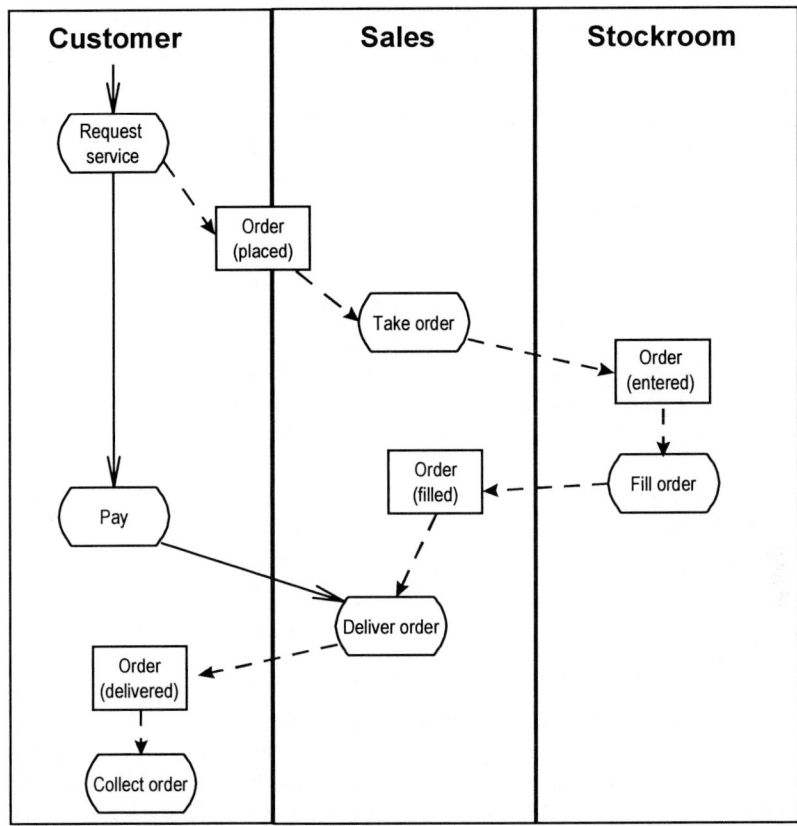

Abb. 79 Actions and object flow-Diagramm
(aus UML Notation Guide 1997, Fig. 56)

Der Auftrag ist einmal ein Informationsobjekt, andererseits aber auch ein Leistungsindikator, so daß auch der Informationsdienstleistungsfluß abgebildet ist. Insgesamt sind somit prinzipiell alle ARIS-Sichten in dem Diagrammtyp enthalten. Allerdings fehlt ein Rahmenkonzept zur Einordnung der Darstellungselemente und erweiterte Darstellungsmöglichkeiten innerhalb der einzelnen Sichten. Das Eingangsbeispiel der Auftragsbearbeitung aus Abb. 3 ist zum weiteren Vergleich in Abb. 80 als Actions and object flow-Diagramm dargestellt.

Ein Vorteil der objektorientierten Modellierung besteht in dem engen Bezug der Modelle zur Implementierung, so daß z. B. Prototyping leicht möglich ist.

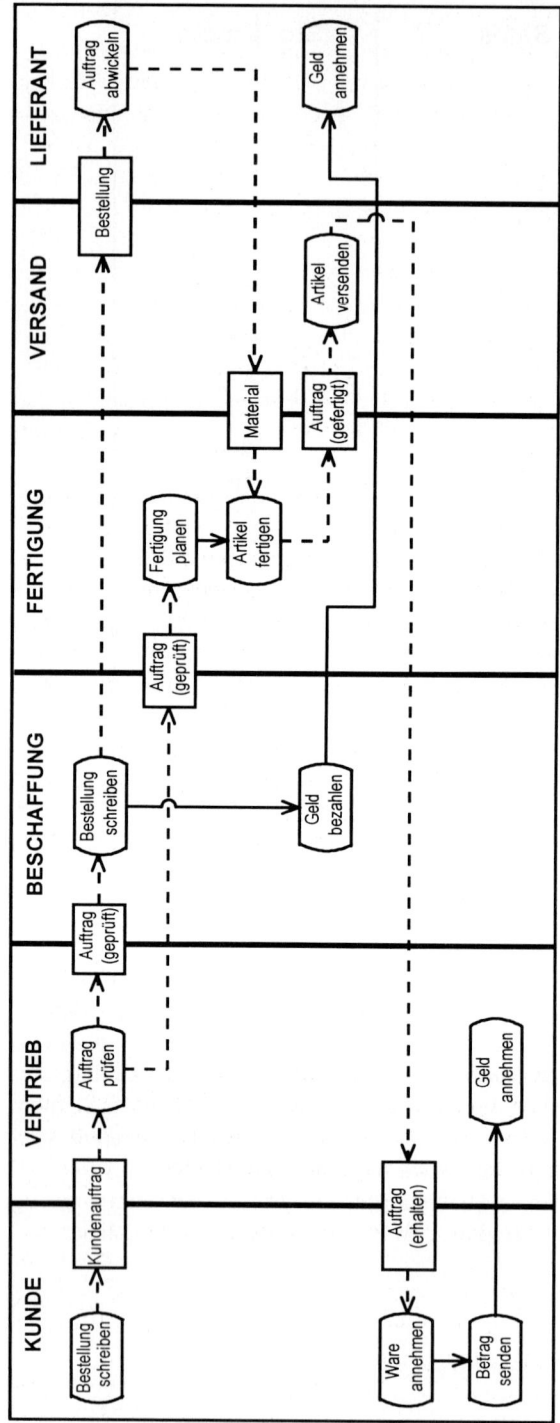

Abb. 80 Eingangsbeispiel aus Abb. 3 als Actions and object flow-Diagramm

Bei ARIS wird mit dem Sichtenkonzept die Komplexitätsreduktion durch Konzentration auf jeweils eine Betrachtungsdimension **und** durch Abstraktion erreicht. Dadurch sind pro Sicht auch sehr einfache Modellierungsmethoden, wie z. B. Organigramme, einsetzbar. Allerdings ist es schwierig, die sichtenübergreifende Konsistenz der Modelle zu gewährleisten. Die Steuerungs- oder Prozeßsicht, die diese Modellsichten wieder zusammenführt, ist deshalb von ausschlaggebender Bedeutung und umfaßt auch die Einordnung der objektorientierten Modellierung. Die sichtenspezifischen Modelle können darum als eine Ergänzung zum komplexen objektorientierten Ansatz verstanden werden.

Da die objektorientierte Modellierung mehr Gedanken zur Systementwicklung folgt, besitzt sie keine spezifisch betriebswirtschaftliche Ausrichtung. Bei ARIS wurde aber von vornherein ein betriebswirtschaftlicher Geschäftsprozeß als Diskurswelt definiert. Auch die Aufnahme betriebswirtschaftlicher Gedanken der Produktionstheorie, Prozeßkostenrechnung und Unternehmungsorganisation unterstreicht diesen Bezug.

Damit kann mit den Sichten Funktionen, Organisation, Daten, Leistung und Steuerung auch ein semantisch reichhaltigeres Architekturkonzept geboten werden als bei der abstrakten Systemdefinition des objektorientierten Modells. Das Fehlen eines Rahmenkonzepts erschwert es bei der objektorientierten Modellierung, die unterschiedlichen Diagrammtypen hinsichtlich Überschneidungen und Widersprüchlichkeiten zu erkennen. Es ist auch bemerkenswert, daß trotz der Betonung des gesamthaften Ansatzes auch bei objektorientierten Ansätzen bis zu acht unterschiedliche Methoden eingesetzt werden.

Auf keinen Fall wird aber ein strenger Gegensatz zwischen ARIS und der objektorientierten Modellierung angestrebt. Vielmehr sollten auch bei der Anwendung der objektorientierten Modellierung für eine konkrete Systementwicklung dem Benutzer die mehr betriebswirtschaftlich ausgerichteten ARIS-Modellsichten zum besseren und leichteren Verständnis geboten werden.

F.II CIMOSA

Im Rahmen des von der Europäischen Union (EU) finanzierten ESPRIT-Programms wurde eine Reihe von Forschungsprojekten zur Entwicklung einer Architektur für CIM-Systeme entwickelt, die die Bezeichnung CIMOSA trägt (Computer Integrated Manufacturing Open System Architecture). *CIMOSA-Ergebnisse werden von mehreren Autoren(gruppen) publiziert, u. a. AMICE, CIMOSA 1993; Vernadat, Enterprise Modeling and Integration 1996.* An dem Projekt waren 30 Industrieunternehmungen als interessierte Anwender, DV-Hersteller und Forschungsinstitute beteiligt. Obwohl das Projekt mit der speziellen Anwendungsausrichtung CIM verbunden ist, erhebt es doch den Anspruch, auch Ergebnisse zur allgemeinen Unternehmungsmodellierung zu liefern. Hohes Ziel von CIMOSA ist es, eine Architektur und Methodologie für herstellerunabhängige, standardisierte CIM-Module bereitzustellen, die dann zu einem kundenorientierten System „zusammengesteckt" werden („plug and play") (*vgl. Vernadat, Enterprise Modeling and Integration 1996, S. 41*).

Basis des CIMOSA-Modeling Framework ist der CIMOSA-Würfel (vgl. Abb. 81).

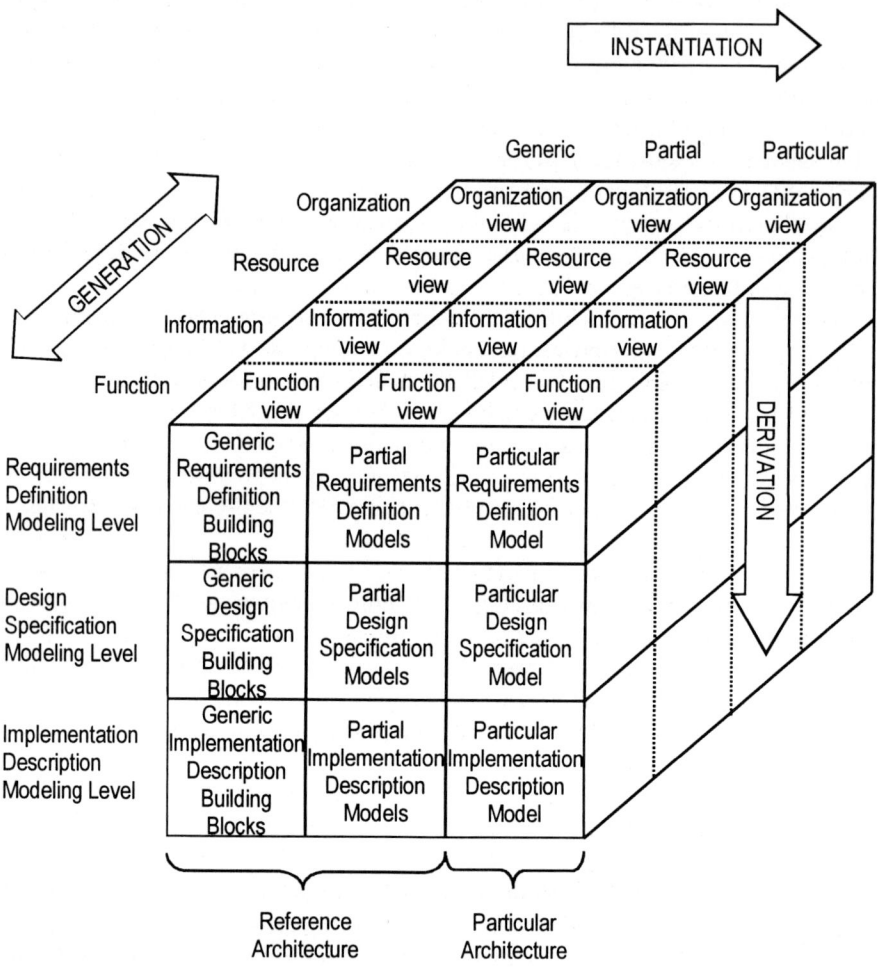

Abb. 81 Die CIMOSA Modellierungs-Architektur (CIMOSA-Würfel)
    (aus Vernadat, Enterprise Modeling and Integration 1996, S. 45)

CIMOSA unterscheidet zwischen drei Dimensionen, die durch die drei Achsen des Würfels beschrieben werden. Die senkrechte Richtung (Stepwise Derivation) beschreibt die drei Beschreibungsebenen des Phasenkonzepts Requirements Definition, Design Specification und Implementation Description. Diese Ebenen dekken sich weitgehend mit dem ARIS-Life-Cycle.

Im Rahmen der waagerechten Dimension „Stepwise Instantiation" wird eine schrittweise Individualisierung von Konzepten betrachtet. Zunächst werden grundsätzliche Anforderungen (Generic Requirements, Building Blocks) definiert, die im nächsten Schritt zu branchenbezogenen Anforderungen (Partial Requirements) konkretisiert werden, um dann im dritten Schritt auf unternehmensindividuelle Belange (Particular Requirements) heruntergebrochen zu werden.

In dieser Sichtweise kommt zum Ausdruck, daß im Rahmen von CIMOSA zunächst generelle Bausteine als Standards definiert werden sollen, die dann zu branchenbezogenen Referenzmodellen zusammengestellt und zum Schluß zur Entwicklung unternehmensindividueller Lösungen herangezogen werden sollen. Bei ARIS wird dieser Detaillierungsgrad eines Informationsmodells im Rahmen der Granularitätsbetrachtung erfaßt.

Die direkte Aufnahme inhaltlicher Referenzmodelle zeigt, daß die CIMOSA-Architektur eine Mischung aus allgemeinen methodologischen Fragen von Informationssystemen und der anwendungsbezogenen CIM-Domäne ist.

Die dritte Dimension „Stepwise Generation" beschreibt die unterschiedlichen Sichten eines Informationssystems. Diese Betrachtungsweise ist von der Zielsetzung her der Sichtenbildung von ARIS ähnlich, wenn auch nicht in allen Ergebnissen. CIMOSA unterteilt die Beschreibungssichten in „Function View", „Information View", „Resource View" und „Organisation View". Unter „Function View" wird die Beschreibung der Vorgänge verstanden, allerdings auch eine Mischung weiterer Elemente wie Ereignisse, Prozesse einschließlich Zeitverhalten und Ausnahmebehandlung (vgl. Vernadat, Enterprise Modeling and Integration 1996, S. 46). Unter „Information View" wird die Datensicht oder Objektdefinition verstanden. „Resource View" beschreibt sowohl informationstechnische als auch produktionstechnische Ressourcen und „Organisation View" die Aufbauorganisation.

Bei CIMOSA wird also ebenfalls eine Zerlegung des Gesamtzusammenhangs in verschiedene Sichten durchgeführt. Allerdings fehlt eine Ebene, in der die Sichten wieder zusammengesetzt werden, wie es bei ARIS mit der Steuerungs- oder Prozeßsicht der Fall ist. Dieses führt dazu, daß bei CIMOSA die Beschreibungen der einzelnen Sichten miteinander vermischt werden. So wird beispielsweise bei der Beschreibung von Ressourcen auch die Zuordnung von Ressourcen zu Funktionen behandelt. Eine Leistungssicht wird in dem CIMOSA-Modellierungskonzept nicht aufgenommen.

Trotz dieser Einwände ist die Konzeption von CIMOSA, eine Architektur für die Beschreibung von Informationssystemen zu entwickeln, um Inhalte in Form von standardisierten Referenzmodellen bis zur Software-Generierung systematisch einbringen zu können, positiv zu werten. Auf dieser Konzeption aufbauend sind in CIMOSA Modellierungsmethoden eingeordnet und durch Meta-Modelle beschrieben worden. Dabei wird eine ereignisgesteuerte geschäftsprozeßorientierte Sicht verfolgt. Weiter wird eine Unternehmung als eine Menge miteinander kommunizierender Agenten betrachtet.

Trotz der hohen finanziellen und intellektuellen Aufwendungen, die in das CIMOSA-Konzept eingeflossen sind, ist der praktische Beitrag bisher eher dürftig. So werden von den beteiligten industriellen Anwendern auch nur wenige

Spezialanwendungen genannt, z. B. von Renault eine Anwendung zur Unterstützung von Reparaturmaßnahmen in einem Werk oder von der Maschinenfabrik
TRAUB AG eine Anwendung zur Verbesserung individueller Werkzeugentwick-
lungen. Auch ein im CIMOSA-Umfeld entwickeltes Modellierungs-Tool findet
bisher wenig praktische Beachtung.

Ursache für die bisher geringen Anwendungserfolge dürfte die doch recht theo-
retische Konzeption sein, die auf gegenwärtig verfügbare DV-Lösungen, wie z. B.
Standardsoftware, nicht eingeht. Mit dem generellen Nachlassen des Interesses an
CIM-Konzepten hat sich auch die zu enge fachliche Ausrichtung als nachteilig
erwiesen.

F.III IFIP-Information System Methodology (ISM)

Eine umfassende Methodologie zur Entwicklung von mehr traditionellen Informationssystemen wird von Olle u. a. vorgelegt *(vgl. Olle u. a., Information Systems Methodologies 1991)*. Der Begriff „Methodologie" wird dabei auf der Ebene des Begriffs „Architektur" verwendet. Die sieben Verfasser der Untersuchung
sind Mitglieder einer Task-Group der International Federation for Information
Processing (IFIP), speziell der Working Group WG 8.1 mit der Bezeichnung
„Design and Evaluation of Information Systems" des Technical Committee TC 8
mit der Bezeichnung „Information Systems". Die Forschungsergebnisse sind in
dem Rahmenkonzept „Information Systems Methodology" zusammengefaßt.

Bei der Entwicklung der Methodologie werden keine speziellen Entwicklungsmethoden von Informationssystemen diskutiert und eingeordnet, vielmehr wird
aus einem breiten Kenntnishintergrund eine Methodologie aufgebaut, die möglichst viele Ansätze umfassen soll, darunter IDA (Interactive Design Approach),
IEM (Information Engineering Methodology), IML (Inscribed High Level Petri
Nets), JSD (Jackson System Development), NIAM (Nijssen's Information Analysis Method), PSL/PSA (Problem Statement Language/Problem Statement Analy-
ser), SADT (Structured Analysis and Design Technique) und den Ansatz von
Yourdon.

Die Methodologie wird mit Meta-Modellen eines Entity-Relationship-Ansatzes
beschrieben. Sie besteht aus Sichten (Perspectives) und Stufen eines Informations-
system-Life-Cycle. Es werden datenorientierte, prozeßorientierte und verhaltens-
orientierte Sichten unterschieden (vgl. Abb. 82). Die Bildung dieser Sichten folgt
dabei weniger einer analytischen Ableitung, als der Zielsetzung, die in bekannten
Methoden zur Entwicklung von Informationssystemen vorzufindenden Schwerpunkte zu berücksichtigen *(vgl. Olle u. a., Information Systems Methodologies
1991, S. 12 f.)*.

In der datenorientierten Sicht werden Entitytypen mit ihren Attributen behandelt. Die prozeßorientierte Perspektive beschreibt Vorgänge (Business Activities)
einschließlich ihrer Vorgänger- und Nachfolger-Beziehungen. In der verhaltens-
orientierten Perspektive werden Ereignisse mit ihren Vorgänger- und Nachfolger-

Beziehungen betrachtet.

Aus einem umfassenden Life-Cycle-Modell von 12 Stufen (*vgl. Olle u. a., Information Systems Methodologies 1991, S. 46 f.*) werden die drei Stufen Information Systems Planning, Business Analysis und System Design ausgewählt und die zwei letzten als Basis der Methodologie intensiver untersucht.

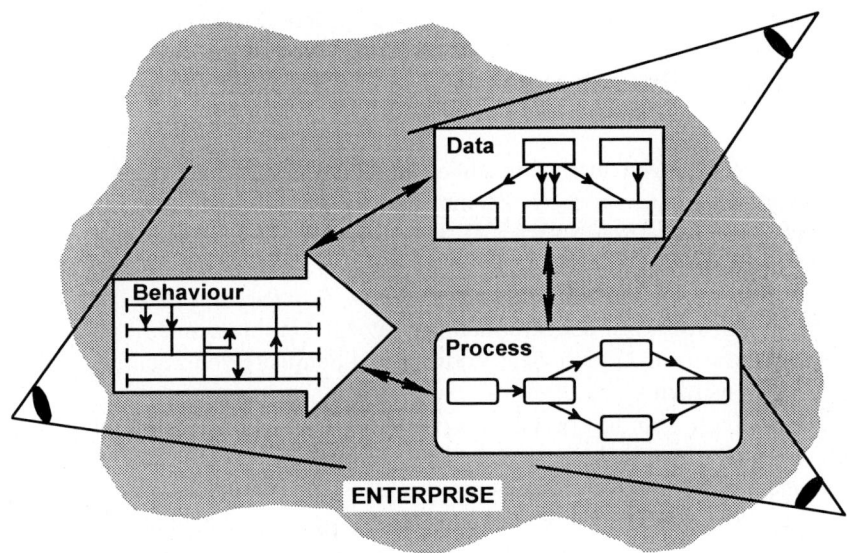

Abb. 82 Sichten der IFIP-Architektur
   (aus Olle u. a., Information Systems Methodologies 1991, S. 13)

Unter Information Systems Planning wird die strategische Planung eines Informationssystems verstanden. Im Rahmen der Business Analysis wird ein bestehendes Informationssystem eines gesamten Unternehmens oder seines Teilbereichs analysiert. In der Stufe System Design wird das Informationssystem entworfen. Das Konzept enthält auch ein ausgefeiltes Vorgehensmodell einschließlich eines Rollenkonzepts für die Projektorganisation.

Im Vergleich zu ARIS ergeben sich Übereinstimmungen und Abweichungen. Übereinstimmend ist zunächst die zweidimensionale Betrachtung nach Sichten und Entwicklungsstufen. Innerhalb ihrer Ausprägungen ergeben sich aber Unterschiede. So wird von Olle u. a. die Organisationssicht nicht explizit aufgeführt, sondern - wenn auch nur rudimentär - im Rahmen der Aktivitäten behandelt. Die Prozeßdefinition stimmt weitgehend mit der ARIS-Funktionsdefinition überein. Auch werden Daten und Funktionen oder Ereignisse und Funktionen klar voneinander getrennt. Die ARIS-Steuerungssicht wird nur teilweise durch die Verbindung der drei Sichten erfaßt. Die Stufe System Design ist eine Mischung zwischen den Phasen Fach- und DV-Konzept von ARIS, wobei das Gewicht eher in Richtung DV-Konzept neigt.

Die wesentlichen Unterschiede zu ARIS sind die im IFIP-Modell

- fehlende Leistungssicht,
- fehlende Organisationssicht,
- fehlende Implementierungsphase,
- nicht systematisch behandelte Steuerungssicht.

F.IV Zachman-Framework

Eine in den USA wegen ihrer Einfachheit populäre Architektur zur Unternehmungsbeschreibung ist von J. A. Zachman entwickelt worden *(vgl. Zachman, Framework for Information Systems Architecture 1987; Sowa/Zachman, Extending and Formalizing the Framework for Information Systems Architecture 1992; Burgess/Hokel, Brief Introduction to the Zachman Framework 1994).* Das Konzept baut auf den Ansätzen der Information Systems Architecture (ISA) der IBM auf, ist aber erweitert und durch viele Vorträge und Seminare von Zachman in den USA verbreitet worden.

Der Ansatz (vgl. Abb. 83) besteht aus 6 Perspektiven und 6 Beschreibungsfeldern. In der ARIS-Terminologie sind die Beschreibungsfelder den Sichten gleichzusetzen und die Perspektiven den Ebenen des Life-Cycle-Modells.

Die Perspektiven werden in Klammern mit den Rollenbezeichnungen der jeweiligen Hauptinteressenten genannt: Scope (Planer), Unternehmungsmodell (Eigentümer), System-Modell (Designer), Technologie-Modell (Entwickler), Komponenten (Unterauftragnehmer) und laufendes System (Benutzer).

Die Betrachtungsfelder werden durch Fragewörter gekennzeichnet, wobei in Klammern die konkreten Tatbestände angegeben sind: Was (Daten), wie (Funktionen), wo (Netzwerk), wer (Mitarbeiter), wann (Zeit) und warum (Gründe, Ziele). Perspektiven und Betrachtungsfelder stehen orthogonal zueinander. Jedes Feld in der Matrix wird durch eine Methode beschrieben.

Das Zachman-Modell enthält gegenüber ARIS keinen direkten Anschluß an die Umsetzung in Informationssysteme. Die Beziehungen zwischen den Beschreibungsfeldern werden nicht systematisch erfaßt. Der Bezug zur konkreten Leistungserstellung innerhalb des Geschäftsprozesses wird nicht deutlich.

Erste Ansätze zur Tool-Unterstützung sind durch die Zusammenarbeit mit der Framework Software Inc. CA sichtbar.

FOCUS

	WHAT (Data)	HOW (Function)	WHERE (Network)	WHO (People)	WHEN (Time)	WHY (Rationale)
Generic Framework (Element / Bond / Element)	Entity / Relationship / Entity	Process / Input-Output / Process	Node / Line / Node	Agent / Work / Agent	Event / Cycle / Event	End / Means / End
SCOPE (Planner)	Entity List	Process List	Location List	Organization List	Major Event List	Objective List
ENTERPRISE MODEL (Owner)	Enterprise Entity / Enterprise Rule / Enterprise Entity	Enterprise Process / Resource / Enterprise Process	Enterprise Location / Enterprise Channel / Enterprise Location	Organization / Work / Organization	Enterprise Event / Enterprise Cycle / Enterprise Event	Objective / Strategy / Objective
SYSTEM MODEL (Designer)	Entity Type / Relationship Type / Entity Type	System Process / User View / System Process	Site / Link / Site	Role / Presentation / Role	System Event / System Cycle / System Event	Criterion / Choice / Criterion
TECHNOLOGY MODEL (Builder)	Data Structure / Referential Integrity / Data Structure	Application / Device Format / Application	Connection Point / Communication Line / Connection Point	User / Technical Interface / User	Technical Event / Technical Cycle / Technical Event	Condition / Action / Condition
COMPONENTS (Sub-contractor)	Data Container / Aquisition / Data Container	Module/Object / Couple/Message / Module/Object	Address / Protocol / Address	Individual / Transaction / Individual	Component Event / Component Cycle / Component Event	Sub-condition / Step/Task / Sub-condition
FUNCTIONING SYSTEM (User)	Information / Integrity / Information	Procedure / Request / Procedure	Client/Server / Access / Client/Server	Worker / Work Session / Worker	Operating Event / Operating Cycle / Operating Event	Target / Option / Target

P E R S P E C T I V E

Abb. 83 Zachman-Architektur
(aus Burgess/Hokel, Brief Introduction to the Zachman Framework 1994, S. 26)

F.V Forschungsergebnisse der Hochschule St. Gallen

In einer Reihe von Forschungsprojekten an der Hochschule St. Gallen wurden Konzepte für die Beschreibung von Informationssystemen erarbeitet. Die Arbeiten reichen von Vorgehensmodellen über Meta-Modelle zur Methodendefinition, einer Methode zum Business Process Design (PROMET) bis zum Vergleich verschiedener Methoden und Modellierungs-Tools. Obwohl ein konkreter Architekturvorschlag fehlt, kann aus dem Kriterienkatalog zur Beurteilung verschiedener BPR-Methoden ein Rahmenkonzept abgeleitet werden. Da dieser Kriterienkatalog Grundlage der Methodeneinordnung ist, wird er quasi auf einer logisch höheren Ebene definiert, die der Ebene des ARIS-Konzepts entspricht *(vgl. Bach/Brecht/ Hess/Österle, Enabling Systematic Business Change 1996, S. 38 f.; Österle/Bremer/Hilbers, Unternehmensführung und Informationssystem 1992; Gutzwiller/Österle, Referenz-Meta-Modell Analyse 1990; Österle, Business Engineering I 1995, S. 31 ff.).*

Es wird zwischen „Method Components" und „Design Areas" unterschieden. Die „Method Components" beziehen sich auf das Vorgehensmodell für ein BPR-Projekt und werden in die Komponenten: Funktionen, organisatorisches Rollenkonzept, beschriebene Ergebnisse (Deliverables) und Techniken unterschieden. Die „Design Areas" entsprechen den zu beschreibenden „Sichten" und werden unterteilt in: Workflow, Prozeßergebnisse (Outputs), Prozeßmanagement, Informationssystem, Organisationsstruktur und Organisationskultur.

Der Ansatz betont gleichberechtigt das Vorgehensmodell und die zu erarbeitenden Ergebnisse. Im Gegensatz zu ARIS, bei dem das betriebswirtschaftliche Geschäftsprozeßmodell als Grundlage der Sichtenbildung zunächst vorgestellt wird, werden die einzelnen „Design Areas" nicht aus einem Grundmodell abgeleitet. Der Output von Prozessen wird bei ARIS mit der Leistungssicht beschrieben. Das ARIS-Vorgehensmodell deckt weitgehend die „Method Components" ab. Workflow-Beschreibungen sind in das ARIS-HOBE-Konzept eingeordnet - ebenso der Bezug zur Umsetzung von Geschäftsprozessen in Informationssysteme. Fragen der Organisationskultur werden bei ARIS bei der strategischen Planung behandelt.

Das Fehlen eines konkreteren Architekturkonzepts wird bei den Untersuchungen von St. Gallen deutlich, wenn die zusammengehörenden ERM-Objekte der „Design Areas" in den Meta-Modellen zeichnerisch umrandet werden. In dem ARIS-Informationsmodell sind die Sichten dagegen von vornherein definiert, in die die Modellierungskonstrukte eingeordnet werden.

F.VI Weitere Architekturen

Die aufgeführten Architekturen stellen lediglich eine Auswahl dar. Von den in der ersten Auflage dieses Buches beschriebenen Konzepten hat das von der IBM angekündigte AD/CYCLE seine Erwartungen nicht erfüllen können. Ergebnisse sind aber in das Nachfolgeprojekt AIX/CASE der IBM aufgenommen worden. Viele Konzepte von Beratungs-, Software- oder Hardware-Häusern haben keine durchgreifende Wirkung erzielt, so auch nicht das Konzept Information Engineering (IEM) von J. Martin *(vgl. Martin, Information Engineering II 1990).*

Ein vergleichbarer Ansatz wie AD/CYCLE wird inzwischen von Microsoft unter dem Namen Microsoft Repository (MR) unter Beteiligung mehrerer Software-Unternehmungen verfolgt. Das MR ist eine Datenbank, die Komponenten, Modelle, Objekte mit ihren Beschreibungen und ihren Beziehungen speichert. Dadurch soll ihre Wiederverwendung und offene Tool-Unterstützung gewährleistet werden. Dem MR soll ein offenes Meta-Modell (basierend auf dem UML-Ansatz) und Schnittstellen zu anderen Repositories zugrunde liegen *(vgl. Linthicum, Microsoft Repository 1997).* Dem MR-Ansatz ist trotz gebotener Zurückhaltung eine weit größere Erfolgschance als AD/CYCLE einzuräumen.

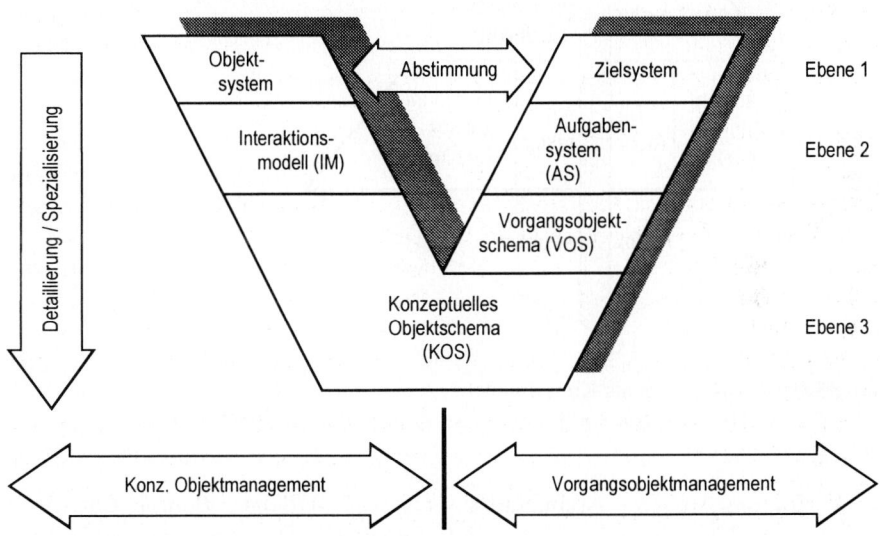

Abb. 84 Vorgehensmodell (V-Modell) zur Objektmodellierung im SOM-Ansatz
(aus Ferstl/Sinz, Wirtschaftsinformatik 1993, S. 137)

Von Ferstl und Sinz wurde mit dem semantischen Objektmodell (SOM) *(vgl. Ferstl/Sinz, Vorgehensmodell zur Objektmodellierung 1993)* ein Vorgehensmodell vorgestellt, das durch Angabe der Ergebnisse des Vorgehensmodells auch eine Systematik der Beschreibungssichten enthält. In SOM werden Struktur und Verhalten eines Systems beschrieben (vgl . Abb. 84). Weiter wird durch ein dreistufiges Ebenenkonzept ein Detaillierungsansatz verfolgt. Die Ebenen werden zwischen Struktur- und Verhaltensmodell ständig abgestimmt.

Das Modell ist durch detaillierte Methoden und Beispielbeschreibungen ausgereift *(vgl. Ferstl/Sinz, Wirtschaftsinformatik 1994)*. Es besteht ein Prototyp als Modellierungswerkzeug. Gegenüber ARIS ist das Konzept von vornherein auf eine bestimmte Entwurfsmethode, den objektorientierten Ansatz, eingeschränkt. Es enthält keine eigenständige Organisations- und Leistungssicht.

Die „Informationssystem-Architektur" (ISA) von Krcmar *(vgl. Krcmar, Informationssystem-Architekturen 1990)* wird grafisch in Form eines Kreisels dargestellt (vgl. Abb. 85). Damit soll gezeigt werden, daß beim Fehlen eines Teils der Beschreibung das Gleichgewicht gestört ist. Besonders betont wird die Anbindung der Architektur an die Unternehmensstrategie, wie es der senkrechte Pfeil ausdrückt. Der Vorschlag ist bisher nicht weiter konkretisiert worden.

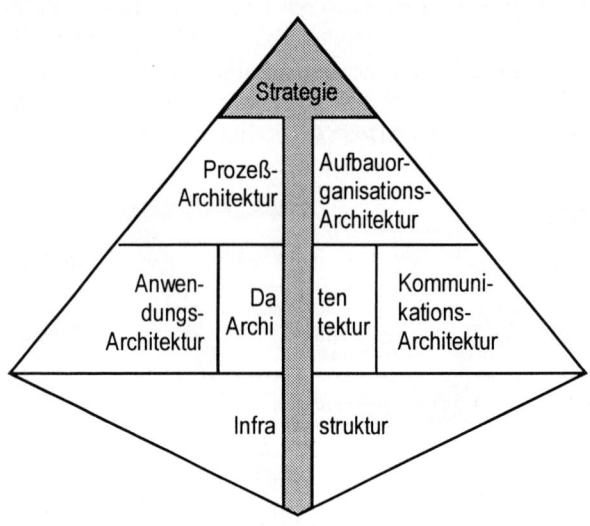

Abb. 85 Das ISA-Konzept als Kreiselmodell
  (aus Krcmar, Informationssystem-Architekturen 1990, S. 399)

Zur Verfolgung weiterer Architekturansätze, *vgl. Williams, Purdue Enterprise Reference Architecture 1991; Vernadat, Enterprise Modeling and Integration 1996; Sinz, Modellierung betrieblicher Informationssysteme 1996; Nüttgens, Koordiniert-dezentrales Informationsmanagement 1995; Oberweis, Modellierung von Workflows 1996; Donovan, Business Re-engineering 1994; Chen/Doumeingts, GRAI-CIM 1996; Bach/Brecht/Hess/Österle, Enabling Systematic Business Change 1996; Krcmar, Informationsmanagement 1997.*

G Vorgehensweisen zum praktischen ARIS-Einsatz

Für einige ausgewählte Anwendungen der Ebene I des House of Business Engineering-Modells werden die Vorgehensweisen zur praktischen Nutzung der ARIS-Modelle gezeigt. Im einzelnen werden die Anwendungen

– Business Process Reengineering,
– Qualitätszertifizierung nach dem ISO 9000-Konzept,
– Wissensmanagement

behandelt. Die Autoren besitzen jeweils praktische Erfahrungen auf diesen Gebieten.
   Weitere Erfahrungsberichte über den Einsatz von ARIS bei

– der Einführung von Standardsoftware (SAP R/3),
– der Einführung von Workflow-Systemen,
– der Anwendungsgenerierung mit Frameworks,
– der Modellierung mit UML

werden in *Scheer, ARIS - Modellierungsmethoden, Metamodelle, Anwendungen 1998* gegeben.

G.I Business Process Reengineering mit ARIS-Modellen

Dipl.-Kfm. Ralf Heib, IDS Prof. Scheer GmbH, Saarbrücken

G.I.1 Prozeßorientierte Organisationsgestaltung

Die ersten Ansätze zum Business Process Reengineering stellen die radikale Neugestaltung der Prozesse ohne Rücksichtnahme auf die vorhandenen Strukturen *(Hammer/Champy, Business Reengineering 1995)* in den Vordergrund. Weitere Entwicklungen betonen die Notwendigkeit zur schrittweisen, kontinuierlichen Prozeßverbesserung *(Harrington, Business Process Improvement 1991)*. Allen Ansätzen gemeinsam ist die hohe Bedeutung der Informationstechnologie als Instrument zur Umsetzung der Prozeßveränderungen. Angesichts des breiten Spektrums möglicher Optimierungsmaßnahmen sowie ihrer Komplexität spielt eine fundierte Vorgehensweise unter Einsatz geeigneter Methoden und Werkzeuge eine zentrale Rolle.

Im folgenden wird mit dem **ARIS-Vorgehensmodell zur Geschäftsprozeßoptimierung** ein solches Rahmenkonzept beschrieben. Dieses ermöglicht sowohl eine Neugestaltung der Geschäftsprozesse als auch deren kontinuierliche Verbesserung. Das Vorgehensmodell stellt einen zyklischen Ansatz dar. Basierend auf der Analyse der vorhandenen Strukturen werden die neuen Geschäftsprozesse definiert (vgl. Abb. 86) und durch moderne Informationstechnologien umgesetzt. Anschließend erfolgt die permanente Überprüfung und Anpassung der Geschäftsprozesse.

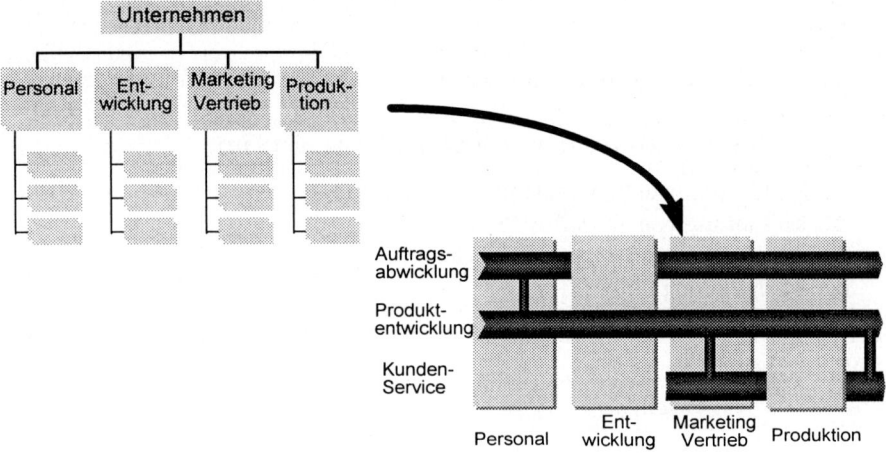

Abb. 86 Übergang von der Funktions- zur Prozeßorientierung

Die ARIS-Methode ermöglicht die vollständige und systematische Beschreibung von Geschäftsprozessen und deren Umsetzung in IT-Lösungen. Die ARIS-Methode erlaubt die Betrachtung von Einzelaspekten der Geschäftsprozesse wie beispielsweise der Organisations-, Funktions- und Datenstrukturen und stellt gleichzeitig die Integration dieser Einzelaspekte durch die Prozeßsicht sicher. Der Einsatz standardisierter Modellierungsmethoden erhöht die Transparenz, ermöglicht den Vergleich von Projektergebnissen und schafft eine gemeinsame Diskussionsbasis für unterschiedliche Personengruppen wie z. B. Unternehmensleitung, Fachanwender, Organisatoren und IT-Spezialisten.

Wesentlicher Vorteil des ARIS-Ansatzes ist seine durchgängige Computerunterstützung durch die Werkzeug-Familie ARIS-Toolset. Der Computereinsatz erhöht die Effizienz von Reorganisationsprojekten und sichert die Wiederverwendbarkeit der Projektergebnisse.

G.I.2 Vorgehensmodell zur Geschäftsprozeßoptimierung

Das im folgenden vorgestellte Vorgehensmodell basiert auf den Erfahrungen der IDS Prof. Scheer GmbH aus einer Vielzahl von Geschäftsprozeß-Optimierungs (GPO)-Projekten. Das Modell kann als eine Art Checkliste und Leitfaden für GPO-Projekte verwendet werden. Das Referenzmodell ist mit den ARIS-Methoden im ARIS-Toolset dokumentiert und kann somit an die jeweilige Projektsituation werkzeuggestützt angepaßt werden. Die projektspezifischen Ausprägungen können wiederum im Sinne einer Erfahrungsdatenbank für nachfolgende Projekte verwendet werden.

Die Hauptprojektphasen sind mit Wertschöpfungskettendiagrammen beschrieben (vgl. Abb. 87). Die weitere Dokumentation der Projektaktivitäten und -abläufe erfolgt mit EPK, die um Organigramme (Darstellung einer beispielhaften Projektorganisation) und Datenmodelle (Darstellung der Projektergebnisse) ergänzt wird.

Im folgenden werden die einzelnen Projektphasen dargestellt.

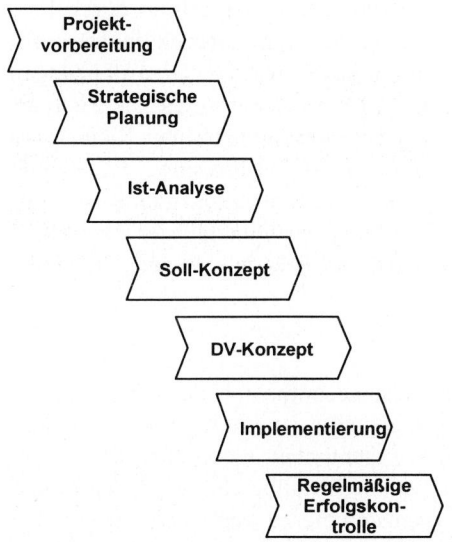

Abb. 87 Vorgehensmodell zur Geschäftsprozeßoptimierung

G.I.3 Phasen der Geschäftsprozeßoptimierung

G.I.3.1 Projektvorbereitung

Die Projektvorbereitung dient der Festlegung des Projektrahmens. So werden die Grobziele für das Projekt definiert, die Projektvorgehensweise festgelegt und die Projektorganisation darauf abgestimmt. Insbesondere der Aufbau einer effizienten

Projektorganisation erweist sich als wesentlicher Erfolgsfaktor für GPO-Projekte. Die Management-Unterstützung wird durch einen Lenkungsausschuß sichergestellt. Die methodische Aufbereitung und Konsolidierung der Projektergebnisse erfolgt durch ein Projektkernteam im Regelfall unter Beteiligung der DV- bzw. Organisationsabteilung und ggf. externer Berater. Die Erarbeitung der fachlichen Ergebnisse erfolgt durch Prozeßteams, in denen die Fachanwender und Mitglieder des Projektkernteams vertreten sind.

Ausgehend von den definierten Projektzielen werden die einzusetzenden Beschreibungsmethoden festgelegt und in einem Konventionen- und Projekthandbuch dokumentiert. Dieses bildet die Basis für die Schulung der Projektmitglieder. Zum Abschluß der Projektvorbereitung wird das Projekt den beteiligten Mitarbeitern im Rahmen einer Kick-Off-Veranstaltung vorgestellt.

G.I.3.2 Strategische Planung

Ausgangspunkt für die Optimierung der Geschäftsprozesse ist die strategische Positionierung des Unternehmens. Die Geschäftsprozesse sind so zu gestalten, daß die strategischen Unternehmensziele umgesetzt werden können.

Die Dokumentation der strategischen Rahmenbedingungen erfolgt durch Produkt- und Leistungsmodelle sowie durch Zieldiagramme. So werden die wesentlichen Geschäftsfelder des Unternehmens mit ihren Produkten, Dienstleistungen und Kundengruppen erfaßt und die kritischen Erfolgsfaktoren sowie die Zielhierarchie des Unternehmens abgebildet. Die Analyse der strategischen Rahmenbedingungen dient zur Konkretisierung der Ziele des GPO-Projektes. Es können sowohl quantitative Ziele wie Reduzierung der Durchlaufzeiten und Kosten als auch qualitative Ziele wie beispielsweise Erhöhung der Qualität, der Flexibilität und des Service-Grades angestrebt werden. Die Projektziele werden in einem Zieldiagramm dokumentiert.

G.I.3.3 Ist-Analyse

Ausgangspunkt der Ist-Analyse bildet die Bestandsaufnahme der Geschäftsprozesse. Mit der Methode der Wertschöpfungskettendiagramme wird eine Rahmenarchitektur erarbeitet. Sie dokumentiert die wesentlichen Geschäftsprozesse der Unternehmung. Sie bildet die Basis für die weitere Detailbeschreibung der Abläufe mit der EPK-Methode (vgl. Abb. 88). Ergänzend hierzu werden die vorhandene Aufbauorganisation mit Organigrammen, die wesentlichen Informationsobjekte mit Fachbegriffsdiagrammen und die aktuellen Anwendungssysteme mit Anwendungssystemdiagrammen erfaßt.

Die Modellierung der Geschäftsprozesse schafft Transparenz und ermöglicht die Identifikation von Prozeßschwachstellen und Verbesserungspotentialen. Die aktuellen Geschäftsprozesse werden im Hinblick auf die GPO-Ziele bewertet. Kriterien zur Bewertung der Geschäftsprozesse, die gleichzeitig Ansatzpunkte zur Ableitung von Verbesserungspotentialen bilden, sind beispielsweise Durchlaufzeiten (Bearbeitungs-, Einarbeitungs-, Liege- und Transportzeiten), Prozeßkosten, organisatorische Brüche (Anzahl der verschiedenen Aufgabenträger im Prozeß), Systembrüche (Anzahl der eingebundenen Informationssysteme im Prozeß), Me-

dienbrüche (Anzahl der Wechsel zwischen manueller und DV-gestützter Prozeß-
bearbeitung), Kapazitätsauslastungen der am Prozeß beteiligten Organisationseinheiten sowie Datenredundanzen.

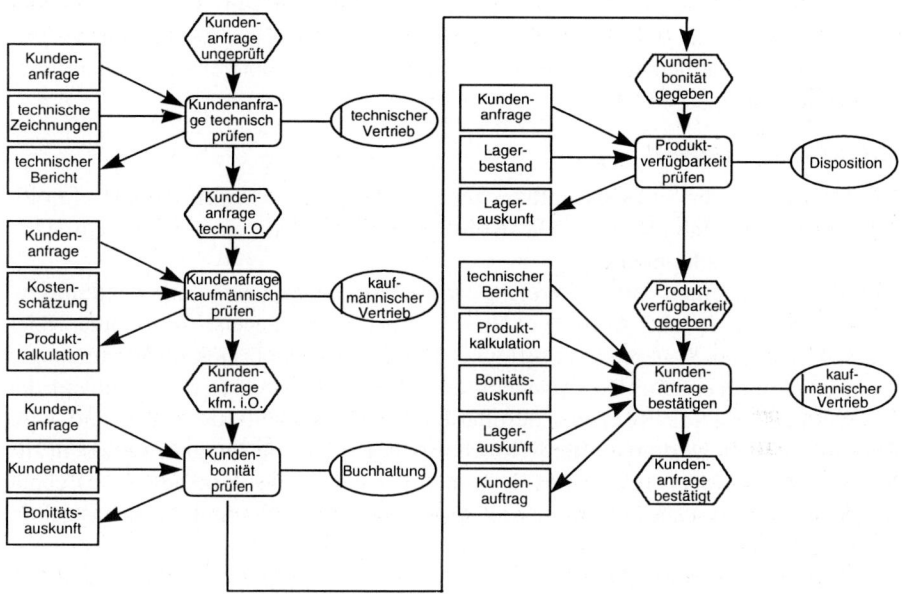

Abb. 88 EPK für den Geschäftsprozeß „Kundenauftragsbearbeitung"

Die Bewertung der Geschäftsprozesse und die Darstellung der Verbesserungspotentiale bilden die Basis für ihre Neugestaltung im Soll-Konzept.

G.I.3.4 Soll-Konzept

Im Rahmen des Soll-Konzepts werden alternative Soll-Abläufe definiert. Die
Ausgangsbasis für die Festlegung der Soll-Abläufe bildet die Schwachstellenanalyse der bestehenden Geschäftsprozesse. Darüber hinaus besteht die Möglichkeit,
bei der Gestaltung der Soll-Prozesse auf Referenzmodelle zuzugreifen. Diese
Referenzmodelle beinhalten für eine Branche typische Abläufe und Organisationsstrukturen, welche aus der Erfahrung vergleichbarer Projekte abgeleitet wurden. Der Einsatz der Referenzmodelle kann die Erarbeitung der Soll-Abläufe
beschleunigen, indem große Teile der Referenzstrukturen übernommen und
gleichzeitig die Projektressourcen auf die Besonderheiten des Unternehmens ge-
lenkt werden können.

Die entstehenden Soll-Prozesse werden im Hinblick auf ihren Zielerreichungs-
grad bewertet. Unterstützungsmöglichkeiten bieten hierzu Werkzeuge zur Simulation und Prozeßkostenrechnung des ARIS-Toolsets. Sie zeigen auf, wie die
Veränderung der Geschäftsprozesse sich auf Größen wie Prozeßkosten, Durch-

laufzeiten und Kapazitäten etc. auswirken. Verschiedene alternative Prozeßszenarien können somit „durchgespielt" werden.

Ausgehend von den erarbeiteten Soll-Prozessen wird eine darauf abgestimmte Aufbauorganisation erarbeitet, die in Form eines Organigramms dokumentiert wird. Ebenso werden die organisatorischen Maßnahmen zur Sicherstellung der neuen Soll-Prozesse festgelegt. Dies umfaßt beispielsweise die Planung des zukünftigen Personalbedarfs sowie die Ausarbeitung von notwendigen Qualifizierungsmaßnahmen.

G.I.3.5 DV-Konzept

Die Umsetzung der Soll-Geschäftsprozesse durch moderne Informationstechnologien wird im Rahmen der DV-Konzeptphase geplant und in einem DV-Bebauungsplan dokumentiert.

Für die einzelnen Prozeßbereiche wird festgelegt, welche Anwendungssystemtypen zum Einsatz kommen. Dies können beispielsweise Individual- oder Standardsoftware-Systeme, Workflow-, Workgroup- und Dokumentenmanagement oder Internet sein. Die Auswahl der konkreten Systeme erfolgt anhand der im Rahmen des Soll-Konzepts definierten fachlichen Anforderungen und wird ergänzt durch Bewertungen der Wirtschaftlichkeit und die Integrierbarkeit in die technologische Infrastruktur des Unternehmens. Der resultierende DV-Bebauungsplan stimmt Geschäftsprozesse, Anwendungssysteme und IT-Infrastruktur aufeinander ab.

Nach der Festlegung des DV-Bebauungsplanes wird ein Einführungs- und Migrationsplan erarbeitet. Dieser bildet die Basis für die Umsetzung der geplanten Geschäftsprozesse. Er legt eine Einführungsstrategie für die Prozeßbereiche fest und definiert die Termine und Ressourcen für die einzelnen Teilprojekte zur Umsetzung.

G.I.3.6 Umsetzung

Im Rahmen der Umsetzungsphase erfolgt die Einführung von IT-Lösungen für die einzelnen Prozeßbereiche. In parallelen Teilprojekten werden die erarbeiteten Soll-Prozesse zunächst weiter detailliert und in IT-Lösungen umgesetzt. Der Ansatz des Software Prototyping ermöglicht dabei die frühe Überprüfung der Übereinstimmung zwischen Prozessen und IT-Lösungen und sichert so die Akzeptanz der späteren Systemanwender.

G.I.3.7 Regelmäßige Erfolgskontrolle und kontinuierliche Prozeßverbesserung

An die Umsetzung der Geschäftsprozesse durch die Einführung von Systemlösungen schließt sich eine Phase der Kontrolle und Optimierung an, in der die Soll-Prozesse und die Systemlösungen kritisch im Hinblick auf die angestrebten GPO-Ziele hinterfragt werden. Wesentliche Daten zur Bewertung der Zielerreichung können direkt aus den IT-Systemen gewonnen werden. Beispielsweise liefern Workflow-Systeme Auswertungen über Durchlaufzeiten, Kapazitätsauslastungen und Kosten der unterstützten Prozesse.

Aus der regelmäßigen Erfolgskontrolle werden wiederum Maßnahmen zur Anpassung der Geschäftsprozesse und der zugehörigen IT-Lösungen initiiert. Ziel ist eine kontinuierliche Prozeßverbesserung.

G.I.4 Zusammenfassung

Angesichts des breiten Spektrums möglicher GPO-Maßnahmen sowie ihrer Komplexität spielt eine fundierte Vorgehensweise unter Einsatz geeigneter Methoden und Werkzeuge eine zentrale Rolle für GPO-Projekte. Das ARIS-Vorgehensmodell zur Geschäftsprozeßoptimierung ist ein methodisch fundierter und in der Praxis bewährter Ansatz. Das Zusammenspiel zwischen Vorgehensweise, Methodeneinsatz und Werkzeugunterstützung ermöglicht die effiziente Neugestaltung und Anpassung der Geschäftsprozesse. Mit dem ARIS-Vorgehensmodell zur Geschäftsprozeßoptimierung können kürzere Projektlaufzeiten unter gleichzeitiger Erreichung eines höheren Qualitätsstandards der Projektergebnisse realisiert werden. Die Investitionen in Methoden- und Werkzeugunterstützung führen zu niedrigeren Projektkosten. Die resultierenden ARIS-Modelle stellen eine unternehmensindividuelle Wissensbasis dar und bilden den Ausgangspunkt für die Anpassung der Organisationsstrukturen an neue Herausforderungen.

G.II ISO 9000-Zertifizierung mit ARIS-Modellen

Dr. Klaus Helling, IDS Prof. Scheer GmbH, Saarbrücken

G.II.1 Prozeßorientiertes Qualitätsmanagement mit ARIS

Jedes Unternehmen, das sich heute mit Qualitätsmanagement beschäftigt, muß sich mit der Normenreihe DIN EN ISO 9000ff (im folgenden ISO 9000ff) auseinandersetzen. Danach umfaßt ein Qualitätsmanagementsystem (im folgenden QM-System genannt) die Organisationsstruktur, die Verantwortlichkeiten, Verfahren, Prozesse und die erforderlichen Mittel für die Verwirklichung des Qualitätsmanagements. Die bisherige Praxis zur Strukturierung von QM-Systemen orientierte sich vorwiegend an den 20 Elementen der ISO 9001, die aus der Sicht der Norm die Basisforderungen an ein QM-System definieren. Die 20 Elemente sind in Abb. 89 aufgeführt. Die nach dieser Norm strukturierten Systeme sind jedoch für den einzelnen Mitarbeiter schwer verständlich, da für eine Tätigkeit häufig mehrere Forderungen aus verschiedenen Elementen berücksichtigt werden müssen. Daraus resultiert häufig eine mangelhafte Identifikation der Mitarbeiter mit dem QM-System.

Abb. 89 Elemente der ISO 9001
   (aus IM Magazin Qualität 1996, S. 66)

Moderne Strategien fordern einen Qualitätsmanagement-Ansatz, der konsequent auf die Geschäftsprozesse ausgerichtet ist. Die prozeßorientierte Denkweise erleichtert die Beteiligung der Mitarbeiter beim Aufbau des QM-Systems, da die normalen und tagtäglichen Arbeitsabläufe beschrieben werden und der einzelne Mitarbeiter sich nicht mit der abstrakten Normsprache auseinandersetzen muß. Ein wesentlicher Grundgedanke besteht darin, die jeweils betroffenen Mitarbeiter bei der Ausarbeitung und Aktualisierung der detaillierten Verfahrens- und Arbeitsanweisungen aktiv mit einzubeziehen. Dadurch wird die Akzeptanz bei der Einführung des QM-Systems gesteigert und die Kreativität der Mitarbeiter für eine kontinuierliche Verbesserung und Weiterentwicklung des QM-Systems genutzt.

Das ARIS-Toolset unterstützt gerade solche Strategien und hilft bei der Analyse, Modellierung und Optimierung aller qualitätsrelevanten Prozesse. Es stellt somit ein Werkzeug für das effiziente Vorgehen bei der Entwicklung eines prozeßorientierten QM-Systems und zur Vorbereitung auf die Zertifizierung nach ISO 9000ff dar. Darüber hinaus unterstützt das ARIS-Toolset den Aufbau integrierter Managementsysteme, die sich an den Forderungen verschiedener Normen (z.B. ISO 9000, QS 9000, VDA Bd. 6, ISO 14000, EMAS etc.) orientieren können *(vgl. Helling/Herrmann, Änderungen flexibel meistern 1997)*. Unterschiedliche inhaltliche Forderungen aus den Bereichen Qualitäts-, Umwelt- oder Sicherheitsmanagement können mit Hilfe der Ausrichtung auf die Geschäftsprozesse, in einem einzigen Managementsystem dargestellt, dokumentiert und verbessert werden.

G.II.2 Vorgehensmodell zur ISO-Zertifzierung

G.II.2.1 Das Vorgehensmodell im Überblick

Bei dem Aufbau eines Qualitätsmanagementsystems sind alle Bereiche und alle Mitarbeiter eines Unternehmens gefordert. Je nach Größe des Unternehmens und in Abhängigkeit der bereits etablierten qualitätsunterstützenden Managementmethoden handelt es sich hierbei um ein Projekt, für das ein Zeitraum von 6 bis 18 Monaten einzuplanen ist. Die wichtigsten Schritte und Meilensteine auf dem Weg zum Zertifikat strukturiert das in diesem Beitrag vorgestellte **Vorgehensmodell zur ISO-Zertifizierung** (vgl. Abb. 90). Besonderes Augenmerk wird auf diejenigen Schritte gelegt, die den Einsatz des ARIS-Toolset betreffen.

G.II.2.2 Nutzen des Vorgehensmodells

Das Vorgehensmodell beinhaltet einen kompletten Referenz-Projektverlauf, der in Form einer ARIS-Datenbank alle Schritte von der strategischen Planung bis hin zur Erreichung des ISO-Zertifikats beschreibt. Das Vorgehensmodell vereint das erforderliche Know How zum Aufbau einer prozeßorientierten QM-Dokumentation mit konkreten Handlungsanleitungen zum Einsatz des ARIS-Toolset. Durch Hinzufügen und/oder Streichen von einzelnen Schritten und die Möglichkeit, benötigte Ressourcen den einzelnen Schritten zuzuordnen, ist es im konkre-

ten Einzelfall auf die unternehmensspezifischen Bedürfnisse anpaßbar. Über die
Kopplung mit Projektmanagementsystemen kann aus dem Vorgehensmodell direkt ein Projektplan generiert werden. Das Vorgehensmodell basiert auf den Erfahrungen vieler Beratungsprojekte und stellt somit einen zuverlässigen Leitfaden
auf dem Weg zum zertifizierten QM-System und zum Total Quality Management
dar.

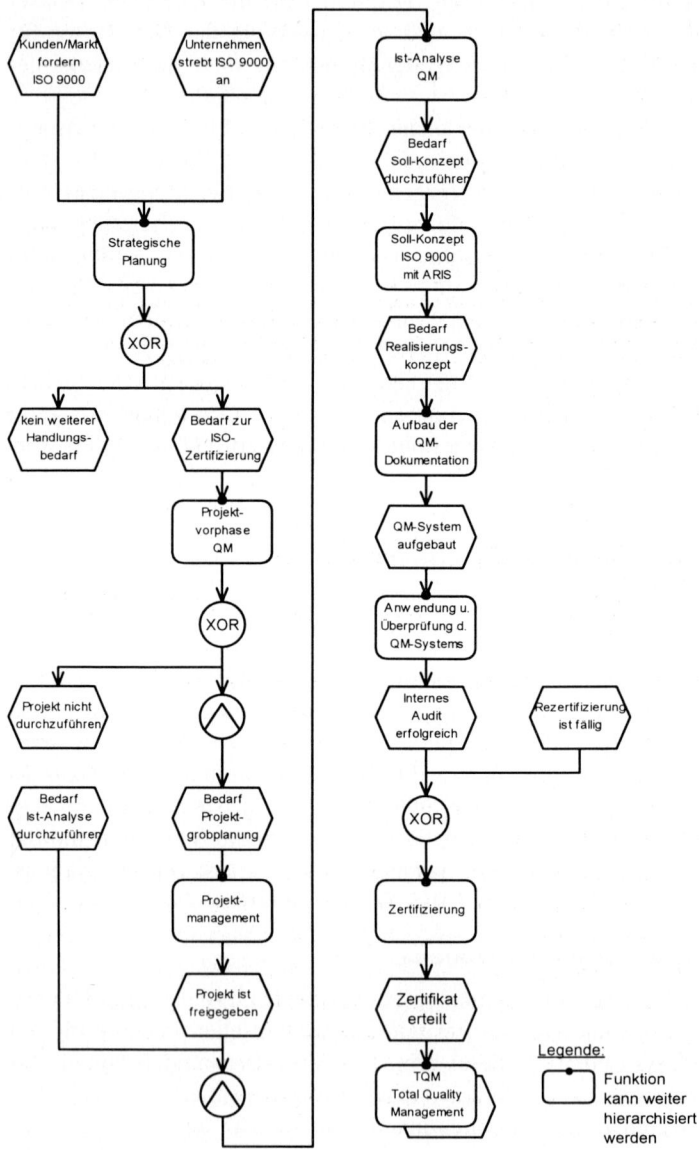

Abb. 90 Grobes ARIS-Vorgehensmodell zur ISO 9000-Zertifizierung

G.II.3 Phasen des Vorgehensmodells

Das Vorgehensmodell besteht aus acht wesentlichen Phasen, die in Abb. 90 als EPK und in Abb. 91 als Wertschöpfungsdiagramm dargestellt sind. Jede Phase wird im Vorgehensmodell durch eine detaillierte EPK beschrieben. Die Detaillierungsmöglichkeit einer Funktion durch eine eigene EPK ist jeweils durch einen Punkt am oberen Rand gekennzeichnet. Alle Funktionen der Prozeßketten sind zusätzlich verbal näher erläutert, die Input- und Outputdaten und die beteiligten internen und externen Personen sind angegeben. Alle Funktionen, die den Einsatz des ARIS-Toolset erfordern, sind auf der dritten Ebene durch eine weitere EPK hinterlegt, die genau erläutert, welche Methoden und Funktionen des ARIS-Toolset zur Unterstützung dieser Aufgabe benötigt werden.

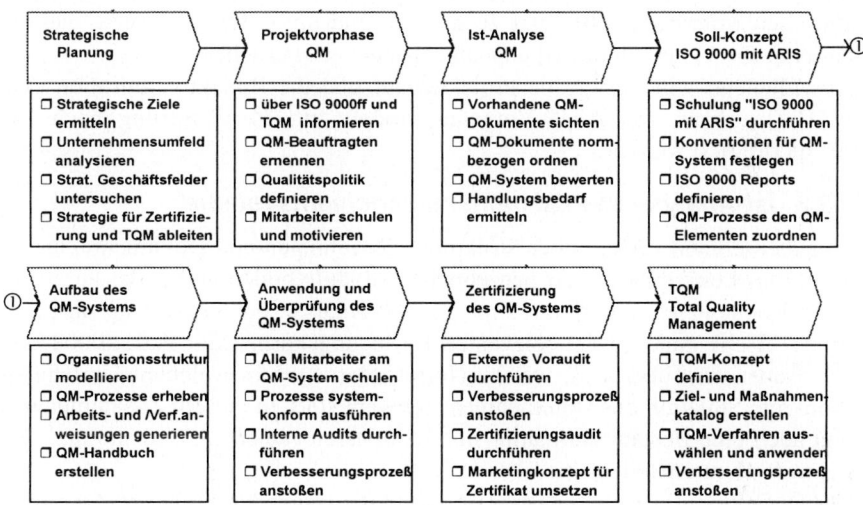

Abb. 91 Phasen des Vorgehensmodells als Wertschöpfungskette

G.II.3.1 Strategische Planung

Zielsetzung der strategischen Planung ist es, die relevanten strategischen (langfristigen) Unternehmensziele aufzunehmen. Diese werden nach einer Analyse der strategischen Geschäftsfelder und des Unternehmensumfelds erfaßt. Anschließend werden auf der Grundlage der strategischen Zielsetzungen Maßnahmen zur Zielerreichung definiert. Der Aufbau eines Qualitätsmanagementsystems muß von der Führung eines Unternehmens als strategische Aufgabe unterstützt werden. Das ARIS-Toolset wird somit als strategisches Instrument zur Dokumentation und stetigen Verbesserung aller Unternehmensprozesse eingesetzt.

G.II.3.2 Projektvorphase Qualitätsmanagement

Die Projektvorphase besteht i. d. R. aus einem oder mehreren Workshops. Zu erarbeiten ist eine unternehmensspezifische Bewertung des Problemkreises der Zertifizierung nach ISO 9000ff. Dazu gehören ein Grobkonzept für die Zertifizierung, die Ernennung des QM-Beauftragten und die Formulierung der Qualitätspolitik. Der QM-Beauftragte ist ein Beauftragter der Unternehmungsleitung, der für die Einführung des QM-Systems verantwortlich ist. Sicherzustellen ist, daß der QM-Beauftragte einen direkten Berichtsweg zur obersten Leitung hat und unabhängig von Linienverantwortlichen agieren kann. Bei der Formulierung der Qualitätspolitik kann die Unternehmensleitung durch externe Berater unterstützt werden. Die konkrete Festlegung und Verpflichtung sollte aber stets von der Unternehmung selbst kommen, um eine Identifikation mit den formulierten Qualitätszielen zu fördern. Hierzu sind geeignete Strategien festzulegen, um die Qualitätspolitik allen Mitarbeitern bekannt zu machen und um dafür zu sorgen, daß alle Mitarbeiter des Unternehmens die Qualitätsziele verinnerlichen.

Anschließend wird der grobe Projektablauf und die Projektorganisation skizziert. Hierzu kann das ARIS-Vorgehensmodell zur "Zertifizierung nach ISO 9000" modifiziert werden.

G.II.3.3 Ist-Analyse des Qualitätsmanagementsystems

Jedes Unternehmen verfügt über Strukturen, Regelungen und Dokumente, die die Basis für das Funktionieren der betrieblichen Abläufe bilden und in das aufzubauende QM-System zu integrieren sind. Die Ist-Analyse beinhaltet eine unternehmensspezifische Analyse der relevanten Darlegungsnorm (ISO 9001, 9002 oder 9003). Dabei wird überprüft, welche Normforderungen in welchem Umfang für die konkrete Situation des Unternehmens relevant sind. In diesem Zusammenhang erfolgt auch eine Bestandsaufnahme der qualitätsrelevanten Dokumente und DV-Systeme des Unternehmens.

Zur Definition des Handlungsbedarfes sind die folgenden Fragen zu beantworten:

– Welche Prozesse können für die Dokumentation nach ISO 900x übernommen werden?
– Welche bestehenden Abläufe müssen überarbeitet werden?
– Welche Prozesse sind zusätzlich zu definieren?

G.II.3.4 Soll-Konzept ISO 9000 mit ARIS

Die vom ARIS-Toolset verwendeten Methoden werden in einem Konventionenhandbuch dokumentiert. Das Handbuch enthält eine Übersicht der wichtigen Modelltypen, Objekttypen, Symbole und Kantendefinitionen. Unbedingt notwendig für den Aufbau eines QM-Systems sind folgende ARIS-Modelltypen der Fachkonzeptebene:

Organigramme, Wertschöpfungsketten und EPK.

Darüber hinaus können Fachbegriffsmodelle, Informationsträgerdiagramme, Funktionsbäume, Informationsflußdiagramme, Prozeßauswahlmatrizen, Vorgangskettendiagramme und Funktionszuordnungsdiagramme verwendet werden. Die mit der Modellierung betrauten Mitarbeiter müssen in den Methoden und im Umgang mit dem ARIS-Werkzeug geschult werden.

Außerdem wird in der Soll-Konzeptphase die grobe Prozeßarchitektur definiert. Die identifizierten Prozesse können den QM-Elementen zugeordnet werden, um einen Überblick zu erhalten, über welche Prozesse die verschiedenen Normforderungen abgedeckt werden.

G.II.3.5 Aufbau des QM-Systems

Die Prozeßdokumentation wird durch die Prozeßarchitektur des betrachteten Unternehmens strukturiert. Die Prozesse des Unternehmens werden top down mit Hilfe von Wertschöpfungsketten modelliert. Die Wertschöpfungsketten werden über mehrere Ebenen bis auf die einzelnen Prozesse heruntergebrochen (vgl. Abb. 92). Die Prozesse sind dann als EPK dargestellt. Zu jeder Funktion einer EPK kann im ARIS-Toolset eine textuelle Beschreibung gepflegt werden. Für eine zukünftig angestrebte quantitative Prozeßanalyse lassen sich Bearbeitungszeiten und Kosten erfassen. Darüber hinaus können für jede Funktion, d. h. für jeden Prozeßschritt die organisatorischen Verantwortlichkeiten, beschreibende Dokumente, die zu erstellenden Nachweisdokumente sowie die unterstützenden Anwendungssysteme dargestellt werden.

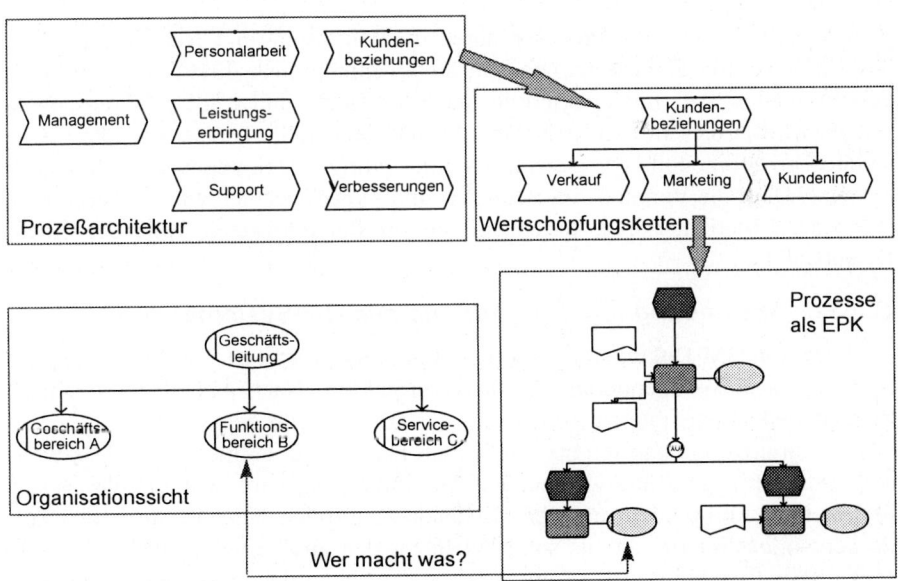

Abb. 92 ARIS-Modelle für das Qualitätsmanagement

Zur Beschreibung der Organisationssicht wird die Aufbauorganisation mit Hilfe von Organigrammen abgebildet. Neben der Aufbauorganisation wird bei dem Aufbau von QM-Systemen häufig ein Rollenmodell erstellt. Die Rollen können von verschiedenen Stellen im Unternehmen wahrgenommen werden. Beispiele für Rollen sind Qualitätsverantwortliche, interne Auditoren, Projektleiter, Sachbearbeiter oder Meister. Die Organisationsmodelle sind direkt mit den Prozessen verknüpft. Dadurch ist sofort ersichtlich, wer für welche Aufgaben zuständig ist. Es läßt sich unterscheiden, ob die betreffende organisatorische Einheit für eine Funktion verantwortlich ist, die Funktion ausführt, bei der Ausführung mitwirkt oder nur informiert werden muß. Stellenbeschreibungen ergeben sich direkt aus der Zuordnung von Stellen oder Mitarbeitern zu den Funktionen der Prozeßketten.

Alle Prozeßverantwortlichen speichern Prozesse mit Hilfe des ARIS-Toolset in einer unternehmensweiten Datenbank. Auf diese Weise kann jeder Prozeßverantwortliche stets auf die aktuellen Prozesse, die gültigen Organisationsstrukturen und Dokumente zugreifen. Sobald die Prozesse fachlich abgestimmt, geprüft und freigegeben sind, wird die QM-Dokumentation per Report generiert, d.h. aus den Wertschöpfungsketten im ARIS-Toolset werden die Prozeßübersichten für das QM-Handbuch und aus den EPK alle Verfahrensanweisungen erzeugt. Hier zeigen sich die Vorteile des ARIS-Einsatzes gegenüber einer traditionellen Dokumentationsform, bei der die Dokumente mit den Querverweisen manuell gepflegt werden müssen.

Im ARIS-Toolset wird eine mehrstufige Prozeßhierarchie aufgebaut, wobei die Querverweise im System hinterlegt sind und somit eine konsistente Prozeßarchitektur gewährleistet ist

Alternativ können die Prozesse durch die Multiuser- und Netzwerkfähigkeit des ARIS-Toolset allen Beteiligten im Unternehmen auch direkt zur Verfügung gestellt werden. Auf die Generierung eines Handbuchs und von Verfahrensanweisungen wird in diesem Fall verzichtet; das mit dem ARIS-Toolset erstellte Unternehmensprozeßmodell ist gleichzeitig die gültige Dokumentation des QM-Systems. Über die Vergabe von Benutzer- und Zugriffsrechten wird sichergestellt, daß jeder Mitarbeiter Lesezugriff auf die für ihn relevanten Teile der ARIS-Datenbank hat.

G.II.3.6 Anwendung und Überprüfung des QM-Systems

Nachdem die QM-Dokumentation offiziell in Kraft gesetzt ist, werden die Prozesse gemäß den dokumentierten Standards ausgeführt. Nach Ablauf einer Einführungsphase kann die interne Auditierung des QM-Systems beginnen.

Das durchzuführende interne Audit muß bei den zu auditierenden Prozeßverantwortlichen angemeldet werden. Mit der Anmeldung wird deutlich, daß es sich bei internen Audits nicht um überraschende Kontrollen handelt, die Fehler aufdecken sollen. Interne Audits sollen vielmehr den auditierten Stellen helfen, im Sinne eines Coaching, die QM-Prozesse entsprechend der Dokumentation auszuführen bzw. bei fehlerhafter Dokumentation deren Mängel aufzuzeigen.

Ziel von internen Audits ist die Verbesserung der Prozesse. Ein QM-System ist nicht statisch, sondern unterliegt einem ständigen Veränderungsprozeß. Verbesserungen der Dokumentation können zu unterschiedlichen Zeitpunkten und aus verschiedenen Gründen erforderlich sein. Entweder werden inhaltliche oder formale Mängel der Dokumentation aufgedeckt oder die Abläufe der QM-Prozesse wurden verändert, so daß die bisherige Dokumentation nicht mehr aktuell ist. Durchgeführte Verbesserungsmaßnahmen müssen daher Eingang in die Dokumentation des QM-Systems finden. Die Aktualisierung des QM-Systems wird durch das datenbankbasierte ARIS-Toolset wesentlich vereinfacht und der nachfolgende Aufwand der Verteilung der geänderten Dokumentation durch Möglichkeiten der elektronischen Bereitstellung drastisch reduziert.

Wenn das QM-System erfolgreich implementiert und zumindest einmal intern auditiert wurde, kann diese Phase abgeschlossen werden, das Unternehmen ist "bereit" zur Zertifizierung.

G.II.3.7 Zertifizierung

Der Ablauf dieser Phase orientiert sich an den vertraglichen Regelungen mit dem gewählten Zertifizierer. Wichtige Bestandteile sind die Beantwortung einer Kurzfragenliste, die mögliche Durchführung eines Voraudits und letztlich die Auditierung des Unternehmens selbst. Hierbei wird geprüft, ob die Regelungen die Erfüllung der Normforderungen gewährleisten, den Betroffenen bekannt sind und auch entsprechend angewendet werden.

Wird das externe Audit erfolgreich abgeschlossen, kann die Erteilung des QM-Zertifikats beantragt werden. Das Zertifikat ist 3 Jahre gültig. Allerdings erfolgt jährlich ein Re-Audit durch den Zertifizierer. Dabei wird das QM-System stichprobenartig geprüft. Insbesondere wird auf die Beseitigung der beim letzten Audit erkannten Mängel geachtet. Die Tatsache, daß nach drei Jahren eine komplette Rezertifizierung erforderlich ist, unterstreicht, daß die QM-Dokumentation dauerhaft aktuell sein muß.

G.II.3.8 Ausblick und Rahmen: Total Quality Management

Mit der Erteilung des Zertifikats nach ISO 9000ff sind die Anstrengungen zur Steigerung der Qualität nicht abgeschlossen. Qualität muß ständig an den Erwartungen der internen und externen Kunden gemessen werden. Total Quality Management (TQM) erfordert prozeßorientiertes Denken und Handeln. Durch die prozeßorientierte Gestaltung des QM-Systems auf dem Weg zur Zertifizierung nach ISO 9000ff hat sich der Prozeßgedanke bereits im Unternehmen etabliert. Die TQM-Philosophie erfordert eine ständige Verbesserung der Abläufe in einem Unternehmen: Bestehendes ist immer wieder in Frage zu stellen.

Alle mit dem ARIS-Toolset modellierten Geschäftsprozesse können über Kennzahlenanalysen und Simulationsstudien zeit- und kostenmäßig bewertet werden. Die Prozeßkostenrechnungskomponente des ARIS-Toolset ermöglicht die wertorientierte Steuerung der Prozesse. Wenn die Prozesse über ein Workflow-System unterstützt werden, lassen sich aus den im Workflow-System anfallenden Daten Rückschlüsse auf die Effizienz der Abläufe ziehen. Auf Basis von realen Kosten und Zeiten der Prozeßausführung können Optimierungspotentiale aufgedeckt werden.

G.III Wissensmanagement mit ARIS-Modellen

Dr. Thomas Allweyer, IDS Prof. Scheer GmbH, Saarbrücken

G.III.1 Wettbewerbsfaktor Wissen

Trotz der zunehmenden Bedeutung von Wissen werden einer Schätzung zufolge unter 30% des vorhandenen organisatorischen Wissens tatsächlich genutzt, der Rest liegt brach *(vgl. Zucker/Schmitz, Knowledge Flow Management 1994)*. Untersuchungen zeigen, daß die meisten Unternehmen Probleme im Umgang mit Wissen haben, beispielsweise treten kostspielige Fehler durch nicht verfügbare Informationen auf, oder es entsteht Verlust kritischen Wissens durch das Ausscheiden einzelner Personen *(vgl. Spek/Hoog, Knowledge Management 1994)*. Häufig fand in den letzten Jahren ein Downsizing statt, wobei insbesondere durch die Reduktion des mittleren Managements oft ein signifikanter Wissensverlust stattfand. Im Zuge einer zunehmenden Dezentralisierung wird auch das Wissen dezentralisiert, und es stellt sich die Aufgabe, wichtiges Wissen unternehmensweit verfügbar zu machen, um beispielsweise das mehrfache Erfinden der gleichen Lösung zu vermeiden.

Angesichts dieser Herausforderungen gehen immer mehr Unternehmen dazu über, gezielte Maßnahmen zum Management der kritischen Ressource Wissen zu ergreifen. Zum Teil gibt es hierfür einen eigenen Chief Knowledge Officer *(vgl. Davenport, Knowledge Management 1996)*. Aufgabe dieser Wissensmanager ist die gezielte Entwicklung, Überwachung und Verbesserung von Strategien, Prozessen, Organisationsstrukturen und Technologien zur Wissensverarbeitung in der Unternehmung *(vgl. Probst/Raub/Rombardt, Wissen managen 1997)*. Die Beschaffung, Darstellung, Übertragung und Nutzung von Wissen ist nicht unabhängig von den sonstigen Aktivitäten des Unternehmens. Sie findet vielmehr innerhalb der Geschäftsprozesse statt. Insofern ist eine wesentliche Voraussetzung für ein gezieltes Wissensmanagement die Kenntnis der Geschäftsprozesse.

Neben denjenigen Aktivitäten, die schon immer sehr wissensintensiv waren, z. B. Produktentwicklung oder Unternehmensberatung, werden auch bisher stark standardisierte Prozesse wie die Auftragsabwicklung zunehmend flexibler, um gezielter auf individuelle Kunden eingehen zu können. Dies bedeutet, daß zur Durchführung dieser Prozesse mehr Wissen erforderlich ist, u. a. in Form von besser ausgebildeten und erfahrenen Mitarbeitern, aber auch durch Bereitstellung von Dokumenten oder Handbüchern.

Eine Untersuchung und Verbesserung der Geschäftsprozesse im Sinne einer effektiveren Wissensverarbeitung erfordert daher zusätzlich zur Betrachtung von Funktionen, Daten, Organisation und Kontrollfluß auch die explizite Berücksichtigung des notwendigen Wissens, und zwar sowohl des expliziten, dokumentierten Wissens als auch des Wissens der Mitarbeiter.

G.III.2 Vorgehen zum Knowledge Process Reengineering

Abb. 93 stellt ein Vorgehensmodell zur Verbesserung des Umgangs mit Wissen im Unternehmen dar. In Anlehnung an den Begriff Business Process Reengineering (BPR) wird der Begriff "Knowledge Process Reengineering" gewählt.

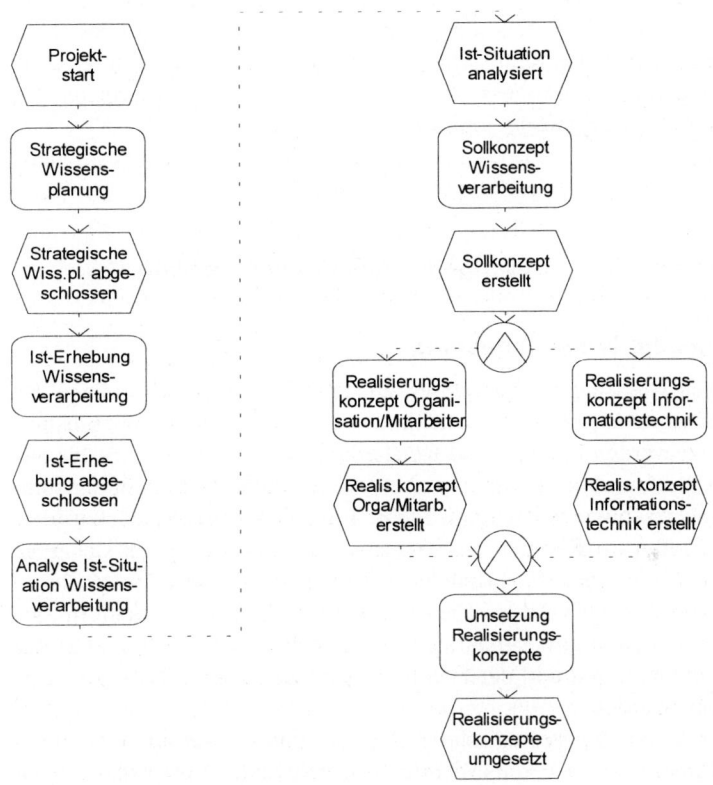

Abb. 93 Grobes ARIS-Vorgehensmodell zum Knowledge Process Reengineering

Zunächst findet eine strategische Wissensplanung statt. Insbesondere ist in diesem Schritt zu klären, welche Arten von Wissen für das Unternehmen von hoher Bedeutung sind, um das Projekt auf diese Gebiete fokussieren zu können.

Im zweiten Schritt ist die aktuelle Praxis der Wissensverarbeitung zu erheben, um festzustellen, welches Wissen wo im Unternehmen existiert und wie und wo es erzeugt und genutzt wird.

Die Ergebnisse der Ist-Erhebung stellen die Grundlage für die Analyse der Wissensverarbeitung dar, mit deren Hilfe Defizite und Verbesserungspotentiale aufgezeigt werden, wie beispielsweise Wissensmonopole oder die mangelnde Nutzung vorhandenen Wissens.

In der Phase der Soll-Konzepterstellung werden konkrete Prozeßänderungen definiert, indem beispielsweise die Dokumentation und Verteilung des Wissens innerhalb bestehender Geschäftsprozesse geändert wird, oder indem spezielle "Wissensprozesse" zur Beschaffung, Aufbereitung und Verteilung von Wissen entwickelt werden.

Sodann ist die Realisierung dieser Änderungen vorzubereiten, indem einerseits organisatorische und mitarbeiterbezogene Maßnahmen wie Schulungen geplant werden, und andererseits die Einführung unterstützender Informations- und Kommunikationstechnologien vorbereitet wird, z. B. Groupware-Systeme oder Intranets. Schließlich sind diese Realisierungskonzepte umzusetzen, d. h. es werden die entsprechenden Informationssysteme implementiert, die Mitarbeiter geschult und die neuen Abläufe getestet und weiter verbessert.

Im folgenden wird diskutiert, wie die genannten Schritte des Vorgehensmodells mit Hilfe von ARIS-Modellen unterstützt werden können.

G.III.3   Die Phasen des Knowledge Process Reengineering

G.III.3.1 Strategische Wissensplanung

Bei der strategischen Wissensplanung geht es zunächst darum, auf Grundlage der strategischen Unternehmensziele zu entscheiden, wie diese durch das Wissensmanagement unterstützt werden können, und welche konkreten Ziele hieraus für das Projekt resultieren. So könnte es beispielsweise von strategischer Bedeutung sein, führend bei der Beherrschung bestimmter Technologien zu werden oder zu bleiben. Entsprechend sollte im Rahmen des Wissensmanagementprojekts sichergestellt werden, daß sowohl extern vorhandenes Wissen über diese Technologie gesammelt und berücksichtigt wird als auch interne Forschungsaktivitäten in diesem Bereich koordiniert und ggf. verstärkt werden. Insbesondere sollen aber der Austausch, die Dokumentation und der leichte Zugang zu diesem Wissen im Unternehmen verbessert werden.

Deshalb ist es nützlich, das strategische Zielsystem und die Kerngeschäftsprozesse des Unternehmens sowie bereits identifizierte relevante Wissenskategorien im ARIS-Toolset darstellen und in Beziehung zueinander setzen. Diese Modelle dienen als Ausgangspunkt für die detaillierte Modellierung in der folgenden Phase.

G.III.3.2 Ist-Erhebung der Wissensverarbeitung

In dieser Projektphase wird der Ist-Zustand der Wissensverarbeitung im Unternehmen erfaßt und modelliert. Aufgrund des beschriebenen engen Zusammenhangs zwischen Geschäftsprozessen und Wissensverarbeitung ist es zunächst erforderlich, die Geschäftsprozesse in Form von EPK darzustellen. Häufig liegen bereits derartige Modelle vor, die im Rahmen eines Business Process Reengineering oder einer Standardsoftware-Einführung erstellt wurden.

Zur Darstellung der Wissensverarbeitung ist es darüber hinaus notwendig zu modellieren, welche Kategorien von Wissen verarbeitet werden, wer über welches Wissen verfügt, welches Wissen für welche Aktivitäten benötigt wird, wo dieses Wissen erzeugt oder bereitgestellt wird usw. Hierfür sind zusätzlich zu den für die Geschäftsprozeßoptimierung verwendeten Konstrukten weitere Objekt- und Modelltypen erforderlich. Hierzu gehören insbesondere (vgl. Abb. 94 die EPK-Darstellung in ARIS-Easy Design).

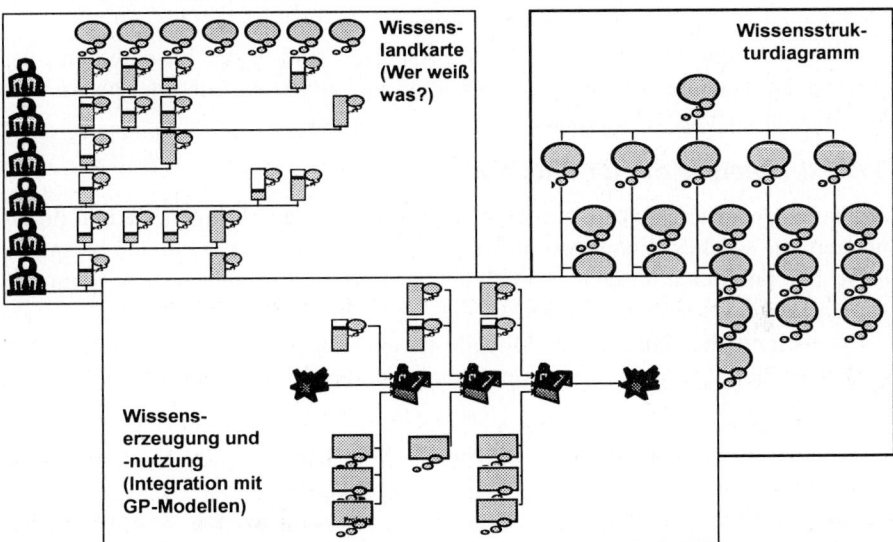

Abb. 94 Modellierung der Wissensverarbeitung

- **Wissensstrukturdiagramme**: In diesen kann dargestellt werden, welche Arten von Wissen relevant für das Unternehmen sind. Beispielsweise umfaßt das zur Durchführung eines Projektes erforderliche Wissen u. a. Kenntnisse des Anwendungsbereichs, Wissen über das Vorgehen sowie über Methoden und Werkzeuge des Projektmanagements, Moderations- und Präsentationstechniken usw. Hierbei läßt sich zwischen allgemeinem, implizitem Wissen der Mitarbeiter bzw. der Organisation und explizit dokumentiertem Wissen unterscheiden. Für letzteres lassen sich konkrete Dokumente, Dateien, Anwendungssysteme u. ä. angeben, in welchen die entsprechenden Informationen dokumentiert sind.
- **Wissenslandkarten**: Diese ermöglichen die Dokumentation, welche Mitarbeiter bzw. Organisationseinheiten über welches Wissen verfügen *(vgl. Scheer/Bold/Hagemeyer/Kraemer, Informationssysteme im Wandel 1997)*. Auch unterschiedliche Abdeckungsgrade des jeweiligen Wissens können dargestellt werden. Mit solchen Diagrammen können beispielsweise schlecht abgedeckte Wissensbereiche oder Wissensmonopole identifiziert werden.

– **Wissenserzeugung und -nutzung**: Diese wird als zusätzliche Information innerhalb der bestehenden Geschäftsprozeßmodelle modelliert. So kann beispielsweise dargestellt werden, welches Wissen mit welchem Abdeckungsgrad erforderlich ist, um eine bestimmte Funktion durchführen zu können, oder welche Arten von Wissen bei der Durchführung einer Funktion explizit dokumentiert werden.

In den Wissensstrukturdiagrammen und den Geschäftsprozeßmodellen lassen sich darüber hinaus die verwendeten Informations- und Kommunikationssysteme zur Dokumentation, Verarbeitung und Verbreitung von Wissen abbilden.

Neben den rein grafisch darstellbaren Aspekten sind in der Beschreibung der Modelle aufzunehmen, wie Wissen präsentiert und aufbereitet ist, oder ob Anreize zum Wissensaustausch bestehen.

G.III.3.3 Analyse der Ist-Situation

Die Ist-Modellierung selbst kann bereits konkrete Vorteile bringen, da nun dokumentiert ist, welches Wissen wo im Unternehmen vorhanden ist, so daß beispielsweise bei konkreten Fragen schnell ein geeigneter Ansprechpartner gefunden werden kann.

Ein wesentlicher Nutzen der Modelle ist aber die Identifikation vorhandener Schwachstellen und Verbesserungspotentiale bei der Wissensverarbeitung. Hierzu gehören beispielsweise:

– Strategisch wichtige Wissensbereiche, die vom Unternehmen nicht abgedeckt werden,
– Wissensmonopole, die insbesondere beim Ausscheiden der entsprechenden Mitarbeiter zum Verlust kritischen Wissens führen,
– Wissensbedarfe, die nicht befriedigt werden,
– im Unternehmen vorhandenes Wissen, das nicht genutzt wird,
– Mehrfacherwerb und -erzeugung des gleichen Wissens,
– ungeeignete Wissensprofile von Mitarbeitern,
– starke organisatorische Trennungen zwischen Wissenserwerb und -nutzung, welche die Wissensverbreitung erschweren,
– fehlende Durchgängigkeit der IuK-Infrastruktur zur Wissensverarbeitung.

G.III.3.4 Soll-Konzeption Wissensverarbeitung

In diesem Schritt werden aufgrund der Analyseergebnisse Änderungen der Geschäftsprozesse im Sinne einer verbesserten Wissensverarbeitung entwickelt. Dies bedeutet u. U., daß die operativen Geschäftsprozesse verändert werden. Beispielsweise können zusätzliche Funktionen aufgenommen werden, um die bei der Prozeßdurchführung gewonnenen Erfahrungen und Informationen zu dokumentieren und anderen Mitarbeitern zur Verfügung zu stellen.

Zusätzlich können spezifische Wissensverarbeitungsprozesse definiert werden, deren Zweck die Wissensaufbereitung, -strukturierung, -verteilung und schließlich das Entfernen von überholtem Wissen ist. So könnte es einen speziellen Prozeß geben, in dem unternehmensweit die bei den Vetriebsmitarbeitern anfallenden

Informationen über Kundenanforderungen und -wünsche gesammelt, zusammengefaßt und für die Berücksichtigung bei der Produktentwicklung aufbereitet und verbreitet werden.

Weiterhin sind notwendige Änderungen der Organisationsstrukturen festzulegen und Soll-Wissensprofile für die Mitarbeiter zu erstellen. Nicht zuletzt sind in diesem Schritt auch Anforderungen an eine geeignete Unterstützung durch Informations- und Kommunikationssysteme zu definieren und zu modellieren. Bei Wissensmanagementprojekten sollte darauf geachtet werden, daß diese von den betrieblichen Anforderungen getrieben werden, nicht jedoch durch bestimmte Technologien. Zu oft beschränkt sich der Einsatz von mit großen Erwartungen implementierten Groupwaresystemen auf das Versenden von E-Mails, und im Intranet läßt sich allenfalls der Speiseplan der Kantine finden. Derartige Probleme resultieren aus der mangelnden Berücksichtigung konkreter Benutzeranforderungen und der fehlenden Ausrichtung der Geschäftsprozesse im Sinne einer leistungsfähigen Wissensverarbeitung.

Die Soll-Konzeption für die Wissensverarbeitung wird wiederum mit Hilfe der oben genannten Modelltypen dokumentiert.

G.III.3.5 Realisierungskonzept Organisation und Mitarbeiter

In dieser Phase sind Schulungskonzepte zu entwickeln und umzusetzen, um die Mitarbeiter mit den geänderten Prozessen und neuen Informationssystemen vertraut zu machen. Die in den vorangegangen Stufen entwickelten Ist- und Soll-Modelle werden herangezogen, um festzustellen, welche Mitarbeiter von gravierenden Änderungen betroffen sind, so daß für diese gezielte Maßnahmen und Schulungen eingesetzt werden können. Außerdem werden die Modelle innerhalb von Schulungen verwendet, um das Soll-Konzept zu visualisieren und zu vermitteln.

Neben der Planung und Durchführung von Qualifikationsmaßnahmen werden die entwickelten Soll-Wissensprofile auch im Rahmen der Personalakquisition berücksichtigt.

G.III.3.6 Realisierungskonzept Informationstechnik

Mit Hilfe der Soll-Modelle und ermittelten Soll-Anforderungen an eine IuK-Unterstützung werden geeignete Technologien wie Intranet-Lösungen, Groupware-Systeme und Dokumentenmanagement-Systeme bestimmt. In der Regel wird es erforderlich sein, unterschiedliche Systeme zu integrieren und die entsprechenden Wissensinhalte über eine einheitliche Struktur zur Verteilung und Bereitstellung von Wissen zugänglich zu machen. Eine solche Struktur kann z. B. mit Hilfe von Internet-Technologien in einem Intranet *(vgl. Christmann-Jacoby/Maas, Wissensmanagement 1997)* realisiert werden.

Zum Realisierungskonzept Informationstechnik gehört weiterhin die Strukturierung der Inhalte, die Definition der Oberflächen, der Einsatz von spezifischen Diensten wie Diskussionsforen oder Informationsabonnements etc. Die toolgestützten ARIS-Modelle der Geschäftsprozesse und der Wissensverarbeitung werden auch als prozeßorientierte Navigationsstruktur durch Wissensinhalte verwendet, indem ausgehend von den Modellen über Hyperlinks genau diejenigen Informationen erreicht werden, die in dem entsprechenden Prozeß benötigt werden.

G.III.3.7 Umsetzung Realisierungskonzepte

Zur Umsetzung gehört die Durchführung der entwickelten Schulungen und Qualifikationsmaßnahmen, die Vorbereitung und Lenkung der Umstellung von Geschäftsprozessen und Organisationsstrukturen sowie die Implementierung der IuK-Unterstützung. Hierbei dienen die entwickelten ARIS-Modelle als Grundlage.

Die neuen Abläufe und Systeme sind zu testen und ggf. zu korrigieren. Schließlich ist die Weiterentwicklung der Wissensverarbeitung durch die Verankerung eines kontinuierlichen Verbesserungsprozesses zu sichern. Eine wichtige Voraussetzung hierfür ist die ständige Aktualisierung der Geschäftsprozeß- und Wissensverarbeitungsmodelle, um stets Transparenz über den augenblicklichen Stand der Wissensverarbeitung zu gewährleisten *(vgl. Allweyer, Adaptive Geschäftsprozesse 1997)*.

Literaturverzeichnis

Aichele, Kennzahlenbasierte Geschäftsprozeßanalyse 1997
Aichele, C.: Kennzahlenbasierte Geschäftsprozeßanalyse, Wiesbaden 1997.

Allweyer, Adaptive Geschäftsprozesse 1998
Allweyer, T.: Modellbasierte Gestaltung adaptiver Geschäftsprozesse, Dissertation
an der Universität des Saarlandes (Veröffentlichung in Vorbereitung)
1998.

AMICE, CIMOSA 1993
ESPRIT Consortium Amice (Hrsg.): CIMOSA: Open Sytem Architecture,
2. Aufl., Berlin u. a. 1993.

Bach/Brecht/Hess/Österle, Enabling Systematic Business Change 1996
Bach, V., Brecht, L., Hess, T., Österle, H.: Enabling Systematic Business Change,
Wiesbaden 1996.

Back-Hock, Executive-Information-System-Generatoren und –Anwendungen 1991
Back-Hock, A.: Unterstützung von Controlling-Aufgaben mit Executive-
Information-System-Generatoren und –Anwendungen, in: Scheer, A.-W.
(Hrsg.): Rechnungswesen und EDV, Tagungsband zur 12. Saarbrücker
Arbeitstagung, Heidelberg 1991, S. 36-59.

Balzert, Entwicklung von Software-Systemen 1992
Balzert, H.: Die Entwicklung von Software-Systemen - Prinzipien, Methoden,
Sprachen, Werkzeuge, Mannheim u. a. 1992.

Balzert, Lehrbuch der Software-Technik 1997
Balzert, H.: Lehrbuch der Software-Technik. Management, Qualitätssicherung,
Querschnitte und Ausblicke. Unternehmensmodellierung,
Heidelberg 1997.

Barker, Case* Method 1990
Barker, R.: Case* Method, Tasks and Deliverables, Wokingham u. a. 1990.

Becker/Rosemann/Schütte, Grundsätze ordnungsgemäßer Modellierung 1995
Becker, J., Rosemann, M., Schutte, R.: Grundsätze ordnungsgemäßer
Modellierung, in: Wirtschaftsinformatik 37(1995), S. 435-445.

Binas-Holz, JAVA Programmierbuch 1996
Binas-Holz, A.: JAVA: Das Sprachkonzept, Programme und Applets; umfassende
Beschreibung der APIs; Datenbankarbeit mit JAVA; die Werkzeuge des
JAVA Developer Kits (JDK) und nützliche Add-Ons,
Düsseldorf u. a. 1996.

Boehm, Spiral Model 1988
Boehm, B.W.: A Spiral Model of Software Development and Enhancement, in:
IEEE Computer 21(1988)5, S. 14-24.

Brodie/Ridjanovic/Silva, Framework for Information Systems 1983
Brodie, M.L., Ridjanovic, D., Silva, E.O.: On a Framework for Information
Systems Design Methodologies, in: Olle, T.W., Sol, H.G., Tully, C.J.
(Hrsg.): Information Systems Design Methodologies: A Feature Analysis,
Proceedings of the IFIP WG 8.1 Working Conference on Feature
Analysis of Information Systems Design Methodologies, York, U.K., 5-7
July, 1983, Amsterdam u. a. 1983.

Bröhl/Dröschel, V-Modell 1995
Bröhl, A.-P., Dröschel, W. (Hrsg.): Das V-Modell: Der Standard für die
Softwareentwicklung mit Praxisleitfaden, 2. Aufl., München-Wien 1995.

Buck-Emden/Galimow, Client-Server-Technologie 1996
Buck-Emden, R., Galimow, J.: Die Client-Server-Technologie des SAP R/3-
Systems, 3. Aufl., Bonn u. a. 1996.

Bungert/Heß, Objektorientierte Geschäftsprozeßmodellierung 1995
Bungert, W., Heß, H.: Objektorientierte Geschäftsprozeßmodellierung, in:
Information Management 10(1995)1, S. 52-63.

Burgess/Hokel, Brief Introduction to the Zachman Framework 1994
Burgess, B.H., Hokel, T.A.: A Brief Introduction to the Zachman Framework,
2. Aufl., o. O. 1994.

Burt, OMG BOMSIG Survey 1995
Burt, C.: OMG BOMSIG Survey with published Definition of a Business Object,
Revised version of the Business Object Management SIG survey,
Document 95-02-04, 1995.

Casanave, Business-Object Architectures and Standards 1997
Casanave, C.: Business-Object Architectures and Standards, 1997,
URL: http://www.tiac.net/users/oopsla/oo95wrkf.html.

Chen, Entity-Relationship Model 1976
Chen, P.P.: The Entity-Relationship Model: Towards a Unified View of Data, in:
ACM (Hrsg.): Transactions on Database Systems, Nr. 1, 1976, S. 9-36.

Chen/Doumeingts, GRAI-CIM 1996
Chen, D., Doumeingts, G.: The GRAI-CIM reference model, architecture and
methodology, in: Bernus, P., Nemes, L., Williams, T.J. (Hrsg.):
Architectures for Enterprise Integration, London u. a. 1996, S. 102-126.

Christmann-Jacoby/Maas, Wissensmanagement 1997
Christmann-Jacoby, H., Maas, R.: Wissensmanagement im Projektumfeld auf
Basis von Internet-Technologien, in: IM Information Management
12(1997)3, S. 16-26.

Coad/Yourdan, Object-Oriented Analysis 1991
Coad, P., Yourdan, E.: Object-Oriented Analysis, 2. Aufl., Englewood
    Cliffs 1991.

Coad/Yourdan, Object-Oriented Design 1991
Coad, P., Yourdan, E.: Object-Oriented Design, Englewood Cliffs 1991.

Codd, OLAP 1994
Codd, E.F.: OLAP – On-Line Analytical Processing mit TM/1, in: M.I.S. GmbH
    (Hrsg.), Darmstadt 1994.

Corsten, Dienstleistungsproduktion 1994
Corsten, H.: Dienstleistungsproduktion, SzU, Band 52, Wiesbaden 1994.

Davenport, Knowledge Management 1996
Davenport, T.: Some Principles of Knowledge Management, Austin, Texas 1996,
    URL: http://www.bus.utexas.edu/kman/kmprin.htm.

Donovan, Business Re-engineering 1994
Donovan, J.J.: Business Re-engineering with Information Technology,
    Englewood Cliffs 1994.

Engels, OLAP 1995
Engels, E.J.: On-line Analytical Processing – Neue Analysesystematik für die
    Datenbasis, in: Controlling 7(1995)2, S. 98-105.

Eversheim, Prozeßorientierte Unternehmensorganisation 1994
Eversheim, W. (Hrsg.): Prozeßorientierte Unternehmensorganisation - Konzepte
    und Methoden zur Gestaltung "schlanker" Organisationen,
    Berlin u. a. 1994.

Farny, Produktions- und Kostentheorie der Versicherung 1965
Farny, Produktions- und Kostentheorie der Versicherung, Karlsruhe 1965.

Ferstl/Sinz, SOM 1993
Ferstl, O., Sinz, E.J.: Vorgehensmodell zur Objektmodellierung, München 1993.

Ferstl/Sinz, Wirtschaftsinformatik 1993 bzw. 1994
Ferstl, O., Sinz, E.J.: Grundlagen der Wirtschaftsinformatik, 1. Aufl., München
    1993 und 2. Aufl., München 1994.

Fingar/Read/Stickeleather, Next Generation Computing 1996
Fingar, P., Read, D., Stickeleather, J.: Next Generation Computing. Distributed
    Objects for Business, New York 1996.

Fingar, Blueprint for Business Objects 1996
Fingar, P.: The Blueprint for Business Objects, New York 1996.

Finkeißen/Forschner/Häge, Werkzeuge zur Prozeßanalyse 1996
Finkeißen, A., Forschner, M., Häge, M.: Werkzeuge zur Prozeßanalyse und
    -optimierung, in: Controlling, Heft 1/1996, S. 58-67.

Floyd, Systematic Look at Prototyping 1984
Floyd, C.: A Systematic Look at Prototyping, in: Budde u. a. (Hrsg.): Approaches to Prototyping, Berlin u. a. 1984.

Fosdick, Ten Steps to AD/CYCLE 1990
Fosdick, H.: Ten Steps to AD/CYCLE, in: Datamation, Dezember 1, 1990, S. 59-64.

Frank, Multiperspektivische Unternehmensmodellierung 1994
Frank, U.: Multiperspektivische Unternehmensmodellierung. Theoretischer Hintergrund und Entwurf einer objektorientierten Entwicklungsumgebung, München u. a. 1994.

Frese, Grundlagen der Organisation 1995
Frese, E.: Grundlagen der Organisation, Konzept - Prinzipien - Strukturen, 6. Aufl., Wiesbaden 1995.

Gaitanides, Prozeßorganisation 1983
Gaitanides, M.: Prozeßorganisation: Entwicklung, Ansätze u. Programme prozeßorientierter Organisationsgestaltung, München 1983.

Galler, Vom Geschäftsprozeßmodell zum Workflow-Modell 1997
Galler, J.: Vom Geschäftsprozeßmodell zum Workflow-Modell, Wiesbaden 1997.

Glaser, Prozeßkostenrechnung 1992
Glaser, H.: Prozeßkostenrechnung - Darstellung und Kritik, in: ZfbF, 44(1992), S. 275-288.

Glaser/Geiger/Rohde, PPS 1992
Glaser, H., Geiger, W., Rohde, V.: PPS - Produktionsplanung und -steuerung, 2. Aufl., Wiesbaden 1992.

Goldammer, HTML-Script ruft Java-Applet 1996
Goldammer, G.: HTML-Script ruft Java-Applet. Eine neue Entwicklungstechnik unter software- und anwendungstechnologischem Aspekt, in: IM Information Management 11(1996)3, S. 6-14.

Gutenberg, Die Produktion 1983
Gutenberg, E.: Die Produktion, Grundlagen der Betriebswirtschaftslehre, Bd. 1: Die Produktion, 24. Aufl., Berlin u. a. 1983.

Gutzwiller/Österle, Referenz-Meta-Modell Analyse 1990
Gutzwiller, T., Österle, H.: CC RIM, Referenz-Meta-Modell Analyse, Forschungsbericht Nr. IM 2000/CCRIM/2, Version 2.0, Institut für Wirtschaftsinformatik, Hochschule St. Gallen, 15.01.1990.

Hagedorn/Bissantz/Mertens, Data Mining 1997
Hagedorn, J., Bissantz, N., Mertens, P.: Data Mining (Datenmustererkennung): Stand der Forschung und Entwicklung, in: Wirtschaftsinformatik 39(1997)6, S. 601-612.

Hagemeyer/Rolles/Schmidt/Scheer, Arbeitsverteilungsverfahren 1998
Hagemeyer, J., Rolles, R., Schmidt, Y., Scheer, A.-W.:
      Arbeitsverteilungsverfahren in Workflow-Management-Systemen:
      Anforderungen, Stand und Perspektiven, in: Veröffentlichungen des
      Instituts für Wirtschaftsinformatik, Saarbrücken 1998, Nr. 144.

Hammer/Champy, Business Reengineering 1995
Hammer, M., Champy, J.: Business Reengineering: Die Radikalkur für das
      Unternehmen, 5. Aufl., Frankfurt/Main-New York 1995.

Hars, Referenzdatenmodelle 1994
Hars, A.: Referenzdatenmodelle - Grundlagen effizienter Datenmodellierung,
      Wiesbaden 1994.

Harrington, Business Process Improvement 1991
Harrington, H. J.: Business Process Improvement, New York u. a. 1991.

Hildebrand, Software Tools 1990
Hildebrand, K.: Software Tools: Automatisierung im Software-Engineering - Eine
      umfassende Darstellung der Einsatzmöglichkeiten von Software-
      Entwicklungswerkzeugen, Berlin u. a. 1990.

Hoff/Shaio/Starbuck, Java-Applets 1996
Hoff, A. v., Shaio, S., Starbuck, O.: Java-Applets erstellen und nutzen,
      Bonn 1996.

Hofinger, IBM Repository Manager 1991
Hofinger, A.: Der IBM Repository Manager 1991, in: HMD 161/1991, S. 45-54.

Hollingsworth, Workflow Reference Model 1995
Hollingsworth, D.: The Workflow Reference Model, in: Workflow Management
      Coalition (Hrsg.): Document TC00-1003, Draft 1.1, 1995.

Horton, Information Management Workbook 1981
Horton, F.W.: The Information Management Workbook - IRM made simple,
      Washington DC 1981.

Horváth/Mayer, Prozeßkostenrechnung 1989
Horváth, P., Mayer, R.: Prozeßkostenrechnung, in: Controlling, 1(1989)4,
      S. 214-219.

IDS, ARIS-Toolset 1997
IDS Prof. Scheer GmbH (Hrsg.): Produktinformation ARIS-Toolset,
      Saarbrücken 1997.

IDS, ARIS-Easy Design 1997
IDS Prof. Scheer GmbH (Hrsg.): Produktinformation ARIS-Easy Design,
      Saarbrücken 1997.

IDS, Workflow-Modellierung 1997
IDS Prof. Scheer GmbH (Hrsg.): White Paper Workflow-Modellierung, Vers. 1.1,
      Saarbrücken 1997.

IBM, Shareable Frameworks 1996
IBM AG (Hrsg.): Shareable Frameworks Technical Overview, 1996,
    URL: http://www.softmall.com/sf/technov.html.

Imai, Kaizen 1992
Imai, M.: Kaizen, Der Schlüssel zum Erfolg, Der Japaner im Wettbewerb,
    München 1992.

IM Magazin Qualität 1996
IM Magazin Qualität, in: IM Information Management 11(1996)4, S. 66-69.

Inmon, Data Warehouse 1993
Inmon, W.H.: Building the Data Warehouse,
    New York-Chichester-Brisbane 1993.

Jacobsen, Object-Oriented Software Engineering 1996
Jacobsen, I.: Object-Oriented Software Engineering. A Use Case Driven
    Approach, Wokingham 1996.

Jahnke/Groffmann/Kruppa, OLAP 1996
Jahnke, B., Groffmann, H.-D., Kruppa, S.: On-Line Analytical Processing
    (OLAP), in: Wirtschaftsinformatik 38(1996)3, S. 321-324.

Jost, EDV-gestützte CIM-Rahmenplanung 1993
Jost, W.: EDV-gestützte CIM-Rahmenplanung, Wiesbaden 1993.

Kagermann, Business Framework 1997
Kagermann, H.: Buildung Industry Solutions within the Business Framework,
    Vortrag Sapphire, Amsterdam Juni 1997,
    URL: http://www.sap.com/events/amsterdam/index.htm.

KBSt, V-Modell 1992
KBSt (Hrsg.): Planung und Durchführung von IT-Vorhaben in der
    Bundesverwaltung - Vorgehensmodell (V-Modell), Schriftenreihe der
    KBSt, Band 27/1, August 1992.

Keller/Nüttgens/Scheer, Semantische Prozeßmodellierung 1992
Keller, G., Nüttgens, M., Scheer, A.-W.: Semantische Prozeßmodellierung, in:
    Veröffentlichungen des Instituts für Wirtschaftsinformatik, Saarbrücken
    1992, Nr. 89.

Keller/Schröder, Geschäftsprozeßmodelle 1996
Keller, G., Schröder, G.: Geschäftsprozeßmodelle: Vergangenheit - Gegenwart -
    Zukunft, in: Management & Computer 4(1996)2, S. 77-90.

Keller/Teufel, SAP R/3 prozeßorientiert anwenden 1997
Keller, G., Teufel, T.: SAP R/3 prozeßorientiert anwenden: Iteratives Prozeß-
    Prototyping, Bonn u. a. 1997.

Kern, Industrielle Produktionswirtschaft 1992
Kern, W.: Industrielle Produktionswirtschaft, 5. Aufl., Stuttgart 1992.

Kirchmer, Einführung von Standardsoftware 1996
Kirchmer, M.: Geschäftsprozeßorientierte Einführung von Standardsoftware, Wiesbaden 1996.

Kloock, Prozeßkostenrechnung 1992
Kloock, J.: Prozeßkostenrechnung als Rückschritt und Fortschritt der Kostenrechnung, in: Kostenrechnungspraxis, 5(1992), S. 183-193.

König/Packowski/Wyler, BPR als Chance 1995
König, A., Packowski, J., Wyler, S.: BPR als Chance für prozeßorientierte QM-Systeme, in: QZ 40(1995)10, S. 1204-1208.

Kraemer, Kostenmanagement 1993
Kraemer, W.: Effizientes Kostenmanagement – EDV-gestützte Datenanalyse und –interpretation durch den Controlling-Leitstand, Wiesbaden 1993.

Krcmar, Informationssystem-Architekturen 1990
Krcmar, H.: Bedeutung und Ziele von Informationssystem-Architekturen, in: Wirtschaftsinformatik, 32(1990)5, S. 395-402.

Krcmar, Informationsmanagement 1997
Krcmar, H.: Informationsmanagement, Berlin u. a. 1997.

Krumbiegel, Integrale Gestaltung von Geschäftsprozessen 1997
Krumbiegel, J.: Integrale Gestaltung von Geschäftsprozessen und Anwendungssystemen in Dienstleistungsbetrieben, Wiesbaden 1997.

Kruppke, Software 2000 1997
Kruppke, H.: Software 2000 - Modellierung und Generierung von individuellen Business Lösungen aus Basiskomponenten, Saarbrücken 1997.

Kueng/Bichler/Schrefl, Geschäftsprozeßmodellierung 1996
Kueng, P., Bichler, P., Schrefl, M.: Geschäftsprozeßmodellierung: Ein zielbasierter Ansatz, in: IM Information Management 11(1996)2, S. 40-50.

Küting, Benchmarking von Geschäftsprozessen 1996
Küting, K.: Benchmarking von Geschäftsprozessen als Instrument der Geschäftsprozeßanalyse, in: Berkau, C., Hirschmann, P. (Hrsg.): Kostenorientiertes Geschäftsprozeßmanagement, München 1996, S. 121-140.

Lang, Gestaltung von Geschäftsprozessen 1997
Lang, K.: Gestaltung von Geschäftsprozessen mit Referenzbausteinen, Wiesbaden 1997.

Linthicum, Microsoft Repository 1997
Linthicum, D.S.: Microsoft Repository I.O., in: DBMS, Juni 1997, S. 28-32.

Lockemann/Dittrich, Architektur von Datenbanksystemen 1987
Lockemann, P.C., Dittrich, K.R.: Architektur von Datenbanksystemen, in:
Lockemann, P.C., Schmidt, J.W. (Hrsg.): Datenbank-Handbuch, Berlin
u. a. 1987.

Long, Taxonomy of BPR Tools 1992
Long, K.: A Taxonomy of BPR Tools and Techniques, in: Proceedings of the
National Business Process Reengineering Conference,
Washington DC 1992.

Maier, Qualität von Datenmodellen 1996
Maier, R.: Qualität von Datenmodellen, Wiesbaden 1996.

Martin, Application Development 1982
Martin, J.: Application Development Without Programmers, Englewood
Cliffs 1982.

Martin, Information Engineering I 1989
Martin, J.: Information Engineering, Book I: Introduction, Englewood
Cliffs 1989.

Martin, Information Engineering II 1990
Martin, J.: Information Engineering, Book II: Planning and Analysis, Englewood
Cliffs 1990.

Meinhardt, Geschäftsprozeßorientierte Einführung von Standard-Software 1995
Meinhardt, S.: Geschäftsprozeßorientierte Einführung von Standard-Software am
Beispiel des SAP-Systems "R/3", in: Wirtschaftsinformatik 37(1995)5,
S. 487-499.

Meyer, Object-oriented Software Construction 1988
Meyer, B.: Object-oriented Software Construction, New York 1988.

Muksch/Behme, Data Warehouse-Konzept 1997
Muksch, H., Behme, W.: Das Data Warehouse-Konzept, Architektur -
Datenmodelle - Anwendungen, 2. Aufl., Wiesbaden 1997.

Muksch/Holthuis/Reiser, Data Warehouse-Konzept 1996
Mucksch, H., Holthuis, J., Reiser, M.: Das Data Warehouse Konzept – ein
Überblick, in: Wirtschaftsinformatik 38(1996)4, S. 421-433.

Müller, Informationsprodukte 1995
Müller, W.: Informationsprodukte, Ein Beschreibungsmodell für
Versicherungsprodukte und seine Überprüfung anhand von Allgemeinen
Versicherungsbedingungen, in: ZfB 65(1995)9, S. 1017-1044.

Myers, Knowledge Management and Organizational Design 1996
Myers, P.S.: Knowledge Management and Organizational Design, Boston
u. a. 1996.

Nippa/Picot, Prozeßmanagement und Reengineering 1996
Nippa, M., Picot, A. (Hrsg.): Prozeßmanagement und Reengineering: Die Praxis
im deutschsprachigen Raum, 2. Aufl., Frankfurt 1996.

Nüttgens, Koordiniert-dezentrales Informationsmanagement 1995
Nüttgens, M.: Koordiniert-dezentrales Informationsmanagement,
Wiesbaden 1995.

Oberweis, Modellierung von Workflows 1996
Oberweis, A.: Modellierung und Ausführung von Workflows mit Petri-Netzen,
Stuttgart u. a. 1996.

Oestereich, Objektorientierte Softwareentwicklung 1997
Oestereich, B.: Objektorientierte Softwareentwicklung, München u. a. 1997.

Olle u. a., Information System Methodologies 1991
Olle, T.W. u. a.: Information System Methodologies: A Framework for
Understanding, 2. Aufl., Wokingham u. a. 1991.

Olle/Sol/Tully, Information Systems Design Methodologies 1983
Olle, T.W., Sol, H.G., Tully, C.J. (Hrsg.): Information Systems Design
Methodologies: A Feature Analysis, Proceedings of the IFIP WG 8.1
Working Conference on Feature Analysis of Information Systems Design
Methodologies, Amsterdam u. a. 1983.

Olle/Verrijn-Stuart/Bhabuta, Information Systems Life Cycle 1988
Olle, T.W., Verrijn-Stuart, A.A., Bhabuta, L. (Hrsg.): Computerized Assistance
During The Information Systems Life Cycle, Proceedings of the IFIP
WG 8.1 Working Conference on Computerized Assistance during the
Information Systems Life Cycle, CRIS 88, Amsterdam u. a.1988.

OMG, Common Business Objects 1996
Object Management Group (Hrsg.): Common Business Objects and Business
Object Facility, OMG TC Document CF/96-01-04,
URL: http://dataaccess.com/bodtf/Download/CFRFP4.doc.

Österle/Bremer/Hilbers, Unternehmensführung und Informationssystem 1992
Österle, H., Bremer, W., Hilbers, K.: Unternehmensführung und
Informationssystem - Ansatz des St. Galler Informationssystem-
Managements, 2. Aufl., Stuttgart 1992.

Österle, Business Engineering 1 1995
Österle, H.: Business Engineering. Prozeß- und Systementwicklung. Band 1:
Entwurfstechniken, Berlin u. a. 1995.

Österle, Business Engineering 2 1995
Österle, H.: Business Engineering. Prozeß- und Systementwicklung. Band 2:
Fallbeispiel, Berlin u. a. 1996.

Pentland, Process Grammars 1994
Pentland, B.T.: Process Grammars; A Generative Approach to Process Redesign,
    Document Draft, Los Angeles 1994,
    URL: http://ccs.mit.edu/CCSWP178/CCSWP178.html.

Petersohn, Klassifikation bei Entscheidungsproblemen 1997
Petersohn, H.: Vergleich von multivariaten statistischen Analyseverfahren und
    Künstlichen Neuronalen Netzen zur Klassifikation bei
    Entscheidungsproblemen in der Wirtschaft, Frankfurt am Main 1997.

Pietsch, Kundenorientiertes Softwareprozeßmanagement 1997
Pietsch, W.: Kundenorientiertes Softwareprozeßmanagement, in: IM Information
    Management 12(1997)1, S. 21-26.

Plattner, Products & Organization 1997
Plattner, H.: Components: Products & Organizations. An Integrated and
    Innovative Approach to Technology and Organization for Business
    Solutions for Your Next Millenium, Vortrag Sapphire, Orlando August
    1997, URL: http://www.sap.com/events/amsterdam/index.htm.

Pree, Komponentenbasierte Softwareentwicklung 1997
Pree, W.: Komponentenbasierte Softwareentwicklung mit Frameworks,
    Heidelberg 1997.

Preßmar/Eggers/Reinken, Interaktive Entwurfsmethode 1989
Preßmar, D.B., Eggers, S., Reinken, W.: Interaktive Entwurfsmethode zur
    computergestützten Herstellung betriebswirtschaftlicher
    Anwendungssoftware, in: Kurbel, K., Mertens, P., Scheer, A.-W. (Hrsg.):
    Interaktive betriebswirtschaftliche Informations- und
    Kommunikationssysteme, Berlin-New York 1989.

Probst/Raub/Rombardt, Wissen managen 1997
Probst, G., Raub, S., Rombardt, K.: Wissen managen: Wie Unternehmer ihre
    wertvollste Ressource optimal nutzen, Wiesbaden 1997.

Reichmann, Controlling mit Kennzahlen 1997
Reichmann, T.: Controlling mit Kennzahlen und Managementberichten,
    5. Auflage, München 1997.

Reiter/Wilhelm/Geib, Multiperspektivischen Informationsmodellierung 1997
Reiter, C., Wilhelm, G., Geib, T.: Toolunterstützung bei der multiperspektivischen
    Informationsmodellierung, in: Management & Computer 5(1997)1,
    S. 5-10.

Remme, Konstruktion von Geschäftsprozessen 1997
Remme, M.: Konstruktion von Geschäftsprozessen, Wiesbaden 1997.

Remme, Organisationsplanung 1997
Remme, M.: Organisationsplanung durch konstruktivistische Modellierung, in:
Veröffentlichungen des Instituts für Wirtschaftsinformatik, Saarbrücken
1997, Nr. 137.

Rosemann, Komplexitätsmanagement in Prozeßmodellen 1996
Rosemann, M.: Komplexitätsmanagement in Prozeßmodellen -
Methodenspezifische Gestaltungsempfehlungen für die
Informationstechnologie, Wiesbaden 1996.

Rumbaugh u. a., Object-Oriented Modeling and Design 1991
Rumbaugh, J. u. a.: Object-Oriented Modeling and Design, Englewood
Cliffs 1991.

SAP, White Paper Business Framework 1996
SAG AG (Hrsg.): White Paper Business Framework, Walldorf 1996,
URL: http://www.sap-ag.de/bfw/media/pdf/50016528.pdf.

SAP, White Paper Business Objects 1997
SAP AG (Hrsg.): White Paper Business Objects, Walldorf 1997,
URL: http://www.sap-ag.de/bfw/media/pdf/50016527.pdf.

Scheer, A.-W.: ARIS - House of Business Engineering 1996
Scheer, A.-W.: ARIS - House of Business Engineering, in: IDS Prof. Scheer
GmbH (Hrsg.): Scheer magazin spezial, Oktober 1996.

Scheer, ARIS - Modellierungsmethoden, Metamodelle, Anwendungen 1998
Scheer, A.-W.: ARIS - Modellierungsmethoden, Metamodelle, Anwendungen,
Berlin u. a. 1998.

Scheer, CIM 1990
Scheer, A.-W.: CIM (Computer Integrated Manufacturing) - Der
computergesteuerte Industriebetrieb, 4. Aufl., Berlin u. a. 1990.

Scheer, Data Warehouse 1996
Scheer, A.-W.: Data Warehouse und Data Mining: Konzepte der
Entscheidungsunterstützung, in: IM Information Management 11(1996)1,
S. 74-75.

Scheer, EDV-orientierte Betriebswirtschaftslehre 1984 bzw. 1990
Scheer, A.-W.: EDV-orientierte Betriebswirtschaftslehre - Grundlagen für ein
effizientes Informationsmanagement, 1. Aufl., Berlin u. a. 1984 und 4.
Aufl., Berlin u. a. 1990.

Scheer, Wirtschaftsinformatik 1997
Scheer, A.-W.: Wirtschaftsinformatik - Referenzmodelle für industrielle
Geschäftsprozesse, 7. Aufl., Berlin u. a. 1997.

Scheer, Workflow-Systeme 1997
Scheer, A.-W.: Workflow-Systeme: Jetzt auch im Büro, in: Harvard Business
Manager 19(1997)1, S. 115-122.

Scheer/Bold/Hagemeyer/Kraemer, Informationssysteme im Wandel 1997
Scheer, A.-W., Bold, M., Hagemeyer, J., Kraemer, W.: Organisationsstrukturen
    und Informationssysteme im Wandel - Konsequenzen für die
    Informationsmodellierung, in: Organisationsstrukturen und
    Informationssysteme auf dem Prüfstand, 18. Saarbrücker Arbeitstagung,
    Heidelberg 1997, S. 3-32.

Schmidt, Informationsmanagement 1996
Schmidt, G.: Informationsmanagement - Modelle, Methoden, Techniken,
    Berlin u. a. 1996.

Schröder, Business Engineer 1997
Schröder, G.: Configure to Order using the R/3 Business Engineer, Vortrag
    Sapphire, Amsterdam, Juni 1997,
    URL: http://www.sap.com/events/amsterdam/sessions/index1.htm.

Schwabe/Krcmar, CSCW-Werkzeuge 1997
Schwabe, G., Krcmar, H.: CSCW-Werkzeuge, in: Wirtschaftsinformatik
    38(1997)2, S. 209-224.

Sebestyén, Management-„Geheimnis" Kaizen 1994
Sebestyén, O.G.: Management-„Geheimnis" Kaizen, Der japanische Weg zur
    Innovation, Wien 1994.

Seghezzi/Berger, Qualitätsstrategien 1993
Seghezzi, H.D., Berger, R.: Qualitätsstrategien. Anforderungen an das
    Management der Zukunft, München u. a. 1993.

Seghezzi/Dahlem, Schritt für Schritt zu TQM 1997
Seghezzi, H.D., Dahlem, S.: Schritt für Schritt zu TQM. In: QZ 42(1997)5,
    S. 553-558.

Shlaer/Mellor, Object Oriented Systems Analysis 1988
Shlaer, S., Mellor, S.J.: Object Oriented Systems Analysis, Englewood
    Cliffs 1988.

Siemens Nixdorf, ComUnity 1997
Siemens Nixdorf Informationssysteme AG (Hrsg.): ComUnity Visual
    Framework- Overview and Architecture 1997,
    URL: http://comunity.sni.de/public/cvf/crf_en/info.htm

Sinz, Modellierung betrieblicher Informationssysteme 1996
Sinz, E.J.: Ansätze zur fachlichen Modellierung betrieblicher Informationssysteme
    - Entwicklung, aktueller Stand und Trends, in: Heilmann, H., Heinrich,
    L.J., Roithmayr, F. (Hrsg.): Information Engineering, München u. a.
    1996, S. 123-143.

Sommerville, Software Engineering 1987
Sommerville, I.: Software Engineering, Bonn u. a. 1987.

Sol, Information Systems Design Methodologies 1983
Sol, H.G.: A Feature Analysis of Information Systems Design Methodologies: Methodological Considerations, in: Olle, T.W., Sol, H.G., Tully, C.J. (Hrsg.): Information Systems Design Methodologies: A Feature Analysis, Proceedings of the IFIP WG 8.1 Working Conference on Feature Analysis of Information Systems Design Methodologies, Amsterdam u. a. 1983, S. 1-8.

Sowa/Zachman, Framework for Information Systems Architecture 1992
Sowa, F., Zachman, J.A.: Extending and Formalizing the Framework for Information Systems Architecture, in: IBM System Journal, 31(1992), S. 590-619.

Spek/Hoog, Knowledge Management 1994
Spek, R.v.d.; de Hoog, R.: Towards a methodology for knowledge management, Technical Note Knowledge Management Network, 23. November 1994, URL: http://ceres.cibit.nl/web/kmn/pospapers.nsf.

Strunz, Informations- und Kommunikationssysteme 1990
Strunz, H.: Informations- und Kommunikationssysteme, Handbuch Wirtschaftsinformatik, Strunz, H., Kurbel, K. (Hrsg.), Wiesbaden 1990.

Stülpnagel, Repositories 1991
Stülpnagel, A. v.: Repositories - Konzepte, Architekturen, Standards, in: HMD 161(1991)28, S. 10-25.

Szidzek, Datenmodellierung - Vorgehensmodell 1993
Szidzek, A.: Datenmodellierung - Vorgehensmodell zur Konstruktion und Einführung einer unternehmensweiten konzeptionellen Datenstruktur, in: Thome, R. (Hrsg.): Forschung und Praxis der Wirtschaftsinformatik, Band 2, Würzburg 1993.

Thome/Hufgard, Continuous System Engineering 1996
Thome, R., Hufgard, A.: Continuous System Engineering, Entdeckung der Standardsoftware als Organisator, Würzburg 1996.

UML Notation Guide 1997
Rational Software u. a.: UML Notation Guide, Version 1.1, 01.09.1997, URL: http://www.rational.com/uml/html/notation.

UML Semantics 1997
Rational Software u. a.: UML Semantics, Version 1.1, 01.09.1997, URL: http://www.rational.com/uml/html/semantics.

UML Summary 1997
Rational Software u. a.: UML Summary, Version 1.1, 01.09.1997, URL: http://www.rational.com/uml/html/summary.

Vernadat, Enterprise Modeling and Integration 1996
Vernadat, F.B.: Enterprise Modeling and Integration: Principles and Applications, London 1996.

Vos, Groupware 1997
Vos, P.: Groupware läßt die Arbeit fließen, in: online 9/97, S. 40-44.

Wagner, Standardisierungsbestrebungen für Business Objects 1997
Wagner, D.: Standardisierungsbestrebungen für Business Objects, Seminararbeit
an der Universität des Saarlandes, Lehrstuhl für Betriebswirtschaftslehre,
insb. Wirtschaftsinformatik, Saarbrücken 1997.

Winter/Maag, AD/Cycle 1990
Winter, F., Maag, D.: AD/Cycle - Verstärkung für SAA?, in: IM Information
Management, 5(1990)2, S. 32-39.

Williams, T.J. u. a.: Purdue Enterprise Reference Architecture 1991
Williams, T.J. u. a.: The Purdue Enterprise Reference Architecture, Report
Number 154, Purdue Laboratory for Applied Industrial Control, Purdue
University, Indiana 1991.

Wirfs-Brock/Wilkerson/Wiener, Objektorientiertes Software-Design 1993
Wirfs-Brock, R., Wilkerson, B., Wiener, L.: Objektorientiertes Software-Design,
München 1993.

Wollnick, Referenzmodell des Informationsmanagements 1988
Wollnick, M.: Ein Referenzmodell des Informationsmanagements, in: IM
Information Management, 3(1988)3, S. 34-43.

Zachman, Framework for Information Systems Architecture 1987
Zachman, J.A.: A Framework for Information Systems Architecture, in: IBM
Systems Journal, 26(1987)3, S. 276-292.

Zell, Führungsinformationssysteme 1997
Zell, M.: Informationstechnische Gestaltung von Führungsinformationssystemen,
in: Controlling 9(1997)4, S. 290-301.

Zencke, BAPI 1997
Zencke, P: „Unsere Kunden nutzen BAPIs sehr kreativ für ihre Internet-
Anwendungen", Computerzeitung, 44(1997)10, S. 14.

Zimmermann, Produktionsfaktor Information 1972
Zimmermann, D.: Produktionsfaktor Information, Neuwied-Berlin 1972.

Zucker/Schmitz, Knowledge Flow Management 1994
Zucker, B.; Schmitz, C.: Knowledge Flow Management: Wissen nutzen statt
verspielen, in: Gablers Magazin 8(1994)11-12, S. 62-65.

Sachwortverzeichnis

W-Z

A.-W. Scheer, J. Sander

PPS-Trainer CD-ROM

Das multimediale Lernsystem
zu Produktionsplanungs- und -steuerungssystemen

1997. CD-ROM., Booklet mit 8 S. **DM 85,22*** (DM 98,- inkl. MwSt.) ISBN 3-540-14611-3

Der PPS-Trainer wurde am Institut für Wirtschaftsinformatik an der Universität des Saarlandes in Zusammenarbeit mit der Handwerkskammer des Saarlandes, Luxemburg und Trier hergestellt.

Der PPS-Trainer ist ein multimediales Lernsystem zu Produktionsplanungs- und -steuerungssystemen. Basierend auf dem Y-CIM-Modell von Prof. Scheer werden die Grundlagen der Produktionsplanung und -steuerung erläutert und gezeigt, wie diese Grundlagen in PPS-Systemen umgesetzt werden. Dazu wird ein PPS-System mit seinen wichtigsten Funktionen simuliert. Der PPS-Trainer verbindet so Theorie und Praxis und erleichtert damit wesentlich den Umgang mit komplexen PPS-Systemen. Der Praxisbezug wird durch eine Rahmenhandlung aus einem mittelständischen Unternehmen sichergestellt.

Systemanforderung: PC mit 486 Prozessor oder höher; 8MB (möglichst 16MB); 15 MB freier Speicherplatz auf der Festplatte; Grafikkarte SVGA 800*600 Punkte; Microsoft Windows 3.1 oder Windows 95; Windows kompatible Soundkarte (optional); CD-ROM Laufwerk (Double Speed)

*unverbindliche Preisempfehlung zzgl. MwSt. in der Bundesrepublik Deutschland.
In anderen Ländern der EU zzgl. landesüblicher MwSt.

A.-W. Scheer

CIM Computer Integrated Manufacturing
Der computergesteuerte Industriebetrieb

4., neu bearb. u. erw. Aufl. 1990. XIII, 292 S. 149 Abb. Geb. **DM 55,-**; öS 401,50; sFr 50,50
ISBN 3-540-52158-5

„Wer sich in das Thema CIM einlesen möchte, aber auch wer seine eigene Kenntnis und Meinung hierzu durch Lektüre einer systematischen, leicht verständlichen Gesamtdarstellung abrunden möchte, wird dieses Buch mit Gewinn lesen.   *Frankfurter Allgemeine Zeitung*

A.-W. Scheer

EDV-orientierte Betriebswirtschaftslehre
Grundlagen für ein effizientes Informationsmanagement

4., völlig neu bearb. Aufl. 1990. XIV, 327 S. 165 Abb. Brosch.
DM 34,-; öS 248,20; sFr 31,50 ISBN 3-540-52397-9

„Reich illustriert, mit ausführlichem Literaturverzeichnis und gutem Index bildet das Buch eine empfehlenswerte Grundlage für effizientes Informationsmanagement im Unternehmen."   *Perspektiven*

Springer

Preisänderungen (auch bei Irrtümern) vorbehalten

Springer-Verlag, Postfach 31 13 40, D-10643 Berlin, Fax 0 30 / 827 87 - 3 01 / 4 48 e-mail: orders@springer.de   rbw.BA.63835-0/1.SF

Weitere „Scheer-Bücher"

ARIS - Modellierungsmethoden, Metamodelle, Anwendungen

3., völlig neubearb. u. erw. Aufl. 1998. Etwa 250 S. Geb. **DM 78,-**; öS 569,40; sFr 71,- ISBN 3-540-64050-9

Die „Architektur integrierter Informationssysteme" ARIS hat sich zur Optimierung von Geschäfts-prozessen und zur Einführung von Anwendungssystemen auch international durchgesetzt. In diesem Buch werden die ARIS-Methoden zur Modellierung und informationstechnischen Realisierung von Geschäftsprozessen mittels der Unified Modeling Language (UML) detailliert beschrieben. Das resultierende Informationsmodell ist Grundlage eines systematischen und rationellen Methoden-einsatzes bei der Entwicklung von Anwendungssystemen. Der Einsatz der ARIS-Methoden wird an praxisrelevanten Fragestellungen veranschaulicht, z.B. Wissensmanagement, Umsetzung von Workflow-Systemen oder Einführung von Standardsoftware, speziell SAP R/3.

Wirtschaftsinformatik
Referenzmodelle für industrielle Geschäftsprozesse

7., durchgesehene Aufl. 1997. XXVI, 792 S. 580 Abb., 26 in Farbe. **Geb. DM 128,-**; öS 934,40; sFr 116,50 ISBN 3-540-62967-X

Bei der Umsetzung moderner Organisationskonzepte durch Einsatz neuer Techniken der Infor-mationsverarbeitung gibt dieses Buch dem Wissenschaftler, Anwender und Studenten wertvolle Hilfestellungen. Das Buch löst sich von konventionellen funktionsorientieren Betrachtungsweisen und folgt konsequent den betrieblichen Geschäftsprozessen Logistik, Leistungsentwicklung sowie Information und Koordination. Es vermittelt detaillierte und praxisnahe Beispiele (insb. SAP R/3) für das Reengineering veralteter funktionaler Organisationsstrukturen. Aus Sicht der anwendungs-erprobten „Architektur integrierter Informationssysteme" (ARIS) wird ein umfassendes Unter-nehmensmodell entwickelt, das dem Geschäftsprozeßeigner als Referenzmodell für seine konkreten Anwendungen im Industriebetrieb dient.

Wirtschaftsinformatik. Studienausgabe
Referenzmodelle
für industrielle Geschäftsprozesse

2. durchgesehene Aufl. 1998. XXIV, 780 S. 559 Abb. Brosch.
DM 75,-; öS 547,50; sFr 68,50 ISBN 3-540-63728-1

Springer

Springer-Verlag, Postfach 31 13 40, D-10643 Berlin, Fax 0 30 / 827 87 - 3 01 / 4 48 e-mail: orders@springer.de   rbw.BA.63835-0/2.SF